改訂新版

天文法華の乱

戦国京都を焼き尽くした中世最大の宗教戦争

今谷 明

戎光祥出版

目次

【凡　例】

一、本書は、二〇〇九年に刊行した『天文法華一揆――武装する町衆』（洋泉社、初刊は『天文法華の乱――武装する町衆』平凡社、一九八九年）を、改訂新版のうえ、再刊するものである。

二、再刊にあたって著者の了解を得て、書名を『［改訂新版］天文法華の乱――戦国京都を焼き尽くした中世最大の宗教戦争』と改めた。

三、編集にあたっては読者の便を考慮し、原本に左記のような訂正を加えた。

①章見出し・小見出しについて追加や訂正を行った。

②誤字・脱字の訂正並びに若干の文章の整理を行い、ふりがなを追加した。

③本文中に掲げた表・図版は、旧版を参考に新たに作成し直した。

④写真は旧版より追加・削除を行った。

編集部

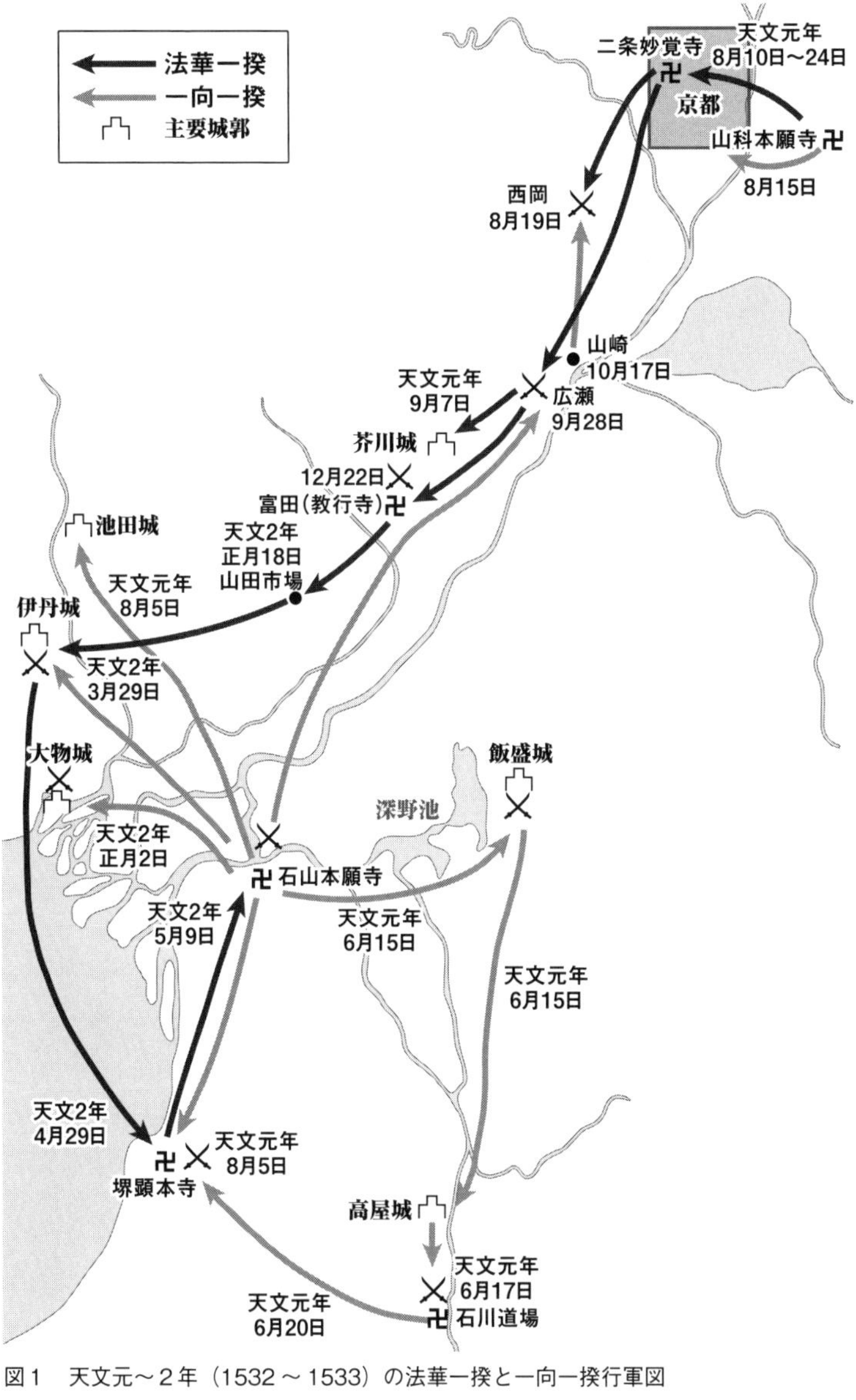

図１　天文元～２年（1532～1533）の法華一揆と一向一揆行軍図

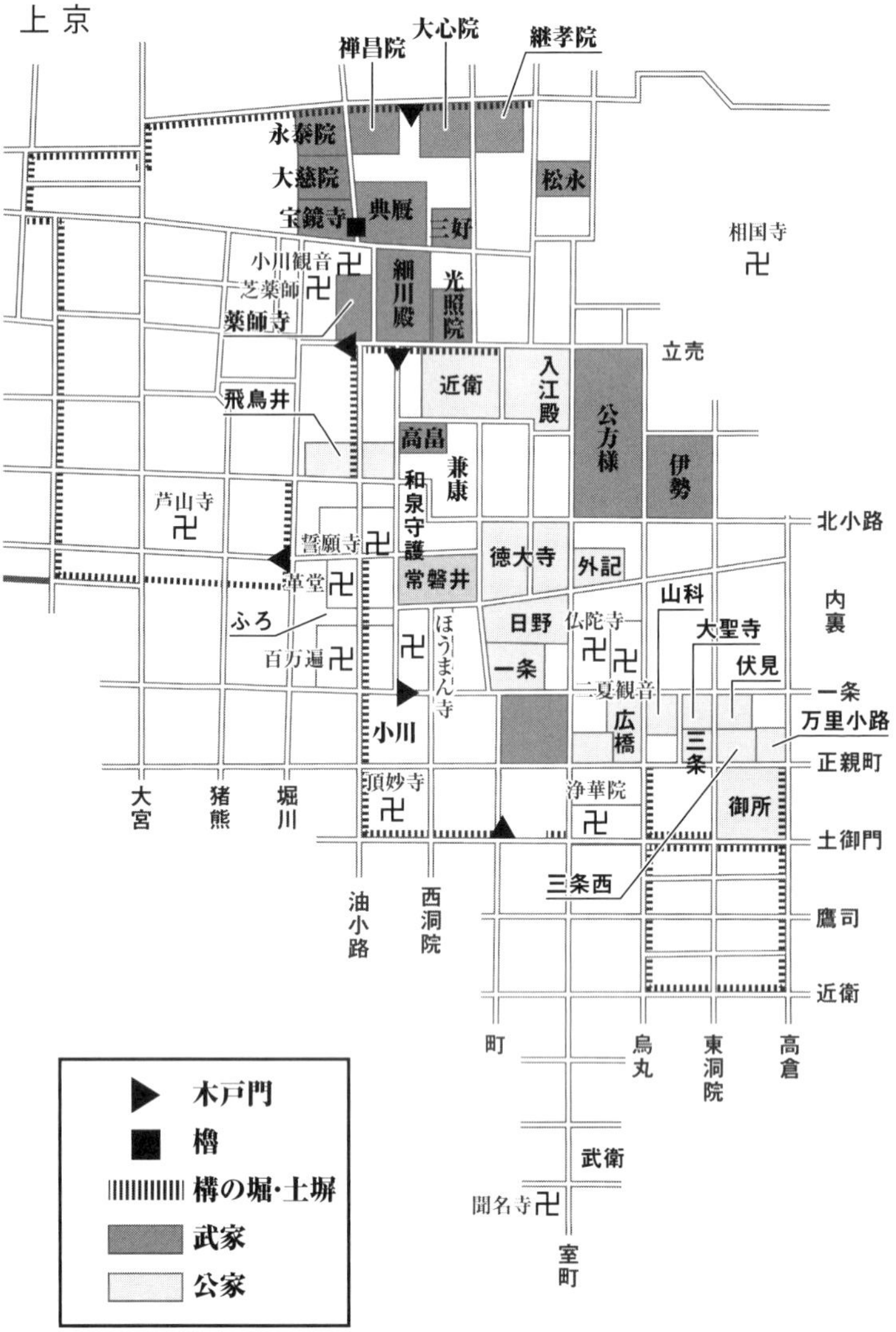
上京
禅昌院
大心院
継孝院
永泰院
大慈院
宝鏡寺
典厩
三好
松永
相国寺
小川観音
芝薬師
薬師寺
細川殿
光照院
立売
近衛
入江殿
公方様
伊勢
飛鳥井
高畠
兼康
和泉守護
芦山寺
誓願寺
革堂
常磐井
徳大寺
外記
北小路
山科
内裏
ふろ
日野
仏陀寺
大聖寺
百万遍
ほうまん寺
一条
二夏観音
伏見
一条
小川
広橋
三条
万里小路
正親町
大宮
猪熊
堀川
頂妙寺
浄華院
御所
土御門
三条西
油小路
西洞院
鷹司
近衛
町
烏丸
東洞院
高倉
武衛
聞名寺
室町
木戸門
櫓
構の堀・土塀
武家
公家

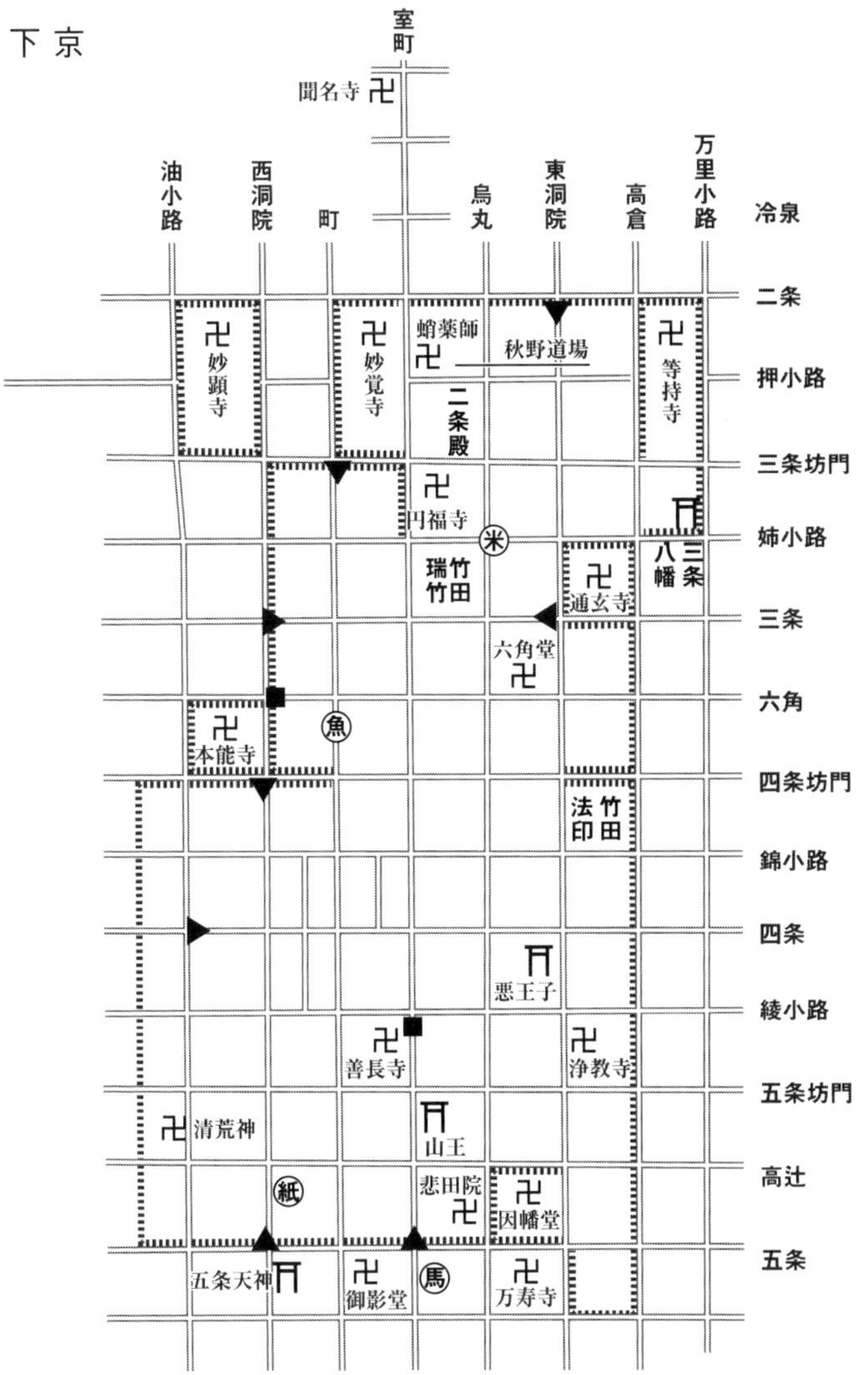

図2　天文16年（1547）の京都　天文初年の京都の復元は困難であるので、便宜上天文16年の地図を掲げた。おもな相違点は下京の本能寺と上京の公方様で、前者は神泉苑の南方（図では左方で見えない）、後者は柳原（松永邸の付近）に位置していた。ほかに三好邸が天文初年は内藤邸であり、松永邸はなかった

序章　ひとつの問答が引き起こした宗教大乱

〔華王房〕
源空（法然）上人は弥陀《みだ》を信ず。日蓮《にちれん》は却《かえ》って無間《むげん》と云《い》う。是《これ》はいかに。
〔新左衛門尉（松本久吉）〕
念仏《ねんぶつ》無間のことは云《い》うまでも無し。念仏衆信ずる処の三部経、四十八願の中にも有り。（中略）末代の善《よ》し悪《あ》しは何を以て証拠とする哉《や》。経説《きょうせつ》より外は無し。誤まりては改むるに憚《はば》かること無し。はやく善に付くべし。亦《また》は贔屓《ひいき》の宗旨に迷いて耳に入らずんば、生死の大海を渡ること難《かた》し。無学なる坊主は己《おの》が今日の世わたりに妄語《もうご》をきかす事浅《あさ》まし。愚かなるものは誠にもすらめ。則《すなわ》ち衆生《しゅじょう》を迷わす大逆《たいぎゃく》の悪人なるべし。

えんえんと続いてきた問答は、一方的に新左衛門尉が有利となり、舌鋒鋭く華王房《けおうぼう》を追い詰めて、ようやく、誰の目にも勝負の帰趨は明らかであった。昨日までは弁舌博覧《べんぜつはくらん》、「今の世の釈尊《しゃくそん》」とあがめられ、説教の有難さをうたわれた華王房が、一介の俗人、しかも草深い坂東《ばんどう》・上総《かずさ》藻原《もばら》（千葉県茂原市）から遊山《ゆさん》に出て来た田舎武士・松本新左衛門尉に完膚《かんぷ》なきまでに折伏《しゃくぶく》されていく。満座の聴衆は水を打ったように、壇上の華王房と最前列の端に居る新左衛門尉を驚異の目でみつめている。新左衛門尉から「大逆の悪人」と嘲罵《ちょうば》された華王房は、屈辱と興奮とで顔面まっ赤となり、かろうじて声をふりしぼった。

〔華王房〕

弥陀の名の有難さよ。法然《ほうねん》を貴《たっと》むなり。

〔新左衛門尉〕

汝《なんじ》は山（山門）の怨敵《おんてき》なり。法然は天台《てんだい》・仏心《ぶっしん》・真言《しんごん》・三論《さんろん》などみな群賊《ぐんぞく》なりと云《い》う事、撰択集《せんじゃくしゅう》に書《か》けり。伝教大師（最澄）一念三千の戒壇《かいだん》を誹謗《ひぼう》し、三世《さんぜ》の諸仏の敵《かたき》なりとて、叡山《えいざん》一山集《あつま》りて撰択集を焼き捨つべしと、これは三世の諸仏への報謝《ほうしゃ》なるべしとて、大講堂《だいこうどう》の場にて焼き捨てたり。又《また》、法然の死体を賀茂川《かもがわ》へ流せしなり。汝その山に住《す》みながら、法を貴むは如何《いか》に。問答に負けまじと抜け句を言うと見えたり。返答如何に。閉口《へいこう》か閉口か。

〔華王房〕

……………（無言）

〔新左衛門尉〕

約束の如《ごと》くするぞ。

ここに至って華王房は顔面蒼白、一言の答弁も出せず、脂汗のなかに黙り込んでしまった。新左衛門尉は勝ち誇って壇上へかけ寄り、華王房の袈裟《けさ》を引き剝がした。かたずを飲んで見守っていた聴衆は、緊張が一度に緩んでドッと囃し立て、中には手を叩き、口笛を吹く者もあった。現世の釈迦とうたわれた学僧が、俗人に問答で敗れた意外性に、聴衆もまた興奮しているのである。その嘲罵のうずの中を、新左衛門尉は悠々と退出していく。一方、華王房はと見ると、虚脱状態でこそこそと鼠のように裏口へ退いた。

　ころは天文五年（一五三六）二月の半ば頃、問答が行なわれた場所は、〝一夏の観音〟の名で町衆に知られた一条烏丸《いちじょうからすま》の金山天王寺本堂（観音堂）であった。華王房を問答で打ち負かした松本新左衛門尉は、翌日早くも京の錦小路《にしきこうじ》の旅籠《はたご》を立ち、河内《かわち》へ出立したが、彼自身まさかこの問答の結果が、五ヶ月後に京都の町の過半を焼き尽くし、数千の人々が殺される大惨事に結びつこうとは、知る由もなかったのである。

＊　＊　＊

　天文五年七月に京都を舞台に勃発した日蓮宗《にちれんしゅう》と天台宗《てんだいしゅう》との戦争、あるいは天文元年（一五三二）七月以来同五年七月までの丸四年間、京都の町を宗教的興奮と熱狂のるつぼと化し、市政をほぼ掌握した法華一揆《ほっけいっき》の洛中支配とその終焉を、宗門の側では〝天文法難《ほうなん》〟、歴史家は〝天文法華の乱〟または〝天文法華一揆〟と呼んでいる。たんにわが国宗教史上の大事件にとどまらず、戦国史上、民衆運動史上の大事件といってもよい。何しろ将軍家の膝元、当時日本の中心地で起こった政治的事件でもあるのだ。高等学校の教科書でも当然言及されている。

ところが、この法華の乱について記した単行本というのは、現在のところ（一九八八年）まったく発行されたことがなく、研究についても極めて少ない。法華一揆とほぼ時を同じくして蜂起し、法華一揆が最も激しく対立した一向一揆《いっこういっき》が、多くの研究書と啓蒙書、研究論文に汗牛充棟《かんぎゅうじゅうとう》もただならない状況と比べて、あまりに対照的である。法華一揆の研究が低調なのは、一つに宗門の側の研究者がこれに消極的なことによるところが大きいが、一つには歴史学の側における自治都市研究のあり方にも規定されている。ありていに忌憚なくいえば、現在の歴史学界には、はっきりとは表明されないが、

一向一揆＝善

法華一揆＝悪

なる暗黙の前提というかムードがある。なるほどこういうレッテル貼りは、その根拠を理解できなくもないが、複雑な事件の背景がこのように単純に規定されてよいはずはない。本書ではこの特異な事件を一種の革命運動として理解し、ドキュメントとしてその経過をたどっていこうと思う。

お断わりしておきたいのは、従来このような宗教的事件の研究者は宗門の人々が大部分であり、まま護教的叙述に終始する向きも無くはないが、著者は宗門とは一切無関係な人間であるという点である。宗門はおろか、著者は現在無宗派であり、家門はキリスト教である。

したがって、本書はいずれかの宗派宗門からのためにする記述ではまったくないという点をまず表明しておきたい。著者自身は必ずしもこのテーマでの執筆適任者とは思わないが、右のような著者の

立場は、あるいはこのような宗教的事件の叙述者として、有利な点であるかもしれない。

＊なお、著者は史料にもとづき、「松本問答」の全体を読み下し文で再現し、付章として本書の巻末にまとめた。参考にしていただければ幸いである。

第一章　鍋かむり日親――京都へ進出する日蓮宗

一、一条戻橋の辻説法

応永三十四年（一四二七）二月のこと、京都の一条戻橋《もどりばし》のたもとに黒い傘を立て、大声でしきりに何か通行人に呼びかけている乞食僧があった。辻説法《つじせっぽう》を試みているらしい。戻橋といえば、かの頼《より》光《みつ》四天王《してんのう》の渡辺綱《わたなべのつな》が、鬼女茨木童子《いばらきどうじ》に逆襲してその片腕を斬り取った場所として有名である。戻橋の名は、長徳四年（九九八）の蔵人頭《くろうどのとう》・藤原行成《ふじわらのゆきなり》の日記（『権記《ごんき》』）にその名が見え、平安中期にはすでに堀川《ほりかわ》の一条通に掛かる橋がこの名で呼ばれていたことがわかる。しかし、その名の由来は明らかでない。鎌倉中期に成立した『撰集抄《せんじゅうしょう》』の伝えるところでは、次のような説話があるという。

文章博士《もんじょうはかせ》・三善清行《みよしのきよゆき》の八男、浄蔵《じょうぞう》は天台密教僧で、菅原道真《すがわらのみちざね》の怨霊《おんりょう》に悩む左大臣時平《さだいじんときひら》を護持《ごじ》したことで著名であるが、若年の折、諸国の霊山霊場を求めて熊野《くまの》の奥に分け入り、笙《しょう》の窟《いわや》（奈良県上北山村）で修行していた。ときに延喜十八年（九一八）十二月、父の清行の死を山中で聞いた浄蔵は、急ぎ京都へ引き返したが、すでに清行は死後五日目で、遺骸は葬送のため一条戻橋を通過するところであった。浄蔵は丹誠をこめて神仏に祈願したところ、不思議や、清行は蘇生し、七日の間、生き延

びたという。同書に、

一条の橋をばもどり橋といえるは、宰相《さいしょう》三善清行のよみがえり給えるゆえに名付て侍《はべ》る。

とあるのがそれである。

浄蔵の加持《かじ》による清行蘇生の話は、平安後期の『扶桑略記《ふそうりゃっき》』や『拾遺往生伝《しゅういおうじょうでん》』にすでに記されているが、蘇生の場を一条戻橋としたのは『撰集抄』が初見であるという。とすれば、『権記』の段階で称していた〝戻橋〟なる語は、別の由緒があったのかもしれない。いずれにせよ、戻橋が明界《めいかい》と幽界《ゆうかい》の境に位置するという観念、死者の蘇生の場なる位置付けが鎌倉中期に存在していたことを物語るといえよう。ちなみに、浄蔵については、その祈禱能力について種々の霊験譚《れいげんたん》が生まれた。確実な史書によれば、浄蔵の事績として重要なものは、応和四年（九六四）、村上天皇《むらかみてんのう》の中宮安子《ちゅうぐうあんし》を加持蘇生せしめたこと、天慶三年（九四〇）、横川首楞厳院《よかわしゅりょうごんいん》にて平将門伏誅《たいらのまさかどふくちゅう》の祈禱を修したことくらいであるが、説話としては八坂法観寺《やさかほうかんじ》の五重塔が傾いたのを呪術で直したとか、天徳四年（九六〇）、内裏《だいり》火災を予言したとか、枚挙《まいきょ》に遑《いとま》ないありさまである。

浄蔵の霊験譚は、後世、さらに尾鰭《おひれ》が付いた。『大和物語《やまとものがたり》』によれば、浄蔵には二人の妻がいたことになっているが、その一人に対し、浄蔵は自分の死後の世すぎとして、口寄《くちよ》せ（巫女《みこ》が死人の語を遺族に伝えること）を伝授したという。室町期の公卿《くぎょう》、万里小路時房《までのこうじときふさ》は、嘉吉元年（一四四一）六月、凶刃に倒れた将軍足利義教《あしかがよしのり》の後室三条尹子《さんじょうただこ》が北山で亡夫の口寄せを行なったことを記録して、口寄せの起源は浄蔵の妻だと書いている（『建内記《けんだいき》』）。室町幕府の奉行人《ぶぎょうにん》・布施《ふせ》氏と飯尾《いのお》氏は、ともに浄蔵の末裔と称している。いずれにせよ、一条戻橋は京中から異域の入り口であり、それが浄蔵伝説とからめて語り伝えられている点が興味深い。浄蔵は安倍晴明《あべのせいめい》と並んで中世暗黒界を支配した人々にとって、共通の始祖と崇《あが》められたのである。辻説法の乞食僧は、この場所のそうした異域性と宣伝効果を充分承知のうえで説法の場に選んだに違いない。乞食僧は、下総中山《しもうさなかやま》（千葉県市川市）の法華経《ほけきょう》寺《じ》の僧、日親《にっしん》であった。

日親は応永十四年（一四〇七）、上総の土豪埴谷《はにや》氏の出自と伝えるが、家業の詳細は明らかでない。幼年にして同国の妙宣寺《みょうせんじ》（同山武市）に入り、のち中山に移って日親の法名を称した。元服前後（十五、六歳）ですでに日蓮宗の法門に通暁し、若手の学僧として嘱目されていた。日蓮宗は祖師の開宗時点から激しい他宗排撃を宗旨とする。つねに習合的、妥協的に傾くわが国の宗教的風土の中にあって、この宗派は異色の存在である。「念仏無間　禅天魔　真言亡国　律国賊」のスローガン（四箇格《しかかく》言《げん》）はこの事情をよく物語っている。日蓮没後も当宗派には権力者への激しい諫暁《かんぎょう》（折伏）と弾圧＝法難を一種の法悦《ほうえつ》とする修行僧が何代も出ている。建武元年（一三三四）七月、検非違使別当《けびいしべっとう》万里小路藤房《ふじふさ》に申状を呈して捕縛された中山の日祐《にちゆう》などはその代表である。天皇に直訴して他宗派の禁圧を強請するという手段であるから、朝廷はおろか、幕府にとっても到底容れられる請願ではなかった。

西欧のキリスト教や中東のイスラム教など世界の宗教史を顧みれば、わが日蓮宗の宗旨の如きはむしろ普通であって、特に一神教の宗派では排他性があたりまえなのである。外来仏教諸派をいとも簡単に風土的な神道に習合妥協させてしまう日本の状況が、例外的であるといえるかもしれない。しかし、顕密の諸派から見れば、日蓮の教説はひとりよがりの独善以外の何物でもなく、憎むべき異端であり反骨であっただろう。本書は中世仏教を扱うのが目的ではないので、この点についてはこれ以上論及しないが、日蓮の一派が排他性と権力への他宗禁圧の強請という点で極立っていたことを強調しておきたい。

中山で祖師・日祐らの先師の業績を学んだ日親もまた、この宗派の教風を継承し、法難に屈しなかった日祐らに私淑《ししゅく》した。応永三十三年（一四二六）のある日、一念発起した日親は、身命を捨てて一宗弘通《しゅうぐつう》（宗派の宣布）の誓願を立て、同年秋から冬にかけて百日の間、中山の開山祖師廟前に自我偈《じがげ》百遍を誦する行に入った。自我とは妙法蓮華経如来寿量品《ずりょうぼん》の偈である。かくて行満願ののち、天下に周遊して日蓮の遺意を弘通しようと、翌応永三十四年正月、上京して戻橋の辻説法に臨んだのである。

日蓮宗は元来、関東中心の宗派で、京都の人々には鎌倉末期まで、ほとんど知られていなかった。日蓮の孫弟子、日像《にちぞう》が上京して初めてこの地で教線を開いたのが永仁年中（一二九三〜九九）であるといわれる。その後の日蓮宗は京都においては、はなはだ振るわず、応永末年、本能寺《ほんのうじ》・妙顕寺《みょうけんじ》ほか数ヶ寺が創建されたにすぎなかった。もとより日親には、拠るべき寺もなかったのである。日蓮宗は、大宮通《おおみやどおり》以東に伽藍を建てることを禁じられていた。案の定、日親の激越な折伏に対し、悪口・投石などの迫害が加えられた。無視して通りすぎる人々はまだ生やさしいほうであった。しかし、一人・二人と日親の説法に耳を傾ける民衆が現われ、いつしか戻橋の傘の前には聴衆市《いち》を成《な》すという状況になってきた。この中で、摂津《せっつ》梶折村の宇野《うの》・西村《にしむら》なる二人の国人が日親の熱心な帰依者となり、自分らの村へ招き、無住寺であった真言末の金仙寺《きんせんじ》を改めて一乗寺《いちじょうじ》とし、日親に寄進した。この一乗寺こそ日親が最初に持った道場であった。

正長元年（一四二八）に、日親ははるかに遠い九州筑前《ちくぜん》の博多《はかた》に下向した。ここは九州探題《きゅうしゅうたんだい》の政庁所在地として幕府の出先であるとともに、大陸に開かれた門戸でもあった。ここで日親は法性寺《ほっしょうじ》という日蓮宗の寺院を開創している。ここに、肥前《ひぜん》の護国光勝寺《ごこくこうしょうじ》（佐賀県小城市）は、中山法華経寺にゆかりの千葉《ちば》氏の一族、千葉胤貞《たねさだ》が西遷御家人《せいせんごけにん》として元寇《げんこう》争乱のおり九州に下向して建立した寺院であるが、開山が中山の日祐であった縁により、法華経寺の貫主がこの寺の総導師を兼帯していた。

永享五年（一四三三）、日親二十七歳のとき、法華経寺では日親の京畿にわたる活躍を認め、九州総導師に抜擢し、日親は再び九州に下向した。このとき、日親は平戸《ひらど》（長崎県平戸市）・唐津《からつ》（佐賀県唐津市）など肥前国内の各地のほか、豊後植田《ぶんごうえだ》などにも法華寺院を開いている。日親の行動力の大きさが知られよう。しかし、日親の九州下向前後から、教団は日親をしだいに白眼視しはじめる。それは一口でいえば、日親のあまりに非妥協的、今日的言葉でいうなら、過激派的な態度が原因であった。

日親は九州下向以前からすでに法華経寺の貫主を「知恩報恩のため二十一歳より教訓」、すなわち批判していた。光勝寺への派遣自体が教団の日親に対する〝厄介払い〟であったともいわれる。

日親は肥前下向以後も、光勝寺末の各寺で薬師・観音などの木像を礼拝しているのを怒り、諸仏を撤却せしめたりしたが、これらはいずれも日親の上洛以降、再び元の木阿弥《もくあみ》に戻っている。日親の攻撃の鋒先は、大檀越の千葉胤鎮《たねやす》にも向けられたため、九州総導師としての日親は自《おのずか》ら孤立化を免れなかった。永享九年（一四三七）七月、法華経寺貫主・日有《にちゆう》の使者と称する者が下総から光勝寺に下向し、日親の破門を申し渡した。日親は総導師職・僧坊《そうぼう》・曼荼羅本尊《まんだらほんぞん》・聖教《しょうぎょう》など一切の財産を剝奪された。日親はまず教団内部よりの迫害を蒙ったのである。

二、山門との対立と室町幕府

徒手空拳、失うべき何物もなくなった日親は、尾羽打ち枯《おはうちか》らしたていで、京都に戻ってきた。しかし、日親にとって、教団の拘束をまったく背負わなくなったことは、ある意味では大きな強味であり、新たな宗教的〝行《ぎょう》〟に向かって邁進することになった。日本国王、将軍義教との対決であるが、その次第を見ていく前に、京都における日蓮宗派の推移について概観しておこう。

前述のように、日蓮宗京都布教の最初は、永仁二年（一二九四）四月、日像が創《はじ》めたものである。

日像は下総平賀《ひらが》（千葉県松戸市）の出生、日蓮十三回忌にあたる永仁二年を期して、日蓮殉難の旧蹟を回歴したのち同年四月、油屋太郎兵衛なる人物の手引きで、叡山より入京した。日蓮宗の京都弘通が、最初から商人の援助によって行われている事実は興味深い。日像は、内裏東門で日輪に向かい法華の題目《だいもく》を誦《ず》し、洛中辻説法を始めた。しかし、顕密の諸宗はこれを嫌って朝廷に訴え、検非違使の手で、徳治二年（一三〇七）、延慶三年（一三一〇）、元亨元年（一三二一）の三度にわたって京都から追放されている。その都度、数年を出ずに赦免されているが、権力の膝下にかかる邪教の徒を置くべからずとなす山門ら旧仏教の圧力もまた執拗であった。これを〝竜華の三黜三赦《さんちゅっさんしゃ》〟と呼んでいる（竜華とはのちに日像が開いた妙顕寺の院号）。このように、鎌倉新仏教の雄として蒙古襲来を語る際には必ず引き合いに出される日蓮宗も、鎌倉期を通じて京都ではまるで受け入れられなかったのである。

元亨元年の赦免を最後として、日像は京都を追い出されることだけは免れた。そこで日像は、洛中西の京に寺地を求め、妙顕寺を創建した。その時期は明らかではないが、元亨元年以降、元弘三年（一三三三）以前の間と推定される。元弘の乱で、後醍醐《ごだいご》天皇は隠岐《おき》から伯耆《ほうき》に脱出し、京畿の各寺に衆徒の呼応を呼びかけたが、後醍醐側では、猫の手も借りたい時期であったので、宗派を問わず味方に入れようとした。かくして同年三月、護良《もりよし》親王は妙顕寺に対し令旨《りょうじ》を下して天皇の還京を祈らしめ、同五月には尾張・備中《びっちゅう》などの地を割いて寺領を寄進し、〝御祈禱所〟に指定した。

翌建武元年（一三三四）四月、建武政府（朝廷）は日像に対し妙顕寺を勅願寺《ちょくがんじ》となす綸旨《りんじ》を発給した。

ここに日蓮宗は、最高権力者から晴れて公認されたのである。日像・弟子大覚《だいかく》らの欣喜雀躍《きんきじゃくやく》はもちろん、門下・末寺・地方の法華寺院の喜悦は非常なもので、各寺は祝福の書状を日像に贈った。以後、この後醍醐天皇の建武綸旨は法華宗の守り神となり、法難のたびごとに〝おまじない〟として持ち出され、亡宗の危機を救ったのである。

その後、室町幕府も妙顕寺を保護し、あるいは祈禱を命じ、直義《ただよし》・義詮《よしあきら》など将軍家の人々は南北朝期を通じて、しばしば祈禱巻数《かんず》の返事（謝礼）を出している。しかし一方、鎮静したかに見えた旧仏教界からの圧力が、再び増大してきた。元来、妙顕寺は真言の寺院であったのを、日像の弟子大覚（摂関近衛《このえ》家の縁者といわれる）が師に奉献して法華寺院となしたもので、これが山門の目障りとして排斥されるに至ったのである。

祇園《ぎおん》社の別当寺、感神院《かんじんいん》は現在の八坂神社境内に位置し、山門の末寺であったが、文和元年（一三五二）、山門衆徒中はこの感神院に指令を発し、犬神人《いぬじにん》に命じて妙顕寺法華堂を破却させようとした。犬神人は祇園社の下級隷属民で、皮革業を生業とし、京の町に弦《つる》を売り歩いたので、〝つるめそ〟（「弦召そう」の呼び声からきた）とも呼ばれる。山門は自身で手を下すことを欲せず、末寺の隷属民をして事に当たらせようとしたのだが、これは寺院の破却が不浄の行為として聖職者のなすべき事に非ずとされていた観念によるものであろう。しかし祇園社は、

山門公人《くにん》を相副へず馳向ふ事、先規無きの由、犬神人等申《ら》す。

と言い立てて破却を拒絶した。しかし、妙顕寺の僧侶らは一時京都退去を余儀なくされている。山門は七度にわたって祇園社に指令を出したが、感神院側はついに動かなかった。

延文二年（一三五七）夏の旱天に、大覚は詔を奉じて祈雨に従事し、効験いやちこであったとて、大覚は朝廷から大僧正に任ぜられ、日蓮・日朗《にちろう》・日像の三祖師に菩薩号が許された。これらを見ると、近衛家縁者と称する大覚の絶大な政治力がうかがわれる。山門による破却を免れたことも、大覚の力が陰に働いた結果に相違あるまい。

大覚の没後、南北朝期後半を飾る傑僧は日什《にちじゅう》である。日什はもと玄妙《げんみょう》と名乗る天台僧で、十九歳で叡山に登り、観応二年（一三五一）、山門の学頭に推挙された。しかるに、康暦二年（一三八〇）、六十七歳のとき、郷里の陸奥会津《むつあいづ》において、偶然日蓮が著した『開目抄《かいもくしょう》』などの述作を読んで翻然大悟《ほんぜんたいご》し、日蓮宗に宗旨替えして名を日什と改めた。翌永徳元年、上洛して六条坊門室町《ろくじょうぼうもんむろまち》の天王寺屋通妙《てんのうじやつうみょう》の店舗に寄宿して要路に法華の宗義を説いて回った。日像の油屋太郎兵衛といい、日什の天王寺屋といい、法華宗の京都布教にあたって町人が奔走している事実は注目される。日什は、太政大臣二条良基《だじょうだいじんにじょうよしもと》に面謁を得て法華の宗義を開陳し、諸宗との対決を奏聞されたい旨を述べた。良基は、

宗義分明にして法門殊勝たり。

と称賛したが、奏聞の件は容易ならずとしてこれを保留した。このとき日什は良基に対し、現今の天台宗のことを「謗法無間宗《むげん》」と誹ったため、山門に聞こえて山徒の激昂を招いたのである。日什は朝

廷、幕府に奔走したものの諫暁《かんぎょう》の実を挙げることを得ず、下総に下った。

日什下向から五年を経た嘉慶元年（一三八七）、山門衆徒はついに日蓮宗攻撃の実力行使に出、当時、四条櫛笥《しじょうくしげ》（京都市中京区、四条大宮西方）にあった妙顕寺を襲撃、堂宇を徹底的に破却した。住持の日霽《にっせい》は若狭小浜《わかさおばま》（福井県小浜市）に逃亡した。

妙顕寺破却の引き金となった山門の日蓮宗嫉視《しっし》について、一端の責任を感じた日什は、事件を総本山のある下総へ報ずるとともに、弟子をして小浜の日霽の許へ慰問に向かわしめ、自身も小浜に下向して日霽を激励した。このとき日什は、天王寺屋からその宅を寄進されて、これを妙満寺《みょうまんじ》と称していた。日什はその後も山門の圧力を恐れず、幕府の要路にしばしば庭中《ていちゅう》（過誤救済の訴訟）、直訴を試み、将軍義満《よしみつ》の仏寺参詣ごとに訴状を呈せんとしたが、警衛の士に妨害されて果たさなかった。しかし、明徳二年（一三九一）三月、等持寺《とうじじ》へ参詣しようとした将軍の行列に突き入って、日什はついに訴状と安国論《あんこくろん》を提出することに成功する。義満は、奉行人・松田《まつだ》丹後守に命じて日什を尋問させた。このとき日什は次のように答弁している。

昨今、天下は法華の正法に帰依せず、禅・浄土などの邪法に目をくらまされているので、種々の災難が続発しています。私どもが切望しますには、どうか諸宗と問答させてください。そのうえで宗派間の正邪理非を決断され、もし、我が宗が正しければどうか我が宗を信伏せられ、他宗派の寺院を破却していただきたい。なお、詳しくはこの中に記しております。

この応答に対し、幕府は可とも不可とも言わず、ただ、これ以上の訴訟は取り上げないと突っぱねた。また、山門の妨害に対しても幕府はこれに関知しない旨を陳じた。要するに、幕府は諸宗派間の争いに中立的態度を取ったのである。他宗派の排斥は、理念のうえではありえても、幕府にその実行を求めることは歴史的にみても不可能であり、砂上の楼閣であった。むしろ、足利義満の日什に対する態度は、当時としては穏当なほうであったといえる。日什は、その後も将軍を動かそうと諫暁を試みたが、幕府はまったく取り合わず、空しく東国に引き上げている。

僧衆は各地に逃散し、日霽はやがて上洛したものの、檀家の家を転々とする有様であった。日霽が許されたのは明徳四年（一三九三）で、将軍義満より三条坊門堀河《さんじょうぼうもんほりかわ》（京都市中京区姉小路堀川付近）の地を与えられ、寺を再建した。幕府には元来、弾圧の意志はなかったが、山門の横車には見て見ぬふりをしていた。幕府官立の寺院である五山の南禅寺《なんぜんじ》の楼門が、山門の圧力で破却されたのは、応安三年（一三七〇）のことである。日霽は寺を再建したものの、山門を憚って妙顕寺の号を取り下げ、妙《みょう》本寺《ほんじ》と改称した。公卿中院通氏《なかのいんみちうじ》の援助で、このとき上野戸矢郷の地を寺領として寄進されている。

妙本寺（もと妙顕寺）日霽の跡を継いだ月明《げつみょう》は、宮中に種々働きかけた結果、応永二十年（一四一三）五月、僧正の官位を授けられた。月明自身の書状によれば、任僧正の前に後小松上皇《ごこまつじょうこう》に謁し、法華の法門を奏上したとある。しかし、この月明の僧正成《な》りは山門衆徒の憤激を招くことになった。同年六月、山門は日吉神輿《しんよ》を奉じて嗷訴《ごうそ》を敢行し、同二十五日には祇園社の犬神人を駈《か》り催して妙本寺法華堂を破却した。三宝院満済《さんぼういんまんさい》の日記によれば、この日は早朝から感神院の鐘楼で早鐘が鳴り響き、京中大騒動であったと報じている。幕府は当初、妙本寺側に立って、山門の嗷訴を認めず、山門に対し嗷訴の張本人を出頭させるように命じていた。ところがその後、情勢は急変したとみえ、応永二十一年七月には、月明の僧正口宣《くぜん》（官位任命状）は無効とされ、妙本寺本堂は法勝寺《ほっしょうじ》五大堂《ごだいどう》（京都市左京区岡崎法勝寺町）に寄進され、長老坊は犬神人に払い下げられ、ほかの坊地は日吉社摂社十禅師《じゅうぜんじ》社に寄進されている。月明は丹波知見谷《ちみだに》（京都府南丹市）に逃亡し、寺衆は四散した。

以上のように、日蓮宗は南北朝初期以降、朝廷・幕府に接近するごとに山門の妨害が活発化し、二度にわたって洛中の拠点・妙顕寺を破壊されるという被害を蒙った。祖師日蓮の四箇格言には天台の語がみられないように、元来日蓮宗は天台の最も近い分流であり、それだけに法華宗が擡頭し、天台を攻撃することが山門にとっていわば近親憎悪であり、我慢のならなかったという事情であったとみられる。さて、破却後の妙本寺はどうなったかといえば、妙本寺の納所《なっしょ》妙光《みょうこう》が京都に踏み留まり、五条坊門西洞院《ごじょうぼうもんにしのとういん》（京都市下京区仏光寺西洞院）の柳酒屋・小袖屋など町人の援助により、妙顕寺の旧地四条櫛笥に一寺を興し、これを立本寺《りゅうほんじ》と称した。またこれと別に、妙光に従わぬ僧衆は五条大宮に本仏寺《ほんぶつじ》を建て、のちに妙本寺と改称している。その後、妙本寺と立本寺との対立は激化、立本寺では敵《かたき》であるはずの山門と内通し、その末寺と称して別に一派を建てた。このような一宗内の党派的分派抗争は、中世日蓮宗の宿業といってよいほど、この宗の歴史に付いて回った。

これより先、永和四年（一三七八）、日像の没後、日霽が後嗣となったことは先述したが、このとき日霽に従わなかった日実《にちじつ》・日成《にちせい》の両僧は妙顕寺から離れて妙覚寺《みょうかくじ》を創立していた。また、応永十二年（一四〇五）、日霽が死んで月明が法嗣となった際、月明から妙本寺（妙顕寺の後身）を追い出された日存《にちぞん》・日道《にちどう》・日隆《にちりゅう》の三僧は、応永二十二年（一四一五）、油小路高辻《あぶらこうじたかつじ》に本応寺《ほんのうじ》（のちの本能寺）を建てた。また、日道らの同志であった日慶《にちけい》は、柳酒屋の援助で四条綾小路《しじょうあやのこうじ》に妙蓮寺《みょうれんじ》を創立した。

以上のように、京都における日蓮宗は、南北朝末期から室町初期にかけて、宗派の抗争によって細胞分裂のように寺院を分立させ、妙顕（妙本）・妙満・妙覚・立本・本能・妙蓮の六分派が形成されたのである。『日本仏教史』の著者辻善之助博士は、日蓮宗の分派が多い理由の一つに、本門《ほんもん》・迹門《しゃくもん》の主義の争い（宗内ではこれを〝勝劣一致《しょうれついっち》の争〟と呼ぶ）があると指摘されている。勝劣一致とは、本門を中心とした法華経観（日蓮）と迹門中心の法華経観（天台）との間に、一致を見るか優劣を見るかの教理上の争いをいう。しかし日蓮宗の場合、宗派の分裂は却って衰退に向かわず、宗派自体の活性化をもたらし、京都における日蓮宗発展の一因となったことは否定されない。日親が中山から教籍を剝奪された室町中期の京都の教界は、以上のような状況にあったのである。

三、日親の殉教伝説

九州から京都に戻った日親は、永享十年（一四三八）三月、『折伏正義抄《しゃくぶくしょうぎしょう》』を著して肥前の寺檀の人々に書き送った。この書の中で日親は、中山法華経寺貫首・日有や檀越・千葉胤鎮《たねしげ》の謗法を非難し、謗法者から米銭の施しを受けていることを口を極めて排斥した。日蓮の本旨に添って強烈なる不受不施の教理を主張したのである。不受とは、僧の側からみて不信・未信の謗法者より布施供養を受けないこと、不施とは信者の側で日蓮宗外の僧に供養をしないことをいう。『涅槃経《ねはんきょう》』に「正法を護る者、壊法の者を見ては即ち能《よ》く駈遣《かけん》し呵責《かしゃく》徴治せよ」とあるように、元来諸宗派に通底する仏教共通の性格であったものが、各宗派の変質と妥協によって、最後は日蓮宗のみが不受不施の教理を潔癖に護持するに至ったものといえる。しかも、その日蓮宗内においても、当初は〝王侯除外《おうこうじょがい》〟という例外を設けていた。すなわち公武の権門、守護大名など在地の有力者からは供養を受けてよいとする妥協的立場である。日蓮宗が顕密の旧仏教が厳然と支配する京都や中央へ浸透していくためには、このような柔軟さは不可欠であった。しかし、それは一面では権力への迎合であり、宗教としては堕落にほかならないとする立場も当然ありえよう。この地点に立って、常に尖鋭な態度を徹底させていたのが日親であった。

このような日親は、今日的用語でいえば過激派である。中山から破門された理由もそういう彼の性格によるところ大であったが、とくに温和な宗内の人々からは極端に嫌われた。中山の貫首・日有は、日親を指して「逆悪人」「悪知識」と罵り、郷律師常蓮《じょうれん》という僧は、日親を「狗犬《くけん》の僧」と非難した。宗派外よりむしろ同宗内の人々の憎悪の的となっていたのである。

さて永享十一年（一四三九）五月、日親は花の御所に近い今出川《いまでがわ》で庭中（越訴《おっそ》）を敢行し、将軍義教の行列を遮ったため、義教の怒りを買って、政所執事《まんどころしつじ》・伊勢貞国《いせさだくに》の邸に預けられた。伊勢邸は幕府の東隣、現在の同志社大学本部（京都市上京区）のあるあたりである。貞国は、家宰《かさい》の政所代・蜷《にな》川親当《がわちかまさ》を取り調べに当たらせたが、日親はひるむことなく義教に対し、法華経の受持、他宗の廃教という持論を述べた。親当と日親の問答は十三回に及んだが、日親の舌鋒は鋭く、ついに親当は根負《こんま》けして、

重ねて言上すべからず。若《も》し押《おし》て言上のときは、堅く御罪科あるべし。

と問答を打ち切り、日親を釈放した。将軍義教は、癇性《かんしょう》の強い人で、怒りに触れれば到底このような穏当な処分では済まないが、おそらく日親に同情した親当が適当に言いくるめて報告していたのであろう。ちなみにこの親当なる武士は、一休宗純《いっきゅうそうじゅん》とも交遊があったとされる人物で、古来一休の説話には必ず登場する。しかし、史実となると史料がはなはだ乏しく、詳細は不明とするほかないが、仏教の教理にもある程度通じていた知識人であったことだけは、確かなようである。

入牢と拷問

翌年の五月六日は、足利義満の三十三回忌で諸宗の善知識《ぜんちしき》を集めて盛大な追善供養の仏事が行われると聞き、日親はこの仏事を方便として再び義教を諫暁（折伏）すべく、『立正治国論《りっしょうちこくろん》』の著作に専念した。ところが、この著作を下書きから清書しようとしていた矢先の永享十二年（一四四〇）二月、日親は幕府の捕吏に踏み込まれ、牢に入れられたのである。日親の企てを密告した者がいた結果であった。このとき入れられた獄舎の様子を後年、日親自身が語った言葉によって再現してみると、

> 四畳敷に三十六人入れられたる詰籠《つめろう》に入れさせ給《たま》いき。余《あま》りに不便《ふびん》なりとて、翌日かの越前守（侍所被官魚住）余の者を二十八人出して、六角《ろっかく》の大籠《たいろう》に移し、八人計《ばか》り留め置かれたりき。籠の高さは四尺五寸、上より打たる釘は先《さき》を返さゞる中《うち》なり。洛中に於てはその隠《かく》れあるべからず。

このように六角の籠舎は人がかがんで入れる高さしかなく、しかも天井から釘の尖端がせり出していて、立つことができない窮屈な建物であった。日親は、この六角の籠の内部の恐ろしい状況は有名で、京都では知らぬ者とてないと言っている。室町時代の幕府の監獄の状況をこれほど具体的に述べた史料はほかになく、日親の書状は、法制史上貴重な史料といえよう。日親は入牢して一年あまりの嘉吉元年（一四四一）六月に将軍義教が凶刃に倒れたため赦免・釈放された。この間、日親は牢内でどのような目にあっていたのか。日親自身の語るところは、さきの埴谷平次左衛門尉宛の書状で、

> 或いは禁獄強問（拷）の責《せめ》を蒙むり、（下略）

と述べているのに留まり、これ以外何も語っていない。ところが、この日親書状の「強問の責」の四字から後世に尾ひれが生じ、〝日親殉教伝説〟ともいうべき説話が近世に成立した。その仕掛け人は江戸期に活躍した京都本法寺《ほんぽうじ》の住持・日匠《にちしょう》（元禄二年＝一六八九没）で、十七世紀中ごろ『日親上《にっしんしょう》人徳行記《にんとくぎょうき》』という日親の一代記を著わし、そのなかで日親が六角の獄舎で受けた拷問の数々を具体的に詳述している。

　眩々たる炎天師を獄庭に出し、薪を積みて火を付け師をこれに向わしむ。（中略）また凜々たる寒夜師を獄庭に出し、裸身梅樹に縛り付け、宵を通しこれを笞《むち》つ。（中略）或る時師を浴室に入らしめ、戸を閉しこれを焼くこと三時許《ばかり》。（中略）或る時は師を階子に繋著《しばりつ》け、水を盛り提子師の口に流し入る。三十六提子に至り師これを記す。その後幾許《いくばく》なるを知らず、或いは竹串を以て陰茎を悩《（刺）》ます。或いは焼鍬を両脇に挟ましむ。（中略）或る時また鐺《（鍋）》を紅色に焼き師の頭に冠らす。而して師能《よ》くこれを忍受し大なる悩痛無し。次で即ち本に復す。都下師を称して冠鐺上人と名づくは是なり。或る時また大樹《（義教）》命じて舌根を抜かしむ。吏これを憐み薄く舌頭を切る。爾来言語転滑して嬰児の如し。冠鐺以後頭皮攣拘《れんこう》して剃髪能《あた》わず。

このように酷烈なる拷問の次第を記している。また『本化別頭仏祖統紀《ほんげべっとうぶっそとうき》』にも、

　炎天薪を積みてこれを炙《あぶ》る。寒夜木に縛りてこれを笞つ。或いは浴を設けこれを熱す。或いは水を盛り口に逼《せま》る。或いは串を以て陰を刺す。或いは鍬を焼き脇に著《つ》く。師以て法楽となす。義教

愈《いよい》よ瞋《いか》り、鉄を以て舌を抜き、火を活け鐺《い》を焼き頭に冠《かぶ》す。師確乎として依然たり。人鐺冠《なべかむり》上人と呼ぶ。

とある。両史料はまったく同じことを述べているので、どちらかが先にできて、後からそれを写したものと思われる。それではここに書かれた状況は、はたして事実であろうか。舌を切られたり、灼熱の鍋を頭上に冠せられては生命の維持が難しいことは容易に想像されるが、両史料の性格から判じても、これが事実でないことは推測がつく。

まず前述のように、永享の日親法難については、根本史料は日親自筆の『埴谷抄』（埴谷平次宛書状）のみであり、ほかに傍証がまったくないこと。後述のように寛正元年（一四六〇）の日親捕縛（細川《ほそかわ》持賢《もちかた》邸に軟禁）のことは相国寺《しょうこくじ》蔭凉軒主《いんりょうけんしゅ》・季瓊真蘂《きけいしんずい》の日記『蔭凉軒日録』に記されている（ほかに『長禄四年記』『長禄寛正記』にも収む）のに、永享十一、十二年度の日親追捕の件は真蘂の日記にまったく記されていないのである。したがって、永享法難のことは日親の書状を疑わないまでも、殉難者の常として多少の誇張が含まれている可能性は考慮しなければならない。

次に『本化別頭仏祖統紀』『日親上人徳行記』がともに永享法難のことは詳述するのに、当時の記録に明徴のある寛正法難のことは一言片句も記さないのだから、右の両史料は信憑性が非常に疑われて然るべきなのである。次に、百歩譲ってこの拷問次第が事実とするならば、明らかに将軍義教には日親を殺害する意志があったことになるが、はたしてそれには必然性があるだろうか。

鍋かむり伝説はあったのか

日親の入牢中、義満三十三回忌の千僧供養が営まれたが、日蓮宗は幕府よりの招請があったにもかかわらず、一部の寺を除いて大半の寺院は祖師以来の慣行を言い立て、出仕御免を願い出た結果、許されている。したがって、将軍義教は日蓮宗の不受不施儀に対し、一定の理解と妥協を示し、正面からこれを弾圧する意志はまったくなかったと判断される。さすれば、一破門僧にすぎぬ日親が何を言い立てたところで、害意を含むほどの怒りを示したか否かは疑わしく、せいぜい牢舎に打ち捨てておくぐらいが関の山であったと思われる。義教の酷薄な性格が〝悪御所《あくごしょ》〟〝万人恐怖《ばんにんきょうふ》〟と一般に恐れられていたことは事実だが、冠鐺のような拷問を一介の乞食僧に執拗に行なったかどうかは疑わしい。

ところが、日匠の『徳行記』以降、義教の拷問と日親の殉教は事実として喧伝され、一人歩きしはじめた。赤く焼けた鍋を頭上にいだく日親受難の絵巻物がいくつも作製され、信徒の間では日親の殉難に戦慄し、また諫暁の強烈さに感動するという効果をもたらした。近代になって、文豪高山樗牛《たかやまちょぎゅう》の「冠鐺日親」が、明治三十五年（一九〇二）に雑誌『中学世界』に発表され、〝なべかむり日親〟の名は広く一般に知られるようになった。樗牛は宮沢賢治《みやざわけんじ》と同様に、法華経の敬虔《けいけん》な信者で、日蓮に関するいくつかの小説を書いているが、日親の事績を広く流布した最初の人であった。樗牛はいう、

> 「冠鐺日親」とは、多くの読者にとりて恐らくは初めての名称ならむ。されど予は望む、そが秀吉・家康の如く諸君に親しからざるの故を以て、小事実として軽むずる無からむことを。人を殺

日親なべかむりの法難図（『日親上人徳行図』）　日親の殉教図は江戸時代に入っていくつか作成されるが、ここに掲げたものはそのオリジナルとなった図で、本法寺住持日匠が著した『日親上人徳行記』をもとに描かせたもの　京都市上京区・本法寺蔵

せる多少、国を取れる広狭などによりて人物の大小を比擬せむは、少くとも吾等にとりては無意義の事也《なり》。苟《いやしく》も個人の勢力の深く強く、若しくは大きく現はれたらむ所、そこには必ず人生の真の大なる事実あらむ。まことに吾人の心情を動かすものは、実《げ》に是《かく》の如き事実に外ならざる也。

これは「冠鐺日親」の冒頭の一句であるが、樗牛の文学観・人生観がよく表されている一文といえよう。樗牛は日匠の『徳行記』を疑うことなく事実として叙述している。日親の鍋冠りの拷問については、アカデミズムの世界でも議論が議論が分かれていた。辻善之助博士は、大著『日本仏教史』において、

義教は性急にして苛刻な人であった（中略）。随って日親に対する責苦もありさうな事と思

はれる。

と、慎重な言い回しながら、『徳行記』の記述をほぼ肯定しておられる。しかし、戦後の仏教史家中尾堯氏は、日親の伝記を著述されたなかに、『徳行記』が述べる拷問は、拷問というよりは殺害を前提とした過激なもので、戦国期の峻《しゅん》厳《げん》な刑罰が反映しているとして、冠鐺の故事を否定的にみておられる。筆者もまた如上の理由で、中尾説に賛同するもので、『徳行記』の記す拷問の数々は、室町的刑事体系の埒外《らちがい》にあるもの、すなわち近世人の空想の所産であると推定される。

日親は、蓮如兼寿《れんにょけんじゅ》・一休宗純・吉田兼倶《よしだかねとも》などと並んで室町期を彩る個性的な傑出した宗教家のひとりであり、偉大な人物であったことは疑いえない。しかし、日匠の『徳行記』は、祖師顕彰のためとは言い条、いわゆる贔屓の引き倒しであり、かえって日親の生涯の真相から遠ざかり、伝説の彼方に押しやるもので、宗門のためにも惜しまれる行き過ぎといえよう。

四、洛中に広まった教線と町衆

嘉吉の変勃発(一四四一年六月)で釈放された日親は、九州から山陰を廻り、出雲多久《たく》村(島根県出雲市)の土豪・佐藤《さとう》氏を頼って暫時ここに落ち着いた。地元の国人・宍道《しんじ》式部大輔は日親に帰依し、管下の禅宗寺院を法華寺院に改めて日親に寄進した。その後、多年の念願が叶って京都六角富小路《とみのこうじ》に本法寺を創立し、全国布教の拠点とすることができたのである。それは、康正年中（一四五五～五六）のこととされている。

日親が西国を巡錫《じゅんしゃく》している間も、京都では日蓮宗の教線が拡大していた。下級公家の中原康富《なかはらのやすとみ》は、ほかの公卿仲間からの影響で法華経の信仰に傾いていた。文安元年（一四四四）には、家計が必ずしも豊かでない中から、法華経の刷本《すりほん》を買ったりしている。宝徳三年（一四五一）七月には、川崎《かわさき》清和院《せいわいん》（京都市上京区寺町広小路付近）で妙行寺《みょうぎょうじ》の僧が行なった法華経談義を聴聞している。ところが、この清和院は浄土宗の寺院であり、寺では迷惑として困却していた。これを強行させたのは将軍義政《よしまさ》の生母・日野重子《ひのしげこ》である。康富の記録によると、この談義は重子の逆修《ぎゃくしゅ》（生前より行う仏事）のため二年前の宝徳元年より始まったという。将軍の生母であり〝大方殿《おおかたどの》〟と呼ばれた当時の執政である日野重子まで法華経の信者となっているのであるから、日蓮宗の洛中における浸透ぶりが知られるであろう。本法寺ができた康正元年（一四五五）八月には、康富は冷泉室町《れいぜいむろまち》にあった法華堂（日蓮宗寺院）で、やはり法華経談義を聴聞している。前述のように、十五世紀前半ごろは大宮以西に法華宗寺院を建立することが許されていなかったから、この冷泉室町法華堂は、日蓮宗の洛中拠点の早い例であろう。これと前後して創建された本法寺も六角富小路にあったから、以後、これを突破口に、法華寺院は洛中に簇生《そうせい》していくのである。

さて日親は、洛中に本法寺を建立してからも九州と京都を往復し、肥前における教線拡張に従事していた。肥前は永享以来のゆかりで、京都と並ぶ日親の拠点のひとつであった。長禄四年（一四六〇）九月、日親が肥前無垢《むく》浄院《じょういん》を法華宗の寺院に宗旨替えしたとて、訴え出る者があり、幕府はこれを取り上げ、奉行人・飯尾為数《ためかず》と政所執事・伊勢貞親《さだちか》に処分を諮問している。この案件が蔭涼軒真蘂の日記に録されているところからみると、幕府の宗教政策の顧問であった季瓊真蘂もこの処分に関わっていたらしい。翌月初めに決定された幕府の処分は次の通り。

本法寺破却。

日親は肥前より京都に召喚。

この措置は即座に実行され、同年閏九月三日、六角富小路の本法寺は破却され、廃材は前例によって〝坂の者〟、すなわち清水坂《きよみずざか》一帯に居住する被差別民衆の一団に下げ渡された。肥前へは、管領・細川勝元《かつもと》から守護・少弐《しょうに》氏に通達が出され、領主・千葉氏に命じて日親の身柄を上京させる手続きを取っている。

ところが、日親護送の件は容易には進捗しなかった。室町時代は京都と九州間の連絡に一ヶ月近くを要したことは周知の事実だが、肥前から千葉氏が幕命を受諾する旨を京都に報じてきたのは、翌年二月四日、五ヶ月ものちのことであった。しかも、千葉氏が日親を護送して京都に到着したのは、さらに翌寛正三年（一四六二）の十一月のことである。護送が遅れた理由について幕府の尋問に対し千葉氏は、上洛の途中、人みな渇仰《かつごう》・帰依し、路を遮《さえぎ》る。これ故遅々《ちち》なり。

と答えている。千葉氏は元来日親に同情的で、幕府の督促にもかかわらず、日親の沿道での布教を黙認していたのである。この記録は、禅僧・季瓊真蘂の残したものであることに留意せねばならない。日親が宗教者としていかに魅力に満ちた存在であったかがうかがわれる。千葉氏は管領・細川勝元の叔父、持賢《もちかた》を頼って、日親の助命を請《こ》い、日親のために弁護した。将軍義政は政所執事・伊勢貞親と季瓊真蘂に処置を諮《はか》ったところ、真蘂も熱心に宥免を請うた。真蘂はその日の日記に、日親助命の理由を、

蓋《けだ》し愚老（真蘂）、慈悲の門なり。

と書いている。結局、日親は摂津西成《にしなり》郡守護・細川持賢の邸へ預けられ、軟禁の身となった。

寛正四年（一四六三）八月、将軍の生母・日野重子が病没したため、幕府の大赦によって、日親も自由の身となった。日親はひとまず生国・上総に帰ろうとして暇乞《いとまご》いに細川勝元の管領邸を訪ね、釈放を謝した。その場に政所執事・伊勢貞親も同席していたが、貞親は日親に宗門の縁起を問うた。日親、得たりかしこしと祖師・日蓮の行跡を演説したが、その末尾を、

後《のち》に普《あま》ねくこの法天下に広まり、諸宗に超過す。誠《まこと》に末法《まっぽう》の仏道、偏《ひとえ》に我が宗に有り。

と述べ、締めくくった。その語があまりに傍若無人であるといって、居合せた政治家たちは日親を快よからず思ったと伝えられている（『新撰長禄寛正記』）。いかにも日親の面目がよく現われている挿話

である。

長享二年（一四八八）九月、日親は本法寺の奥坊で老残の身を病床に横たえていた。枕頭には日《にっ》澄《ちょう》・日祇《にちぎ》以下の弟子を侍《はべ》らせ、本法寺を日祇に付属させるとの遺誡を述べていた。弾圧と折伏に明けくれた八十二歳の生涯を回顧し、応仁・文明の乱後の洛中における日蓮宗の隆盛を思うにつけても感慨無量であったろう。この日、日親は栄光に包まれて示寂《しじゃく》したのである。

町衆の宗教・日蓮宗

さて、応仁・文明の乱なかごろまでに洛中に本拠を据えた日蓮宗の主なるものは次頁に掲げた表の通りである。

表を見ると、大半の寺院が町人（町衆）の外護・後援を得て創立されていることがわかる。なかには守護代・公卿などの公武支配者の檀越も散見されるが、この宗派が京都に弘通《ぐつう》するに際して、商人が大きな役割を果たした点は容易に看取されるであろう。林屋辰三郎氏はこの点に着目して、法華宗は町衆の宗教であり、教義においても町衆の現実的心理に符合するところが多かったと規定された（同氏「町衆の成立」『思想』三一二号）。豊田武氏も同趣旨の研究を発表されている（同氏「中世の都市と宗教」『文化』一号）。一方、村山修一氏は、林屋氏の規定を留意しつつも、次のように反論された。

日蓮宗にあっては町人の（中略）その財力を背景として宗勢力を展開したので、その意味から日

表　応仁・文明の乱までに洛中に本拠を構えたおもな日蓮宗寺院

創建年月	開山	有力檀越	寺名
永仁二·四	日像	御大工・柳酒屋法実・油屋太郎兵衛	妙顕寺
永和四	日実・日成		妙覚寺
永徳元	日什	天王寺屋通妙	妙満寺
明徳四	日霽	足利義満・中院通氏	妙本寺（再興妙顕寺）
応永二十一・七	妙光	柳酒屋・小袖屋	立本寺
応永二十二	日存・日道・日隆		本応寺
応永二十二	日慶	柳酒屋	妙蓮寺
永享五	日隆	小袖屋宗句	本能寺（再興本応寺）
康正年間	日親		本法寺
文明五	日祝	土佐守護代細川勝益	頂妙寺

蓮宗を都市宗教と考えることも出来ようが、非常に排他的性格が強烈であること、かつての専修念仏以上のものがあり、布教の線は可成り限定されていた（中略）。その純宗教的態度には、都市文化と対立しようとする意識すらあらわれている。

つまり、村山氏にあっては、日蓮宗の布教上の排他性を重くみて、必ずしも都市宗教とは規定しえぬという。さらに氏は、豊田武氏が「唯商《あきなひ》をもし奉公をもせよ、猟漁《すなどり》をもせよ、か丶る浅ましき罪業にのみ（下略）」なる蓮如の『漁猟章仰文』を引いて、真宗と商工業者との違和を強調するのを批判し、漁猟商人への蔑視は各宗派共通のもので、あながち真宗（一向宗）には限らぬと指摘された。村山氏の指摘には聞くべき点が少なくないが、しかし、やはり「旃陀羅《せんだら》が子」と自称した日蓮に対して、漁猟商人が多少の近親感を抱いたであろうことは否定できないのではあるまいか。

ともあれ村山氏は、

要するに当時の日蓮宗はその排他的活動によって必ずしも普遍的な弘通《ぐつう》をしたとは思われないが、強烈な求道心《ぐどう》を煽りたてることによって、富裕な町人層に喰い込み、その自由的精神を喚起しめ（中略）、ただ日蓮宗は最も遅く都市に食い込んだために、その嶄新さが都人の注意をひき、従来の宗教にあきたらなかった、また従来の社会環境に不満をもった都人の信仰を獲得したのである。

と、その教義上からでなく布教方法の斬新性・戦闘性が都市民にアピールした点を強調される。

筆者は考える。室町時代は、上は幕府の重臣会議から、下は惣村《そうそん》の宮座《みやざ》に至るまで、衆議決定・衆議優先の社会である。そのような社会において、日蓮宗のような極端な排他主義が（ただし、キリスト教・イスラム教から比べればむしろ純宗教的であって、あえて排他性をいうのには当たらない）衆議を根幹とする集団内に広く普及するとは考えられない。創価学会が戦後の都市民の間に爆発的に台頭したように、日蓮宗はやはり衆議の埒外、共同体の規制外にあった孤独・自立した都市民の間にこそ浸透したのであろうと思われる。要するに林屋氏・村山氏とも中世法華宗の背景について表現の方法が異なるだけで、言わんとされることは同じではなかったかと考えられるのである。

題目の巷へ

寛正七年（一四六六）二月は、日蓮誕生二四四年に当たっていた。同月十六日、洛中洛外の日蓮宗寺院は、分裂反目し合う諸寺が集《つど》い一味和合を約した（『寛正の盟約』）。この盟約で謗法の堂社不参・謗施の禁・嗷義《ごうぎ》折伏の三点が打ち出された。本法寺の日親はなおこの盟約が微温的であるとして、盟に加わらなかったが、これを機に法華宗は京都で大飛躍をとげた。この翌年、応仁・文明の乱が勃発した。この大乱は、禅宗や顕密の諸宗派にとって、〝王法《おうほう》・仏法《ぶっぽう》共に破滅し〟（『応仁記』）と言われたくらい、大打撃となった禍災だったが、新興宗教である法華宗の立場からいえば、千載一遇ともいうべき絶好の勢力拡張の機会であった。前後十一年にわたる争乱の期間中、日蓮の一宗は洛中にその勢力を伸張した。どさくさに紛れ、と言っては言葉が悪いが、乱後になってみると、京中には日蓮宗の寺院が簇生していたのである。その事情は、文明十三年（一四八一）三月の参議中御門宣胤《さんぎなかみかどのぶたね》の日記に、

当時法華宗の繁昌、耳目を驚かすものなり。

とあるによってもうかがわれるが、次に引く関白《かんぱく》・九条尚経《くじょうひさつね》の日記『後慈眼院殿記《のちのじげんいんどのき》』明応三年（一四九四）十月の記録は、這般《しゃはん》の経緯を一層詳しく物語っていると思われる。

法華の輩、日蓮上人の忌日と号して各本寺に詣《もう》づ。彼《か》の上人は天台の余流なり。（中略）肝用（要）の法たりと雖《いえど》も、建立の手立《てだて》穏便ならざるの故に未だ世間に請けられず。いつぞや彼《か》の寺造作等の事、大宮の小路以東に出づべからざるの由、定められ了《おわ》んぬ。然るに今度、文明の乱以後、京

> 中に充満す。その意を得ず。伝《つた》え聞《き》く、陽明後《ようめいのちの》知足院《ちそくいん》（近衛房嗣）、所縁によってかの宗を尊ばれ、その後一向前相国《さきのしょうこく》（近衛政家）等一宗に属せらる。普賢寺（藤原基通）より相承せらる、所の阿弥陀仏、山門に送らると云々。また花山《かざん》（花山院政長）左府、一円かの宗に属し、門前にその札を押すと云々。各《おのおの》以て未曾有なり。

このように、近衛家や花山院《かざんいん》家のような上級公卿までも、法華の熱心な帰依者となった状況が叙述されている。しかし、かねてよりこの趨勢を苦々しく思っていた山門の衆徒らが拱手傍観《きょうしゅぼうかん》していたわけでは決してない。文明元年（一四六九）七月、山徒は根本中堂《こんぽんちゅうどう》に閉籠《へいろう》して集会決議《じょうえけつぎ》し、幕府に弾圧を要請した。しかし、応仁・文明の乱の渦中にあった幕府は事を好まず、同八月、山徒の暴走を抑えるよう山門宿老に申し送っている。このころ、奈良の町でも法華宗の檀家が増え、文明二・三年（一四七〇・七一）の両度にわたり、興福寺《こうふくじ》が弾圧の実力行使をなしている。大和一国は興福寺が排他的な支配権をもっているので、幕府に何の相談もなしに単独で日蓮党追放を行ない得たのであった。

しかし、このような旧仏教（顕密）側の反撃も、いわば焼け石に水で、その後も日蓮宗の教線は京都・奈良・堺といった大都市を中心に、伸張の一途をたどり、のちに、

> 天文元年（一五三二）の頃、京都に日蓮宗繁昌して、毎月二ヶ寺三ヶ寺宛《ずつ》、寺院出来《しゅったい》し、京中大方《おおかた》題目の巷《ちまた》となる。

といわれるまでになっていた（『昔日法華録』）。戦国時代の京都の町は、うちわ太鼓と「南無妙法蓮華経」の唱題《しょうだい》の声が辻々、角々にやかましく満ちあふれていた。

第二章　対決前夜

一、畿内の混乱

天文改元

享禄五年（一五三二）七月末、年号が改められて、天文《てんぶん》元年となった。改元の要求は、近江朽木谷《おうみくつきだに》（滋賀県高島市）に享禄元年（一五二八）より逃亡中の将軍・足利義晴《よしはる》から出されていた。改元奏請の理由は〝連年兵乱〟。つまり、戦乱が止まず凶事が続くため暦《こよみ》を改めたい、というものである。後奈良《ごなら》天皇は、いったんは、

今の折節《おりふし》暫時、傍《かたが》た叶《かな》い難く思《おぼ》し食《め》しながら（『御湯殿上日記《おゆどののうえのにっき》』原文平仮名）

とこの要求に難色を示したが、結局武家の奏請に屈して七月二十九日になって改元の詔書《しょうしょ》が作られた。後奈良天皇は大永六年（一五二六）に践祚《せんそ》したが、その後、享禄と年号が変わり、五年を経過しているのに、即位式を挙行できないでいた。もちろん、〝式微《しきび》〟のために費用が捻出できないからである。したがって、後奈良の本意は、自分の即位儀礼も行なえない状況で、年号を三度も変えることの後ろめたさと、改元奏請よりも献金が先ではないか、という幕府への不満があったことは容易に窺知《きち》され

るのである。

しかし、天皇の躊躇は幕府の要求の前に押し切られた。七月二十九日は、例によって改元定《さだめ》の儀《ぎ》仗《じょう》が行なわれ、女官の記録には、

天文さしたる難なきにつきて定めらるゝ。

と書かれている。改元は朝廷固有の権限として、天皇制の歴史を論ずる際、しばしば指摘されるが、室町時代の現実は、改元さえ幕府が企画・立案して実施されているのである。朝廷は、ただ年号の吉《きっ》祥《しょう》句《く》（漢字）を選定するだけであった。しかも、その幕府なるもの、将軍以下、吏僚は隣国の山中に逃亡しており、逃亡先からの指令で、改元を行なっているのであるから、朝儀がいかに形式化し、天皇権力が形骸化していたかがわかろうというものだ。現に、室町期は称光《しょうこう》天皇（在位一四一二～二八）のように在位中一度の改元も行なえず病気となり、死の直前にようやく改元にこぎつけた天皇もいたのである。ちなみに、この天文という年号は、〝てんもん〟ではなく〝てんぶん〟と読むのが正しいということになっている。少なくとも朝廷内では「てんぶん」と発音していたことは間違いない（『御湯殿上日記』）。

さて、兵乱連綿にいや気がさして年号を改めたのだが、このたびの改元は皮肉であった。改元が宮廷で問題化して以降、京都周辺の政情は安定するどころか、むしろ鼎《かなえ》の沸くように混乱に陥り、将軍が還京しうる見込みは、まるで立たなくなったのである。八月に入って、京都では、山科《やましな》（京都市

山科区）に本拠を持つ一向一揆が〝法華衆〟に攻撃をしかけるのではないかという噂がしきりであった。この「法華衆」とは日蓮宗檀徒と僧侶の武装集団を意味し、今日歴史家がいう法華一揆を指す。法華一揆がわが国の歴史上、明確な形をとって登場するのはこの天文元年八月上旬のことである。京都では一向一揆と法華一揆の対立が頂点に達していた。本来宗教者の集団である浄土真宗と日蓮宗が、なぜこのような血みどろの争いを展開することになったのか。その原因は、室町幕府内部の派閥争いに密接にかかわっており、当時の政治状勢からやや立ち入って検討してみる必要がある。

細川晴元の台頭

明応二年（一四九三）四月の政変以来、幕府の実権は守護大名細川氏の家督が掌握するという体制が長い間定着していた。細川氏の家督は代々右京大夫《うきょうのだいぶ》の官途を称したから、その唐名《とうめい》〝京兆尹《けいちょうのいん》〟をとって「京兆」と呼ばれ、京兆が幕府の執政となる体制を〝京兆専制〟と呼ぶ研究者もいる。この時期の幕府政治を往々〝下剋上〟の一語で片付ける向きもあるが、その規定は実態に照らしてやや不正確で、誤解を招きやすい。

大永七年（一五二七）二月、山城の桂川《かつらがわ》（京都市南区西京極）で幕府軍と阿波《あわ》の三好元長《みよしもとなが》の間に激戦が行なわれ、元長が勝利して京兆の地位は細川高国《たかくに》から細川六郎《ろくろう》（のちの晴元《はるもと》）に移った。将軍義晴と細川高国は近江に逃亡し、和泉堺に上陸した細川晴元が畿内の実権を握ったのである。晴元は将軍の候補として、阿波から前将軍義稙《よしたね》の遺児、足利義維《よしつな》（義晴と兄弟関係）を擁立して堺に伴ってきていた。

細川晴元の軍の中核的存在は、阿波の国人、三好元長であった。元長は有名な三好長慶《ながよし》の父である。晴元は大永八年（一五二八）、元長を山城守護代に任命した。もっとも、義維は事実上の幕府の首長であるとはいえ、いまだ正式に将軍に任官していないので、元長の守護代も僭称《せんしょう》である。元長は、畿内から遠く離れた阿波の奥地の山侍ということで、柳本賢治《やなぎもとかたはる》・茨木長隆《いばらきながたか》らほかの晴元の家臣たちと最初からしっくりいっていなかった。それでも享禄四年（一五三一）六月、〝天王寺《てんのうじ》崩れ〟の戦いで細川高国を撃破するまでの期間、晴元は元長の軍事力を必要とし、半ば元長を忌避しながらもこれを利用してきた。しかし、高国が摂津尼崎《あまがさき》（兵庫県尼崎市）で刑死して以降、名実ともに京兆の地位を襲った晴元は、やがて元長を細川政権から除こうと決意するのである。

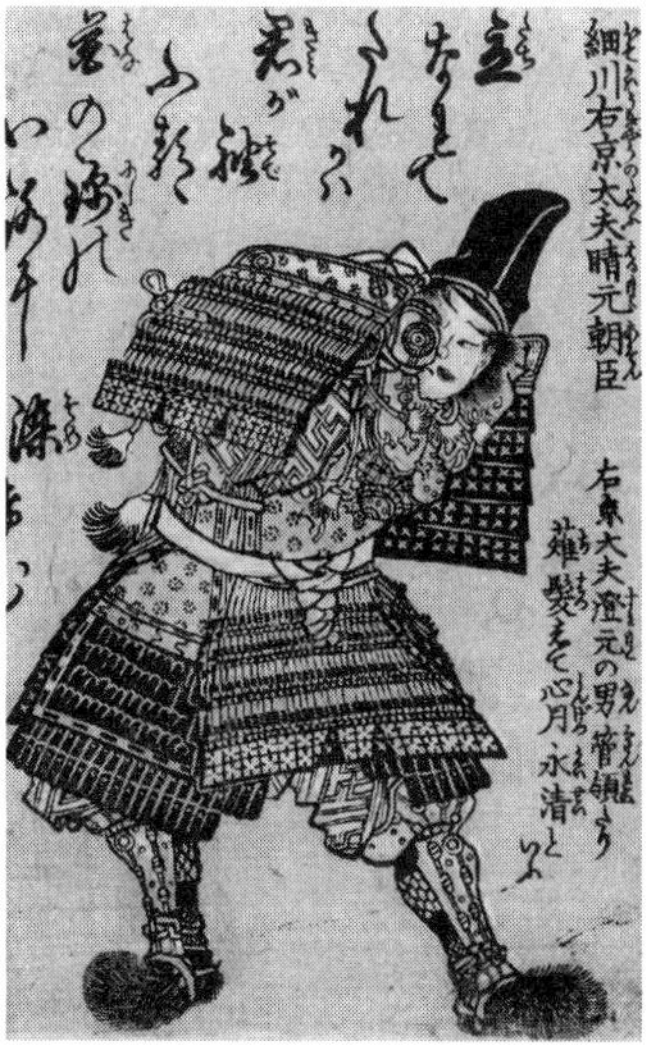

細川晴元画像　「英雄三十六歌仙」　当社蔵

ここに、河内北半国守護代・木沢長政《きざわながまさ》は、守護の畠山義堯《はたけやまよしたか》から離れ、晴元の被官となって京都方面で活動していた。これをかねて苦々しく思っていた義堯は、天王寺崩れ直後の享禄四年八月、長政討伐を決意し、手兵を率いて長政の居城、河内飯盛城《いいもり》（大阪府四條畷市・大東市）を包囲した。義堯の妻は晴元の姉であったので、木沢討伐に晴元は干渉すまいと義堯はタカをくっていた。木沢と対立していた元長は、一族の三好遠江守をさし向け、義堯の陣に援軍とした。

ところが、晴元は木沢長政を救出しようとして、同年八月二十日、摂津中嶋の三宝寺（大阪市東淀川区、吹田の南方）まで自身出馬し、飯盛城を包囲中の畠山軍を挟撃した。包囲軍は大崩れし、義堯は居城の高屋城《たかや》（大阪府羽曳野市古市、安閑天皇陵《あんかん》付近）へ退いた。この晴元の軍事行動を、三好側の軍記物『細川両家記《ほそかわりょうけき》』は次のように伝えている。

既に総州《（畠山義尭）》は御姉婿《あねむこ》なり。三好は数代の御内人《みうちびと》。殊に度々《どど》の忠節を徒《いたずら》になされ、新参《いままい》りの木沢をかよう思召《おぼしめし》ける事、たゞ事ならず。

また京都の公卿、権中納言鷲尾隆康《わしのおたかやす》はその日記にこの事件のことを、

これ元来三好・木沢不安のことによって起こる。

と記し、元長と長政の不和が根本原因であると指摘している。

しかし、決定的な破局は、享禄五年（一五三二）正月に訪れた。正月二十二日、元長は一族の三好一秀《かずひで》・山城郡代塩田胤光《しおだたねみつ》らに手兵三千騎を与えて京都へ派遣し、下京三条口に楯籠もっていた柳本神二郎を攻め殺した。神二郎も同じ晴元の家臣で、享禄三年に高国に暗殺された柳本賢治の遺児である。三好元長は以前、柳本賢治の讒言《ざんげん》にあい、すんでのことに殺されそうになった。その遺恨を果たしたた

というわけである。殺された神二郎はわずか十九歳の若さであった。同情した鷲尾隆康は、

武士の身、何の楽しみ有らん哉。

と嘆息している。激怒した晴元に対し、元長は堺にて髪を切って法躰となり、申し訳のために謹慎した。しかしこの事件で、隆康が「四国衆の強勢、恐るべし恐るべし」と記しているように、三好軍団の並外れた強さだけが人々に印象付けられた。元長生かし置くべからずとなす晴元も、迂闊には手が下せないのである。

すでに三好一族と同盟している高屋城の畠山義堯は、享禄五年(一五三二)五月十九日、三好遠江守ら援軍を糾合して再び木沢長政を飯盛城に攻めた。大和の越智《おち》・古市《ふるいち》氏ら国人衆も義堯の合力に参加していた。飯盛城は現在の四條畷神社(大阪府四条畷市、楠木正行《くすのきまさつら》を祀る)の東側の山上にある。義堯軍は難なく包囲網を完成し、落城は旦夕に迫った。五月末頃、城中の長政は乱破《らっぱ》に密書を持たせ、細川晴元の部将・可竹軒周聡《かちくけんしゅうそう》に急を告げた。

義堯の背後には三好元長が控えている。晴元としても慎重にならざるをえないが、晴元の参謀・茨木長隆らは山科本願寺に援軍を依頼することを献策した。本願寺は去る二十六年前の永正三年(一五〇六)正月、執政・細川政元《まさもと》の依頼で門徒を河内の畠山義英《よしひで》(義堯の父)の居城・誉田《こんだ》城(大阪府羽曳野市)に出兵させたことがあった。しかし、この出兵に畿内の門徒は陣立を拒否し、それが一因で一向宗内部に大きな紛争(大坂一乱という)が生じたこともあって、以後、本願寺は幕府、守護

らの紛争にかかわることを堅く避けていた。木沢長政救援の依頼があったとき、本願寺の法主証如《しょうにょ》光教《こうきょう》はわずか十七歳という若さであった。

二、本願寺と一向一揆

本願寺の寺内町

本願寺の総本山、山科御坊は現在の京都市山科区西野付近にあった。山科盆地は京都と東山《ひがしやま》の低い連峰を隔て、のどかな田園地帯でそのほぼ中央やや西寄りの一角に、本願寺はいわゆる〝寺内町《じないまち》〟を形成している。寺内町は東西約六〇〇メートル、南北七〇〇メートル、楕円形の平面内に寺院と門前町が同居し、それぞれに土塁と堀がめぐらされ、厳重な城郭構造をとっている。寺内町は城壁・環《かん》濠《ごう》を原則として持たない、わが国の古代・中世都市の歴史上極めてユニークな存在で、いわば本願寺を城郭とする一種の城下町であるといえよう。実態は戦国大名の城下町とほとんど変わるところがないのである。寺内町は一向宗の教線の拡大とともに、北陸・畿内近国など各地に形成されていたが、山科寺内はその中心であり、最大の拠点であった。考古学上の発掘成果と研究によれば、山科寺内町と畠山義堯の本城、河内守護所・高屋城はその規模・平面構成が非常に似通っているといわれる。本願寺の戦国大名的性格はこれによっても明らかである。

山科御坊の奥室では、連日法主を中心に、坊官らの謀議がこらされたが、ついに若き門主・光教の決断で、飯盛城出兵が了承された。六月五日、証如は坊官下間《しもつま》氏らを率いて大坂の石山本願寺に下向した。この情報を、内裏のある女官は、

今日山科の本願寺、世に雑説《ぞうせつ》あるとて、津の国の方《かた》へ去《い》ぬる。うつゝなしく。（原文平仮名）

と記し、醍醐《だいご》理性院《りしょういん》の厳助《ごんじょ》僧正は、

夜、山科本願寺坊主、その外内衆以下退去す。小坂《おざか》大騒動なり。

と日記に書いている。小坂とは現在の大阪、当時の石山寺内町のことで、女官・厳助ともに退去の理由がわからず、宗派内の混乱のように観測している。真相はほとんど外部に知られていなかったのである。

石山本願寺は摂津西成郡生玉《いくたま》の里、現在の大阪市中央区大阪城公園付近にあった。その跡地には豊臣秀吉が巨大な大坂城を築いたため、ほとんど遺趾としての痕跡をとどめないが、近年、現大阪城天守閣の敷地の一部をボーリングしたところ、中世石山本願寺の遺構につき当たったことが新聞に報じられている。北は淀川《よどがわ》、西は馬喰淵（大阪湾）、東は深野池《ふこのいけ》と三方を水に囲まれた天然の要衝であり、

石山本願寺推定地　大阪市中央区

明応五年（一四九六）、この地に石山御坊を建立したのは蓮如の驚くべき炯眼《けいがん》であった。当時はここは葦《あし》と薄《すすき》が生い茂る湿地で、蓮如自ら人に宛てた書状の中で〝狐狼のすみか〟と言っている。

さて享禄五年（一五三二）六月五日、石山御坊に到着した証如光教は摂津・河内・和泉の畿内三ヶ国の門徒に宛てて檄を飛ばし、飯盛城を救援するよう指示した。摂河泉の門徒の分布状況を知るよすがとして、一向宗（浄土真宗）寺院と道場（寺院の末端組織）の分布地図（後出図5）を参照いただきたい。

その分布地図を見ると、真宗の寺院・道場は淀川の下流と中河内・和泉堺のほぼ三ヶ所に大きく分かれて密集していることが知られる。そのほぼ中央に石山御坊があり、例えていえば、摂河泉の一向一揆の拠点は、石山を中心に、摂津西成郡（欠郡《かけのこおり》）をとりまくドーナツ型の分布をなしていたのである。前述のように、本願寺の総本山は山城国宇治《うじ》郡山科郷にあったが、輩下の諸寺庵は山城にはなく、北陸の加賀とこの淀川河口デルタ地帯に集中していたといえよう。他にも紀伊雑賀《きいさいか》（和歌山市）・伊勢長嶋《いせながしま》（三重県桑名市長島）・播磨英賀《はりまあが》（兵庫県姫路市飾磨区）など、有力な一揆拠点が大河川の河口部に一致していることは歴史家により注目されてきている。

一向一揆の蜂起

さて、石山御坊へ証如が下着して十日目、六月十五日に摂河泉三万の門徒は石山に集結、本願寺坊官下間氏の指揮によって飯盛城の後巻《うしろまき》に向かった。この一揆蜂起の日付、六月十五日のことは、南

都一乗院坊官《いちじょういん》二条寺主某の日記の抜萃《ばっすい》（『続南行雑録《ぞくなんこうざつろく》』に収められる）に、

六月十五日河州土一揆蜂起す

とあり、『細川両家記』にも

近国の門徒へ相ふれさせられければ、則ち三万計《ばかり》集るなり。同六月十五日に先々飯盛の後巻ありければ

とあって、諸書が一致している。なお『続南行雑録』は、水戸光圀《みとみつくに》の家臣・佐々助之進《さっさすけのしん》（黄門伝説では俗に〝助さん〟の名で呼ばれる人物）が奈良で探訪した史料である。

三万人の軍兵といえば、当時の畿内近国の戦国大名のなかではとび抜けた兵力である。門徒軍は門《かど》真《ま》の願得寺《がんとくじ》（大阪府門真市）付近から深野池の浅瀬を東へ渡り、真っ黒になって畠山義堯軍の背後に迫った。神色沮喪《そそう》した義堯は狼狽して飯盛城の包囲を解き、高野街道を居城の高屋をさして逃亡した。義堯の敗走を掩護するため、畠山氏の老臣・宮田《みやた》、三好元長からの援軍、三好遠江守兄弟らは飯盛下に居残って波濤のような一向一揆の大軍を支えたが、衆寡敵せず、たちまち切り伏せられている。結局この戦闘で義堯の老臣数名は討ち死に、三好側でも遠江守兄弟はじめ二一〇〇人余りが死んだ。しかし、この宮田らの奮戦で、ともかくも義堯の一行は高屋城までは逃げおおせたのである。

高屋城と飯盛城の間は直線距離で一一キロメートルほど、しかもこの間は高野街道がほぼ最短距離でつないでいるので、騎馬の義堯らは、小半刻ばかりで高屋に到着したはずである。しかし、一揆ら

の追撃は迅速で、その日のうちに高屋城は門徒の大軍に十重二十重に包囲されてしまった。このときの一揆の兵数は、『細川両家記』によれば「三万計」と記されている。当時の守護や国人が戦争に動員する兵力が最大数千人の規模であったから、想像を絶する巨大な軍事力であったことが知られる。

高屋城は井上靖氏の名作『玉碗記』で有名な安閑天皇陵を本丸として築造された、畿内の代表的戦国城郭であった。安閑陵から江戸時代に出土発見された玻璃《はり》の玉碗と正倉院《しょうそういん》御物の玉碗とがまったく同一の工房の手（おそらくペルシア方面の生産）になる事実をヒントに、井上氏の小説は構想されている。

高屋城は応仁の乱後、文明十一年（一四七九）頃に、当時河内を軍事占領していた西軍の畠山義就《よしなり》（叛逆者であったから守護ではない）が築造した。義就はそれ以前、河内の守護所（領国の中心的政庁のこと）であった若江《わかえ》城（大阪府東大阪市若江付近）から本拠をここに移し、安閑帝陵の自然地形をそのまま本丸の環濠に利用し、難攻不落の平城《ひらじろ》に改造したのであった。

高屋は、紀伊高野山と京都を最短距離で結ぶ高野街道と和泉堺―大和国中《くんなか》をほぼ一直線につなぐ竹之内街道の交叉点に位置し、河内屈指の交通の要衝であった。付近は古代から開けた河内国の中心地であって、国府・国分寺がみな近傍に位置している。このように天皇陵（巨大古墳）は手軽な軍事施設＝要塞となるため、戦国大名により城に改造転用された事例が少なくない。有名な例では、摂津三《み》島《しま》郡の継体《けいたい》天皇陵（通称今城塚《いましろづか》、大阪府高槻市）が松永久秀《まつながひさひで》によって芥川《あくたがわ》城（高槻市）の支城とされ、中河内の津堂城山《つどうしろやま》古墳（大阪府藤井寺市城山）が河内守護代遊佐長教《ゆざながのり》によって城郭に転用されている。

高屋城の縄張《なわばり》は南北約八〇〇メートル、東西約四〇〇メートルで山科本願寺と大差ないうえ、本丸安閑陵の南側、安閑妃山田皇女陵付近を二ノ丸に、その南方を城下町として取り込んでいる構造など、御本寺・内寺内・外寺内の三重構えとした山科御坊にそっくりである。このような構造の高屋城趾は戦国期畿内屈指の名城の遺構として極めて重要で、今次大戦後まで内郭・外郭の堀と土塁がほぼ往時に近い形で残っていたが、残念なことに近年の宅地造成で大半が破壊されてしまった。大阪府は古代の重要史跡が多く、中世の文化財保存まで手が回らないという事情は理解できなくもないが、戦国史の研究者としてかかる貴重な遺構の崩壊を、坐視していなければならないことは痛恨のきわみである。

さて六月十五日の夕刻、高屋城の畠山義堯は、雲霞のような一揆の大軍と喚声に恐怖を覚え、頑張れば数日は持ちこたえたかもしれないのに、叶わずと見て宗徒《むねと》の馬廻を率い、包囲網が手うすの辰巳方から城を脱出した。彼ら主従は夕闇にまぎれ、石川を遡って石川道場（大阪府富田林市大ヶ塚の道場か）まで落ちのび、潜伏した。逃亡しおおせるとすれば、高野街道を南下して紀伊へ抜けるしかないが、すでに紀見《きみ》峠方面には一揆の手が回っていて、逃亡は絶望的となった。六月十七日、潜伏をかぎ付けられ、石川道場は一向一揆に包囲された。義堯は河内守護という体面を認められ、門徒たちの勧めによって切腹して果てた。

飯盛城の包囲が解かれたことで、木沢長政と細川晴元との連絡が生じた。九死に一生を得た長政は、晴元に対し、憎悪の的である三好元長の誅伐を強硬に主張した。晴元もまたさきに柳本神二郎を殺されたことで元長に害意を含んでおり、一向一揆の援軍に力を得て、証如光教に飛書《ひしょ》して元長の駐屯する堺攻撃を請うた。戦雲は河内から和泉へと動いた。この間、堺の元長はどうしていたのであろうか。

一向一揆の堺攻め

これより先、六月十五日の一揆による飯盛後巻によって、三好遠江守の軍が壊滅したことで、堺の元長の陣営は容易ならぬ危機感に襲われていた。逃亡しようと思えば、本拠阿波へ引き揚げる余裕は充分あった。にもかかわらず元長は、みすみす堺にいて義堯らの討ち死にを拱手傍観していたのである。再三引用する『細川両家記』は三好側の軍記で、記録性は極めて高く、おそらく三好従軍者に近い人物の筆になると考えられている。その『細川両家記』は、六月十九日における和泉堺の状況を、次のように描く。

然《しか》れば三好方へ取りかけられ(るカ)べきにて候えば、同十九日の夕《ゆうべ》に元長女中を呼び出され、今度合戦に腹を切るべき事一定なれば、御身は嫡子千熊丸(三好長慶)をつれ候いて、爰許《ここもと》の有様共《ありさまども》、讃州(細川持隆)へ申させ給え。若《も》し爰許目出度《めでた》くば、明年の春の頃必ず迎い下すべし。疾《と》く〳〵舟へ乗り給え。暇《いとま》申してさらばとて、帰《かえ》らせ給えば、夜はほの〴〵と明けにけり。

これによると、元長は妻と嫡子長慶を阿波へ逃がすに際して、「幸い身を全うできたならば明春迎えの船を出すから」と諭《さと》している。ということは、一向一揆、晴元連合軍の堺攻撃に対して反撃の可能性を（万が一かもしれないが）考えていたことになる。三好元長ともあろう者が、歴戦の勇将に似合わぬ認識不足である。前年の天王寺崩れの戦勝で、やや慢心していたかとも考えられる。明くる六月二十日、堺に襲来した一向一揆の大軍は、これまで元長が対戦したいかなる戦国武将とも根本的に異質な軍事力であった。

堺には、四条道場なる時宗の寺を御坐所として足利義維（将軍跡目）が居り、三好の館は現在「海船館趾」の碑が立つ綾町付近にあった。義維は大永七年（一五二七）に朝廷から将軍候補者にのみ許される「従五位下左馬頭」の官途を受け、京都の公卿や社寺から〝堺大樹《たいじゅ》〟〝堺公方《くぼう》〟と称されていた。元長と晴元の間が悪化する以前の畿内近国の支配体制は次のような系統であった。

幕府の公式の将軍は近江に逃亡していたので、左上（図3）のような系統で畿内を支配していた晴元の政権は、「堺公方体制」または〝堺幕府〟とでも称すべきものであった。しかし、この堺公方体制も、要《かなめ》というべき晴元と三好元長の対立で崩壊の危機に瀕していたのである。

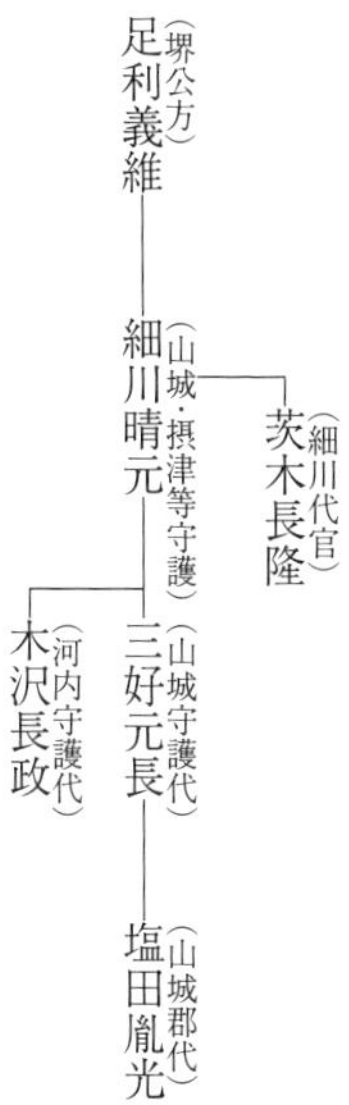

図３　当時の畿内近国の支配体制

堺の町を包囲した一向一揆の大軍は、飯盛城の後巻、高屋城の包囲にそれぞれ参加したときより数倍もふくれ上がっていた。六月二十日の一向一揆による堺攻撃を記録していたのは、宮中御湯殿の女官、内蔵頭《くらのかみ》山科言継《ときつぐ》、前内大臣《ないだいじん》三条西実隆《さんじょうにしさねたか》、醍醐理性院の厳助僧正、南都の一条寺主の五名であるが、一揆の兵数を記しているのは言継の日記のみで、

　本願寺合力《ごうりき》にて一族（揆）廿一万騎起ちて責むと云々。

と、二十一万人という数字を上げている。一方『細川両家記』は、

　和泉・河内・津の国三ヶ所の一揆はせ集り、十万計にて筑前守陣所南庄《みなみのしょう》へ取り懸《かか》りたり。

と記す。いずれが真相に近いか、にわかには判断しかねるが、言継のは日記とはいえ京都での、しかも二日後（二十二日）における伝聞であり、この事件に限っては三好氏に近い筋の情報である『細川両家記』のほうが信憑性が高い気がする。それにしても十万人という兵数は、一所における軍事行動としてはわが国戦史上未曾有のことであった。

　この堺攻撃に参加した十万という一揆の人々は、畿内近国、なかでも摂津・河内・和泉三箇国の農村部から出てきたものであった。当時の守護・戦国大名・幕府いずれを以てしても、到底動員しえない巨大な兵数を、本願寺が糾合し得た理由は、蓮如以来の教団の布教努力もさることながら、各道場を拠点とし、村単位で門徒を武力として徴発しうる本願寺の中央集権的体制にあった。門徒（一向宗信徒）である農民は、一方で細川・畠山氏といった守護大名にも軍兵として徴発動員される存在である。それにもかかわらず、大名と本願寺の間で兵数で大きな差が出てくるのは、法主さまの命は受けるが、屋形様の命には応じないという農民が広汎に存在していたからである。その状況を、近江堅田《かたた》

本福寺《ほんぷくじ》の明宗なる門徒は、
諸国の百姓、みな主を持たじ〳〵とする者多くあり。
と表現した。信仰の力、というものがときに羊のような民衆に思わぬ勇猛さを生じさせることを、六月二十日の堺包囲は天下に知らしめたといえよう。

三好元長死す

さて、堺南庄一の虎口《こぐち》と呼ばれる堺の町の南側の木戸から突入した一揆の大軍は、なだれを打って堺の町に乱入した。三好元長は代々法華信者で、すでに海船館より三好家ゆかりの法華寺院である顕《けん》本寺《ぽんじ》へ居を移し、公方足利義維を四条道場からやはり顕本寺へ移した。大樹の御成《おなり》を仰いで一族の士気を高め、同寺にて籠城する腹を固めたのである。しかし、元長の悲壮な覚悟をあざ笑うかのように、一揆軍の主力は顕本寺を瞬時のうちに重囲し、すでに一部の門徒は塀をよじ越えて寺内に打ち入ってきた。籠城の三好軍と十万の一揆軍では兵数にあまりに差がありすぎた。馬廻の武士に囲まれて結局元長は作法通り切腹して果てた。名もない百姓の手にかかって非業の死を遂げることだけは避けなければならなかった。山城守護代・三好元長が門徒に殺されたとあっては末代まで武門の恥辱となり、三好家として政治生命を絶たれるに等しい。

元長の壮烈な自殺に殉じて、一族の三好山城守も切腹、山城郡代塩田胤光父子、与力加地《かじ》丹波守父子も自害した。顕本寺で元長に殉じて自刃した武士は二十八人、公方足利義維の奉公衆《ほうこうしゅう》（親衛隊）八人が自害、十六人が討ち死に、このほか防衛戦で一揆と戦い討ち死にした者も相当数に上り、顕本寺での戦死者は八〇余人を数えた。一揆側の戦死も三〇人を超えている。肝心の公方義維はどうしていたか。この義維は、近江朽木に逃亡している現将軍足利義晴の同母兄弟であるが、晴元とちがってことのほか三好元長の武勇を愛し、天王寺崩れのさいの元長の戦功を高く評価していた。そういう事情から義維は、晴元のように元長を見捨てることは忍びず、元長の自殺を聞いて自分も腹を切ると言い出した。その状況を『細川両家記』は次のように書く。

　既に御所様（義維）も御腹召さるゝ処に、晴元より人を遣わされ、刀を奪い取り、前《さき》に御座候《そうら》いつる四条の道場へうつし申されけるなり。

結局義維は晴元の命で自殺を妨げられた。一揆を使って将軍まで殺したとあっては畿内の人々の心証を悪くすると慮ったものであろう。

こうして凄惨な一日は暮れた。一向一揆十万人の襲撃によって細川政権の中核・阿波の三好軍が崩壊したという情報は、二十二日に京都の町に広まった。当時、浄土真宗（一向宗）の総本山は京都東部の山科にあった。真宗の門徒らが蜂起すると巨大な軍事力に結集することを、京の町衆らははじめて知った。この先、天下はどうなるのであろう。名状しがたい恐怖が京都の上下の人々をとらえたのである。市民のうち、公卿層の心理を代弁し証言するのは彼らの残した日記（古記録）である。内蔵頭・

山科言継は、前に引用した一節に続けて、

言語道断の儀なり（中略）。天下はみな一揆の間ゝ《まま》なり。愁歎々々。

と書き、権中納言鷲尾隆康は、

不定《ふじょう》の世界、天魔《てんま》の所為《しょい》なり。凡《およ》そ所々に於て一揆打死すと云々。然りと雖《いえど》も諸国充満の衆なり。仍《よっ》て不滅《ふめつ》、猶《な》お合戦に及ぶと云々。風聞の如くんば、天下は一揆の世たるべしと云々。漸《ようや》く然るが如き歟《か》。末世《まっせ》の躰《てい》たらく、歎くべし。

と記す。ともに共通しているのは、天下が一向一揆によって動かされていくであろうという終末観である。

元長主従の自殺で、堺公方・足利義維はまったくその政治生命を絶たれることになった。細川晴元は、主と仰ぐべき将軍を、義維から、近江朽木に幽居中の足利義晴にクラ替えした。以後、幕府の体制は、

足利義晴——細川晴元——木沢長政

という形で運営されていくことになる。しかし、右の支配が有効に機能するためには、晴元が京都を押さえ、一揆を鎮圧して畿内の政情を安定化し得た場合に限られる。当面の焦眉は、堺攻撃に蜂起した十万の一揆が鎮静化するか否かという点であろう。

三、法華一揆の登場――武装する町衆

堺幕府が倒壊して二十余日後、七月十六日に、今度は大和の奈良で一向一揆が蜂起した。およそ、一向一揆は、寺内町を除く従来の畿内近国の例でみると、純農村・漁村部か、近江堅田のような小集落に限られる。奈良のような、畿内というより当時の日本で京都に次ぐ大都市である町でなぜ一向一揆が蜂起したのか、というのがまず問題である。

『奈良坊目拙解《ならぼうもくせっかい》』は近世に成立した奈良の地誌であるが、一揆の大将として「橘屋主殿豊冬《たちばなやとのもとよふゆ》・雁《かり》金屋《がねや》民国《たみくに》・蔵屋《くらや》兵衛《ひょうえ》正共《まさとも》」の三名をあげている。史料の信憑性に問題があるのでこのまま信じることはできないが、一揆の謀議に有力町衆が中心となっていることはほぼ推定される。京都・堺でみてきたところでは、有力町衆は法華宗檀徒の母体であった。しかるに奈良の町だけが、富人が一向宗に帰依している状況はどう説明しうるのであろうか。

中世の大和国は、鎌倉初期以来、守護不設置の例外的な領域で、興福寺が一円排他的に教俗両界の支配権を握っており、幕府権力といえども原則はこの国に介入できない治外法権の特殊な地域であった。興福寺は南都六宗の一つ、法相宗《ほっそうしゅう》の総本山である。したがって、大和一国では法相宗以外の宗派の寺院の設置・進出が許されず、興福寺の支配権のうち宗教統制はことに厳しいものであった。大

和国内の諸寺院は大半が興福寺の末寺であった。他宗派、とくにいわゆる〝鎌倉新仏教〟の諸宗派は大和に入ることすら不可能であった。全国を一所不住として廻国遍歴した、かの一遍《いっぺん》も、大和に足跡をとどめていないのは右の事情による。かりに他宗派が大和に潜入するとどうなるか。興福寺の武力組織である六方衆《ろっぽうしゅう》（いわゆる僧兵）・官符衆徒《かんぷしゅと》と称される僧形の武士がたちまち在所に発向《はっこう》し、潜伏先の寺庵は破却される。それは前章でみた洛中における法華寺院への山門の弾圧よりも、いっそう徹底したものであった。

以上のような理由で、応仁の乱以前は法華・時宗など新仏教諸宗派は大和への布教・教線拡大を手控えていたフシがある。その中で、蓮如の教団である浄土真宗のみは興福寺の影響力が比較的うすい大和宇智《うち》・吉野《よしの》郡づたいに河内から門徒の獲得をはかった。文明年間（一四六九〜八七）ごろ、河内出口（大阪府枚方市）の道場の用材は大和吉野から上納されたという蓮如〝御文章〟の記述は、そのことを示唆するものといえよう。

さて七月十六日の一揆は、本願寺の法主証如のまったく与《あずか》り知らぬ所で計画されたらしい。あとで幕府から咎められた証如は、もともと幕府に対して「別儀無き旨《べつぎなき》」を申しているから、法主の意向に無関係の、在地門徒らの自発的な蜂起だったと見られる。蜂起の理由について、永島福太郎氏は、六方衆の圧制に対する日頃からの奈良町衆の反発と指摘されている。七月中旬の奈良の一揆を記録しているのは、近衛尚通《ひさみち》・鷲尾隆康らの公卿、醍醐理性院の厳助僧正、奈良の二条寺主らの僧侶たちであるが、どの日記にも蜂起の直接的理由は記していない。六月の飯盛・高屋・堺における一揆の大蜂起の成功が、各地の門徒を鼓舞激励する結果となり、一致結束すれば権力も恐るべからず、と彼らの自覚が蜂起へかり立てたであろうことは、ほぼ疑いあるまい。畿内近国の門徒たちは、法主証如の思惑を超えて、自主的に大きく動き始めたのである。

十六日のあけがた、有力町衆（有徳人《うとくにん》）に率いられた一向一揆は、興福寺を襲撃し、同寺の僧侶らは逃亡、一揆は同寺の子院、菩提院《ぼだいいん》・恵心院《えしんいん》・阿弥陀院《あみだいん》を焼いて引き上げた。水戸光圀が佐々宗淳（助之進）を奈良に派遣して採訪させた『続南行雑録』に収める『二条寺主家記抜萃』では、

七月十日暁、奈良中一揆蜂起せしむ。

とあり、十日に最初の襲撃が行なわれたことになっているが、『厳助往年記』に、

七月十六・七日、南都興福寺院家《いんげ》僧坊 悉《ことごと》く放火す。

とあり、『公卿補任《くぎょうぶにん》』にも、

七月十六日、南都興福寺中（中略）土一揆闖入《ちんにゅう》し破滅す。

とあるように、十日でなく十六日の誤りであろう。何となれば、連日の襲撃でなく、一週間を置いた襲撃というのは、当時の一揆の戦闘状況としてほとんどありえないからである。翌十七日は、未《ひつじ》の刻《こく》（午後一～三時）に一揆が蜂起し、昨日の焼け残りの院家に押し寄せた。奈良の町はその大半が東大・興福寺の門前町であって、両寺の伽藍の周辺に院家・僧坊という僧侶の住坊が広く散在していた。一

揆の目標は当初両寺伽藍へ向けられていたが、衆徒らも必死の防備を固めていたため果たさず、比較的手薄な諸院家を襲撃した。

十九日になって、京都の前関白・近衛尚通の許へもたらされた報告によれば、焼け残ったのは次の諸坊である。

東大寺・興福寺・一乗院・大乗院《だいじょういん》・東院《とういん》・修南院《しゅうなんいん》・喜多院《きたいん》・松林院《しょうりんいん》・東林院《とうりんいん》・修徳院《しゅうとくいん》・尊教院《そんきょういん》・五大院《ごだいいん》・窪院《くぼいん》・円浄坊《えんじょうぼう》・妙音院《みょうおんいん》・法林院《ほうりんいん》

また、醍醐寺理性院厳助の日記では「院家坊中十七宇」が、鷲尾隆康の日記では「伽藍その他両門跡・また十ヶ所許《ばかり》」が、それぞれ焼け残ったと記録されている。要するにおびただしい諸坊舎が焼け落ちたことは疑いない。さらに門徒らは経蔵《きょうぞう》以下の倉に押し入り、一切経《いっさいきょう》・法事道具など法相宗の法具を庭にぶちまけたり取り散らしたりした。別の一隊は、興福寺の鎮守社である春日社の社頭に乱入した。そこでも「蔵ならびに五箇屋」などの社殿を破却し、初穂《はつほ》・上分《じょうぶん》などの神物《しんもつ》（氏子から寄進された財貨）を押収し、禰宜《ねぎ》など神官の住屋をたたきつぶした。武器をもたぬ僧侶はほとんど逃亡していたが、この騒ぎで寺僧二人が打ち殺されている。

大和はいうなれば摂関家の分国であり、春日神社は藤原氏の氏神《うじがみ》である。報告を受けた近衛尚通の驚愕はいかばかりであったろうか。尚通はその日記に、「言語道断・驚歎極《きわ》まり無《な》きものなり」と書き、藤原氏の分家筋に当たる鷲尾隆康は、「僧坊院家、数百家一日にして焼亡す。言語道断と云々」と記している。彼らの呆然自失のさまが目に浮ぶようである。ただ、興福・東大両寺の伽藍が無事であったのは、南都にとっては不幸中の幸であった（図4）。二条寺主家の日記は、

　伽藍は焼失なし。この段、歎《なげき》の中の悦《よろこび》なり。

と、安堵の状を伝えている。

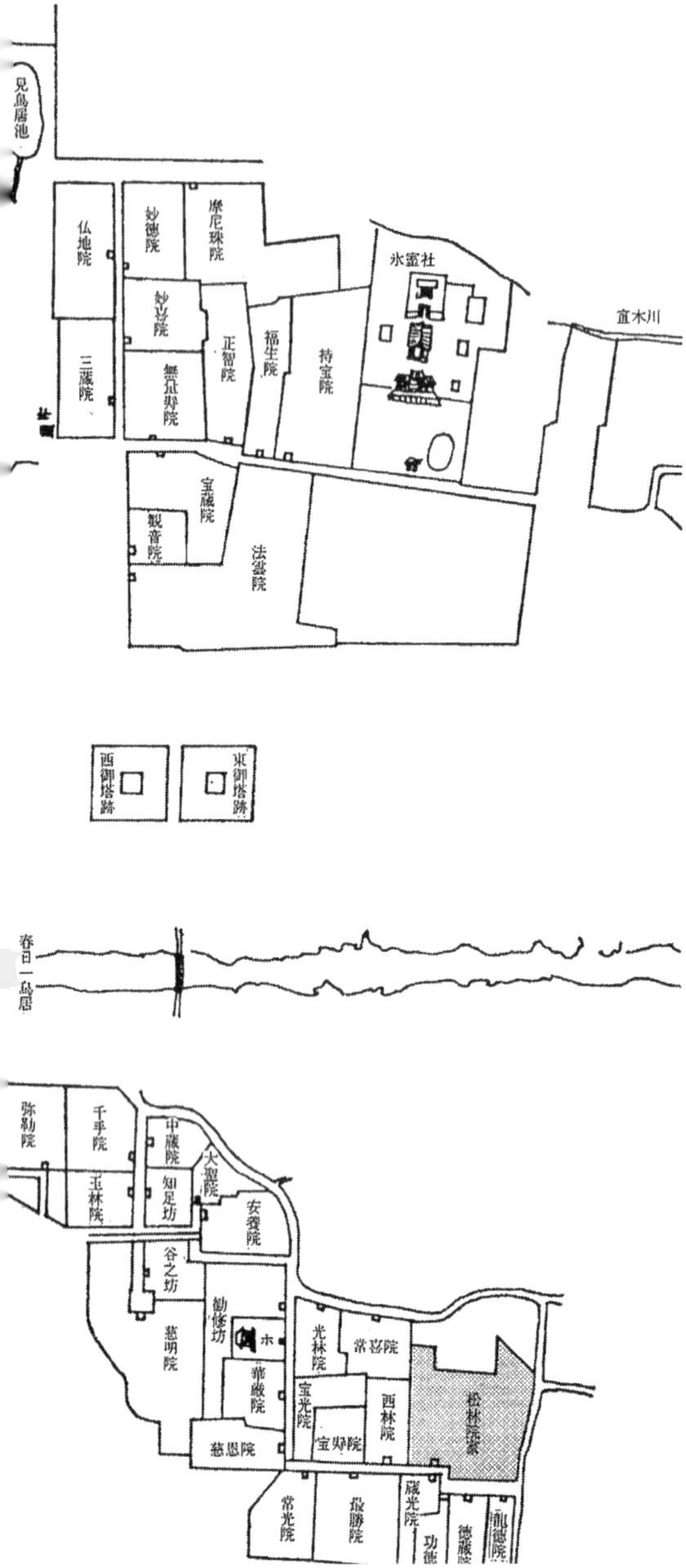

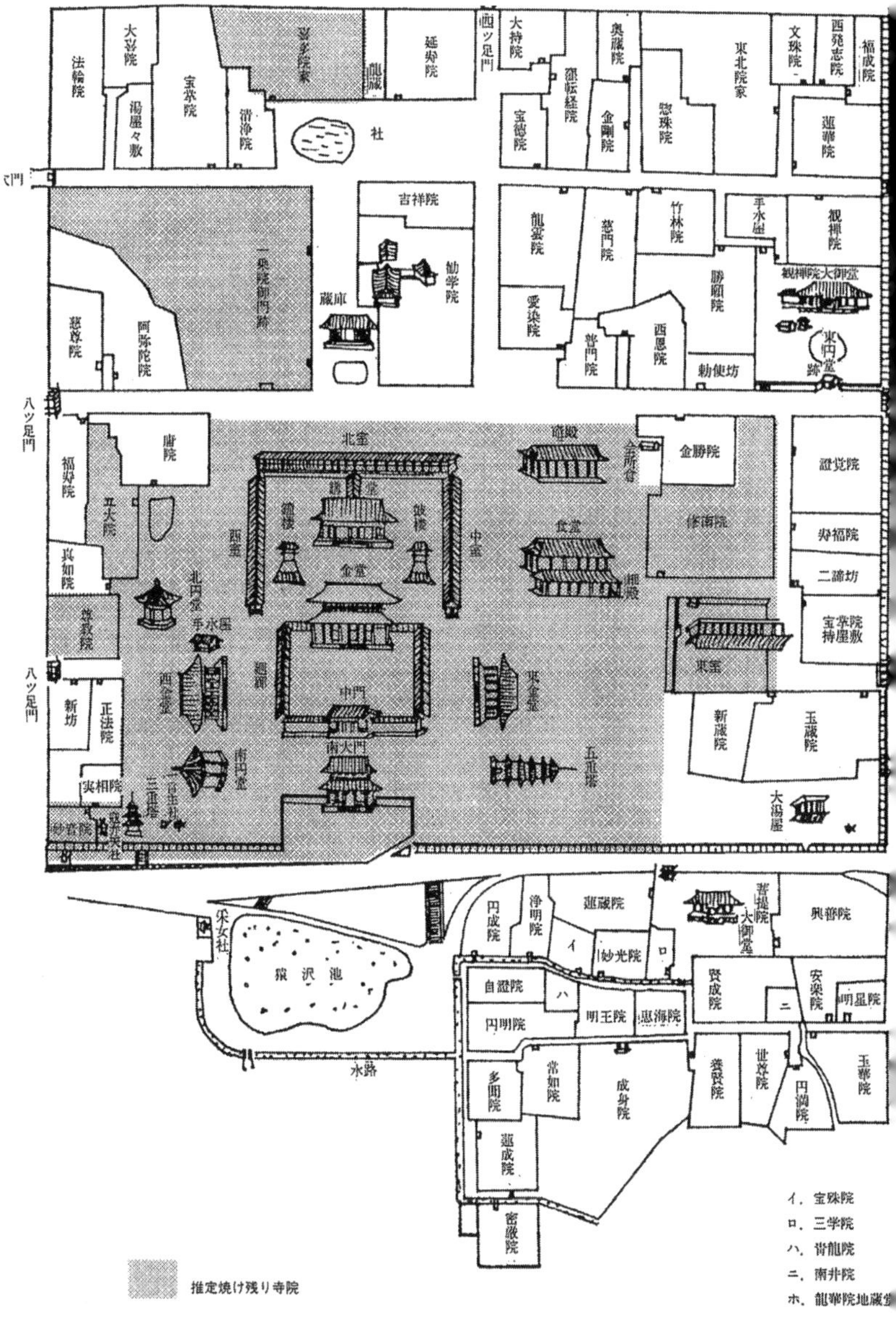

図４　（宝暦十年古絵図による）推定焼け残り寺院

幕府の軍勢催促

　奈良における門徒の蜂起は、畿内各地の道場・真宗寺院に大きな刺激を与えた。本願寺法主とその側近は、末寺に対し軽挙盲動を堅くいましめていたが、もはや末端の門徒による蜂起行動を抑えることは不可能となっていた。ここで困惑したのは、元来この一揆の火付け役であった細川晴元とその側近、茨木長隆や木沢長政らであった。飯盛・高屋・堺の陥落までは晴元の当初計画の予定通りであったが、奈良における門徒の蜂起はまったく予期せざる新たな事態である。しかも、奈良での蜂起の成功が、畿内各地の道場に拠る百姓らを勇気付け、蜂起の計画は摂河泉の在々所々で噂された。

　晴元はすでに六月二十日の堺での三好元長自殺直後より、はるかに近江の朽木に幽居する将軍足利義晴に款を通じ、連絡を取りあっていたが、一揆の奈良焼き打ちの報に接し、即刻飛脚を立てて朽木に派し、京都の諸宗派に対する軍勢催促を慫慂《しょうよう》した。一向一揆の容易ならぬ軍事力に対抗するためには、顕密諸派のありあう武力をすべて動員せねばならなかったのである。なかでも晴元が期待したのは、戦闘的な布教態度で世に聞こえた日蓮宗僧俗の武力組織であった。

　幕府（といっても近江の亡命政権であるが）の対応は早かった。七月二十三日、幕府内談衆《ないだんしゅう》大館高信《おおだちたかのぶ》は、朽木興聖寺《こうしょうじ》（滋賀県高島市朽木市場付近）の将軍流遇先において、京都の本満寺《ほんまんじ》へ宛てて、次のような書状を出した。

　土一揆《つちいっき》等、蜂起せしむべきの由、その聞こえあるによって、御下知を成され候。各《おのおの》仰せ合わさ

れ、御忠節あるべきの由、仰せ出され候。御油断すべからず候。恐々謹言

七月廿三日　高信《大館》（花押）

本満寺御坊

この書状には年号が書かれていない（書状には年紀を入れないのが普通）。東京大学史料編纂所が昭和初年に編集した『史料綜覧《しりょうそうらん》』では、これを天文二年（一五三三）と推定している。『史料綜覧』は国の正史ともいうべき『大日本史料《だいにほんしりょう》』の綱文《こうぶん》を集成したものであるから、綜覧の見解は、現在わが国史学の最高権威によるものといえる。しかし、この書状に限ってはこれを天文二年に宛てることは難点がある。藤井学氏も指摘されるように、天文二年七月の「土一揆蜂起」の事実はほかに傍証がまったくないうえ、当時本満寺は大坂攻め（後述）帰陣後の恩賞処理段階に入っており、客観的状勢からいってもありうべからざる事件と推定されるからである。

書状の宛先、「本満寺」は、当時京都上京《かみぎょう》の近衛邸の南隣にあった日蓮宗寺院で、近衛家の庇護により発展してきた有力法華寺院である。関白近衛尚通の日記『後法成寺尚通公記《ごほうじょうじひさみちこうき》』によれば、尚通は当時しばしば本満寺に音物《いんもつ》を遣わしており、本満寺上人（住持）もまた再三近衛邸を訪れ、尚通に御機嫌伺いをしている。幕府より法華寺院への軍勢催促状は、ほかに残ってはいないが、それは後述する天文五年（一五三六）の争乱で散佚したからであり、本満寺だけでなく、おそらく「廿一箇本山」と呼ばれる洛中洛外の有力法華寺院すべてに軍勢催促が行なわれたとみられる。幕府が、迫り来る一

向一揆の恐怖を前にして、その矢面に法華宗を立たせようとしたのはなぜか。京中の日蓮宗徒こそ一向一揆によく対抗しうるであろうという見通しがなければ、本満寺の上人に対して「御忠節あるべし」などと懇願したりはしないであろう。ここで、いよいよ法華一揆なる武力集団が歴史上に登場するわけだが、次にその前史となる町衆（市民）の武力行使について、ふりかえってみよう。

〝打廻〟の発生

近郷の農民（当時の言葉で土民）、地侍が京中へ侵入して徳政《とくせい》を要求する土一揆の攻撃に対し、被害者である土倉《どそう》が傭兵によって防衛したことは、嘉吉元年（一四四一）以来しばしば見られた現象である。洛中には延暦寺の資本の影響下にあるいわゆる〝山門気風《さんもんきふう》の土蔵〟が多かったから、傭兵も当初は蓮養坊《れんようぼう》などの山門系統の武力が用いられた。ところが、応仁の乱後、土一揆の張本の中に、三好之長《ゆきなが》（長慶の曾祖父）のような遠隔地の国人が加わると、被害は土倉だけでなく周辺の町屋も劫掠《ごうりゃく》を受けるようになり、町衆の自衛軍が登場する。文明十七年（一四八五）八月、洛中に阿波国人の三好之長を首領とする一揆が荒れ狂ったとき、伝奏《てんそう》・甘露寺親長《かんろじちかなが》は、

町々、警固を置くと云々。

と日記に書いている。また明応四年（一四九五）十月、西岡《にしのおか》（京都西南の桂川右岸農村の総称）の一揆が洛中に進出したとき、前関白近衛政家《まさいえ》はやはりその日記に、

高辻室町に於て土一揆数十人打ち取ると云々、町人ならびに土蔵方衆相《かた》戦《あい》うと云々。

と書いている。町衆が独自の自衛軍を組織し、ときには土倉の傭兵と連合して土一揆に反撃を加えるようになった状況がうかがわれる。嘉吉のころは比較的無抵抗に行なわれえた私徳政《しとくせい》（債務者の債権取り戻し行為）が、激しい抵抗を受けずしては行なわれ難い時代になったといえる。市民の軍事的成長と位置付けることができよう。

十六世紀に入ると、町衆の軍事行動に新しい傾向が見られる。永正元年（一五〇四）九月、摂津守護代・薬師寺元一《やくしじもとかず》が執政・細川政元に謀叛して淀城《よど》（京都市伏見区）に挙兵したとき、その鎮圧に向かった幕府の軍勢について、中納言・中御門宣胤《なかみかどのぶたね》は次のように記している。

京方香西又六（元長）、半済《はんぜい》を近郷の土民に契約し、悉《ことごと》く下京《しもぎょう》の輩を狩出し、地子《じし》を免ず。

山城守護代・香西元長《こうざいもとなが》は、幕府軍を増強するため京郊農村の農民には軍費である半済を与え、京都の町衆である市民（下京輩）には地子（町屋に賦課される所得税）を免除する約束で、彼ら地下人《じげにん》の微発を行なったのである。農民に半済配当、町衆に地子免除は、この後幕府が彼らを利用（とくに軍勢催促）する際に口実とした常套手段であるが、一般市民が生活防衛から一歩進んで〝地子免除〟なる報酬を目当てに傭兵集団を形成するようになった点が注目されるのである。町衆の地子免除獲得の問題は、天文初年（一五三二〜三六）の法華一揆においても現われるが、ここではそれがすでに十六世紀初頭の段階で表面化している点を強調しておきたい。

永正八年（一五一一）七月、摂津において執政・細川高国の軍が細川澄元《すみもと》に敗れ、高国没落の風聞が流れて京都市中が大混乱に陥ったとき、一代の碩学《せきがく》・三条西実隆は次のように記録している。

上京町民、打廻《うちまわり》と称し、軍勢を率いて出で行《ゆ》くと云々。

日記の記事が簡潔なのでいまひとつ状況は詳細でないが、町衆が独自に軍隊を編成し、敗走する高国軍への援軍となって澄元方に当たろうとした動きが推測される。その軍事編成を町衆自らが〝打《うち》廻《まわり》〟と称したのである。

「打廻り」というのは、十六世紀前葉の京都に特有の軍事用語であって、市民による集団示威行進とでも呼ぶべき現象を指す。庶民の武器携帯が基本的に許されていた室町時代のことであるから、単なるDemonstrationではなく、武装示威運動である。ちなみに、囲碁の用語で〝打廻《うちまわ》し〟というのがあるが、これは盤面各所において序盤の段階で足早やに布石し、有利に戦局を進める状況をいう。各所で石が働いて局面が優勢に進んでいるのを「打廻している」などという。しかし、十六世紀町衆の「打廻り」は、戦闘の現場ではなくその前段階の行進行軍を指し、打廻ることによってさらに軍隊を膨張させてゆく機能をもった、軍勢徴発行動を兼ねた進軍であったと見られる。譬《たと》えはいささか卑近だが、かつての学園紛争で各大学内でみられた〝闘争勝利〟のかけ声を以て行なわれた運動が、その雰囲気を伝えているように思われる。

ところで「打廻り」なる現象は、後述のように天文法華一揆とともに流行し、消滅していったものであるだけに、これを宗門の運動あるいは教団の運動として理解しようとする見方がある。宗教社会学者の山折哲雄氏は、「うちまわり」を、法華一揆がうちわ太鼓を打ち鳴らし、「南無妙法蓮華経」の題目を声高らかに唱えながら行軍する状況であろうと推定されている。「打廻り」の語が史料的にはこの永正八年（一五一一）の『実隆公記』を初見とし、天文五年（一五三六）七月でまったく消滅する事実、また「洛中は題目の巷《ちまた》」なる当時の記録などを参酌すれば、山折説には大きな魅力が感ぜられる。しかも日蓮教団研究史上、うちわ太鼓による行進がいつ始まった慣行なのか、はっきりとはわかっていないという。

しかし山折説には、若干の難点もある。「打廻り」の〝打つ〟なる語が太鼓を打つの義であるというのが山折説のポイントだが、当時の打字の用例は、「打死」「打出」「打入」の語が示すように、〝討〟字と同義に使われるか、または「打渡《うちわた》し」（訴訟物件を勝訴者に交付する代執行行為）のように、接頭語として使われるかのどちらかであって、山折説のように「打ちながら廻る」という並列用法は例がないのである。第二には、「打廻り」の語が永正八年に初出するにもかかわらず、行軍の町衆と日蓮宗との関連を示す史料は、明確には天文元年（一五三二）までまったく出現しないことである。したがって、史料残存のあり方から判断して、京都市民の間に「打廻り」現象がまずあらわれ、その後、法華一揆が出現して「打廻り」の専売特許となった、と考えるのがひとまず妥当であろうかと思われる。

ただ前章で見たように、永正八年（一五一一）段階は洛中における日蓮宗が相当程度流行普及していたことは疑いないと見られるから、山折説の成立する余地も皆無とは言い切れない。今後の課題として留保しておこう。よって本書では、「打廻り」は十六世紀前葉に特徴的にあらわれる京都市民の軍事的示威行動と一応定義しておきたい。

町衆による治安維持

永正八年（一五一一）の打廻りから九年後、執政・細川高国の軍が摂津池田城《いけだ》（大阪府池田市）で細川澄元方に大敗し、高国は近江へ逃亡、永正十七年（一五二〇）三月、澄元方の武将、三好元長が入京した。室町小路でこの行軍を見物した鷲尾隆康は、その日記に、

三好上洛見物せしむ。小路室町。馬上百余騎、各《おのおの》甲冑を著《ちゃく》すなり。美麗目を驚ろかし畢《おわ》んぬ。

都合二万余人と云々。この内、過半は京衆・辺土衆等なり。

と書いている。元長軍二万のうち、過半が町衆と近郊土民の傭兵であったというのだ。高国のために防衛軍を組織するかと思えば、反対派の澄元に寝返ってその傭兵となる。ここにみられる市民の姿は無節操で、利に誘われればどんなことにも従う無頼《ぶらい》的存在にみえるが、彼らの主たる関心は町共同体からの戦乱の防衛であり、町の治安さえ維持されれば、支配者がどう変わろうと二の次だったのではあるまいか。元長への随従も、町の平和のため、という大義の下に、止むを得ず傭兵隊を組織して従った、という面があるのかもしれない。この段階までの町衆の軍隊については、誰がどのように組織し

たかというオルグの具体相は史料がまったくなく、ほとんど判明しないのである。

元長上洛の七年後、大永七年（一五二七）、京都はまたも三好・柳本ら四国勢の攻撃を受けて混乱に陥った（前節冒頭参照）。将軍義晴、執政細川高国ら幕府上層部は近江へ逃亡し、京都を占領した三好元長・柳本賢治らは、〝敵方残党〟と称して高国方縁辺の公武邸宅や町屋に押し入り、人間を拉致したり財貨を掠奪するなどの行動に出たので、公卿・町衆ら住民は一致して阿波武士の乱妨に対し共同戦線を張った。この時に当たって、山科言継（内蔵頭兼右少将《うしょうしょう》）はかなり詳細な日記を残しており、町衆との交渉を記録しているので、市民の武装化について、われわれはかなり審《つまび》らかにこれを知ることができる。

この年は五〜七月頃にかけても群盗の洛中横行や堺公方府の奉行人らの専横が目立ち、とくに上京の治安が悪化したが、町衆の自衛軍によって辛うじて撃退されるという状況であった。七月十六日に公卿の正親町《おおぎまち》家が、十八日には中山《なかやま》家が四国兵に襲撃されたときには、言継ら公卿衆が二十人余りの徒党を組み、上京町衆を率いて現場に仲裁にかけつけ、大事に至らず事を収めている。「町々警固を置く」という文明以来の伝統が生きており、幕府権力が空白状態になっても町衆の自衛軍が一定程度の局地的治安維持に当たるという、市民の自律的警察機能がはたらく構造になっているのである。言継の記録によって、町衆軍の行動と言継ら公卿衆の仲裁行為が有機的連関を以て機能し、京都という中央都市の防衛がはかられていたことが注目される。

大永七年（一五二七）十一月、義晴・高国は東寺に滞陣して三好・柳本軍と交戦中であったが、三好元長らの晴元軍が優勢で、月末から翌々月にかけて上京の各所が三好軍の襲撃を受けた。「牢人所縁」、つまり敵方内応という名目で彼らは公卿や町屋に押し入ったのである。いまその状況を、山科言継、三条西実隆、鷲尾隆康ら公家の日記によって列挙してみると次のようである。

(月日)		
11・26	三位刑部卿入道邸	波多野軍押入
11・29	一条畳屋	三好軍
	行事官行方邸	
12・10	浄土寺宿坊	三好軍
12・11	上京柳原大森邸	
	通玄寺曇華院	柳本衆
12・19	二条邸	
正・13（大永八年）	室町・立売辻	町衆と三好軍合戦
正・26	正親町実胤邸	薬師寺国長被官

この波状攻撃に対し、地域住民である町衆らは、決して拱手傍観していたのではなかった。防備を怠れば、十二月十一日の尼寺通玄寺《つうげんじ》のように「柳本衆闖入し、伊勢備中女房衆数人これを擒《とら》えて帰る

と云々、「言語道断の次第なり」（実隆の記録）という具合に、男だけでなく女子供まで被害にあう恐れがあった。十一月二十六日の刑部卿入道邸における家宅捜索では、

　牢人の妻子あるに就《つい》て、押し寄せ打ち破り、雑物残る所なくこれを取ると云々（中略）。
　凡《およ》そ公家の儀滅亡なり。敵方の強張《ごうちょう》、無念の事なり。

と、鷲尾隆康が切歯してくやしがるほどの被害が出た。敵方追求に名を借りた悪質な掠奪にほかならない。そこで実隆・言継らは邸宅周辺の釘貫《くぎぬき》（木戸門）に堀を切り、図子《ずし》（露路《ろじ》）の口にバリケードを構築して警戒に当たる一方、居住区の禁裏六町《きんりろくちょう》の町衆にも警固を依頼した。言継は「町《ちょう》の囲《かこい》」構築に働いた町衆の労をねぎらうため、酒をふるまっている。この警戒の効果が出て、十一月二十九日早朝に一条畳屋を襲った〝阿波衆十人計《ばかり》〟をかけつけた市民軍が見事に追い払った。同日夕刻にも、武者小路《むしゃのこうじ》の行事官《ぎょうじかん》行方（下級公卿）邸に十人余りの阿波兵が打ち入ろうとしたが、やはり町衆の軍勢数百人という圧倒的多数が防禦に蜂起して却退《げきたい》している。この二十九日の事件は、たまたま屋敷が近接する山科言継・三条西実隆・鷲尾隆康の三公卿が日記に記録しており、それによって町衆の防衛行動を復元してみよう。

〔一条畳屋の事件〕

　A　言継の日記（『言継卿記』）

五ツ過ぎ時分、この町《ちょう》畳屋へ阿波衆十人計《ばかり》（原日記虫損）□□□□起《た》つ。二条より上京起ち候て、二三千にて

取り籠め□□□□鯨波《とき》の声頻りなり。種々侘び候て帰り候《そうら》い了《おわ》んぬ。

B　実隆の日記（『実隆公記』）

一条畳屋、また闖入の輩あり、町人追い出すと云々。

C　隆康の日記（『二水記』）

午前、一条烏丸小家、牢人所縁と号し押《お》し入る事これあり。然りと雖《いえど》も、町人馳せ集り、無事落居し了んぬ。

〔行事官行方邸の事件〕

A　七ツ時分、武者小路の行事官所《ところ》へまた打ち入り候。また所《ところ》の町《ちょう》起《た》ち候て取り廻《めぐ》らし、鯨波《とき》を作り候。十人計の由、申し候。五六人矢にて射られ候由申し候。是も色々手をすりて帰り候由申し候。剰《あまつさ》え、下京にて剝《は》がれて、手綱計《たづなばかり》にて帰り候由申し候。

B　行方《ゆきかた》宿所また闖入す。人々走《は》せ集り、これを追い出す。行方縛《しば》られ、弟は疵《きず》を蒙《こうむ》ると云々。但し盗人等《ら》、散々詫《わ》び言《ごと》致し退去すと云々。言語道断の時分なり。

C　晩頭また行事官宿所押し入り強々《(嗷)ごう》の儀に及ぶ。仍《よっ》て上下町人馳せ集り、数百人時《とき》の声を揚《あ》ぐ。四方よりこれを攻む。その声度々《どど》に及び、頗《すこぶ》る軍中の如し。不可思儀の躰《てい》なり。入夜先《ま》づ無事、両方あい宥《なだ》むと云々。

以上によって、町衆防衛体制のパターンは、襲撃に当たってまず〝所《ところ》の町〟つまり現場の町の町衆が騒ぎ立ち、然る後上下京の町衆数百人（言継の記録では二、三〇〇〇人）が駆けつけるという順序になっている。言継の十二月十一日の記録に「ときをつくり、鐘をつき」とあるから、消防署の火の見櫓《やぐら》よろしく、事件発生と同時に近辺寺院の早鐘《はやがね》をつき鳴らして町衆の蜂起をうながしたものであろう。

　右の諸記録で最も注目されるのは、一条畳屋事件の言継の記事に、

　　二条より上京起ち候て、二三千にて取り籠め、

現在の妙覚寺　京都市上京区

とある箇所である。現場の町（一条町、京都市上京区一条烏丸付近）の騒ぎに呼応して駆けつけた町衆の大軍が、「二条」を起点にしていたという事実は何を物語るのであろうか。

　従来の諸研究はこの「二条」を特に注視していないが、わたくしはこの二条こそ町衆の自衛活動と法華一揆とを結ぶ鍵《かぎ》であろうと思う。一条町の騒ぎ、おそらく一条薬師堂の早鐘によってであろう。上京の町衆が集結して一条町へ赴援にかけつける場所として、二《に》条《じょう》なる地が必然性があるとすればそれは何か。二条は妙覚寺・妙顕寺という洛中法華寺院のなかでも最有力寺院が所在する地なのである。町衆蜂起の集結場所として、二条妙覚・妙顕寺が指定されて

いたのではないかと推測される。

もしこの仮定にして成り立つならば、天文法華一揆の原型（母胎）は、すでにこの大永七年十一月の段階で形成されていたことになる。通説は、法華一揆の起点を天文元年（一五三二）七月ないし八月の時点とする。しかし、法華一揆という大規模な町衆の軍事行動が、天文元年七月の大館高信による一片の檄によって始まったとするのはいかにも唐突であり、理解に無理があると思う。著者推論のように、日蓮宗有力檀家による町衆動員体制が、大永七年段階ですでに存在していたとすると、あの本満寺宛高信書状は、さして無理なく理解できるのではなかろうか。

すでに見てきたように、また夙に藤井学氏が指摘されている如く、京町衆による自律的な市民軍の形成はすでに長い前史があった。その市民軍の組織者の具体像は、史料がないので霧につつまれているが、大永七年（一五二七）の段階では少なくとも公卿衆指揮の市民軍と法華檀家指揮の市民軍とが存在していたことはほぼ明らかになったと思う。以後、市民軍指揮のヘゲモニーを掌握していくのが、後者の法華寺院関係者であろうことは論をまたない。その意味で、法華一揆史上、大永七年十一月末という時点は極めて重要な位置を占めるのではないかと思われる。

法華一揆の形成

法華一揆の天文以前結成を示唆する史料として、享禄二年（一五二九）七月に起こった武者小路町の地子事件（『実隆公記』）がある。紛争を解決しようとして三条西実隆は地子徴収権者の柳本・松井《まつい》（晴元被官）に使者を派したが、そのとき柳本・松井との仲介を果たしたのは本覚寺（妙覚寺）である。また、翌享禄三年末の正親町家地子半済にさいしては、やはり本覚寺が徴収権者木沢長政との仲介を行なっている（『実隆公記』）。妙覚寺が堺の晴元政権上層部と何らかのつながりをもち、京都における晴元政権の権益の一部を代弁していることはもはや明らかであろう。

そのような妙覚寺の地位の由来は、法華一揆（町衆武装軍）との連関以外考え難いのではあるまいか。すなわち、柳本・木沢らは当初町衆と衝突するだけであったのが、町衆軍との円滑な関係なくしては京都支配は覚《おぼ》つかないと悟り、逆に積極的に日蓮宗寺院上層部を通じて彼らに接近をはかったのではなかろうか。もちろん、逆の動きとして町衆側から晴元政権に交渉を持とうとしたことも考えられる。

大館高信が、本満寺に軍勢催促を依頼した背景には、以上のような経緯が横たわっていたのである。京都という、当時日本最大の、世界的にみても有数の（人口数十万）大都市における、市民運動、ことに市民の集団武装化という問題を概観してきた。市民の武装化は以後足かけ五年間にわたる法華一揆の期間中、絶えず畿内政治史上の根本問題であり続けるのだが、その武装化になぜ日蓮宗という宗門ないしは教団が介在せねばならないのであろうか。すでに第一章で見た如く、室町戦国期の当宗派は主として奈良を除く巨大都市の、市民層（当時の用語で町衆）を主たる布教対象とし、大きな成果をあげてきた。浄土真宗（一向宗）が惣村を中心とする村落共同体を主な基盤としてきたのとは対照的である。農村に比して共同体的規制の弱い孤独な都市の商工業者・民衆の集団武装化という問題が、惣という媒介項、結合触媒を持たぬだけにいかに困難であるか、この面からもあらかじめ推測がつく。まして十六世紀は古い形態の座の解体期、再編成期であって、当時の日本、とくに畿内近国の都市には孤独な民衆を結合しうる上部媒体は存在しなかったのである。

　これに対し、農村における集団武装化は、以下に叙述するような制度、慣行が存在して比較的容易であった。十五世紀中頃の例であるが、新任の守護大名は国入部に際して〝国巡《くにめぐり》〟と呼ぶ巡行儀式を行ない、守護または守護代が騎馬行列を仕立てて各郡を行進する。その際、各荘園の政所《まんどころ》などに立ち寄って、古老の出迎えを受けるとともに、各村落に対し〝侍名字《さむらいみょうじ》〟の注進（報告）を指示する。荘家《しょうけ》・惣村では戦場に動員しうる地侍《じざむらい》・足軽クラスの名簿を一括呈出し、それによって守護は管国内の兵力を把握しえたのである。守護権力の末端行政吏である郡代《ぐんだい》は、その交名《きょうみょう》によって、有事には比較的容易に軍勢催促を行なうことができた。御家人が一族郎等を率いての名簿《みょうぶ》奉呈という鎌倉期の惣領制的軍事動員とはまったく異なる体制がここでは常態化しているのである。

　都市における市民の武装化、軍事動員はどのようにして行なわれえるか。それは時には京中悪党や公卿衆が統率することはあっても、恒久的、かつ強力な動員体制ではありえない。日蓮宗という、すぐれて排他性、戦闘性の強い宗教的紐帯が、初めてこれを可能にしたのである。

第三章　山科本願寺との戦い

一、一向一揆を攻める

八月四日——和泉浅香道場

前章冒頭で触れたように、七月二十九日、朝廷は享禄五年（一五三二）を天文元年と改元した。奈良の興福寺が焼き打ちされてから十日以上も経っていたが、一向一揆が蜂起の企てを起こしているという噂は、畿内各地で飛びかっていた。木沢長政と並ぶ細川晴元の参謀・茨木長隆は、また右筆《ゆうひつ》として晴元の秘書的存在であり、このとき堺に滞在していたが、晴元の命をうけて各寺社に檄を飛ばして一向一揆への警戒を呼びかけた。現在、堺市の開口《あぐち》神社に残っている檄の文面は、次のようなものである。

本願寺の事、別儀無き旨これを申さるゝと雖《いえど》も、一揆等恣《ほしいまま》なる動《はたら》き、造意歴然《ぞういれきぜん》なり。然る上は、諸宗滅亡、此の時たるべき歟《か》。所詮《しょせん》、当宗中この砌《みぎり》あい催《もよお》され、忠節を抽《ぬきん》でらるれば、御快然たるべきの由候《そうろう》なり。仍《よっ》て執達件《くだん》の如し。

享禄五（天文元）
八月二日　長隆（花押）

念仏寺

檄の日付が、享禄の年号になっているのは、京都での改元の情報がまだ堺に伝わっていなかったからで、この情報の遅れは、そのまま幕府（将軍は朽木に、執政は堺にという変則形態）の混乱ぶりを物語る。

この檄文で最も注目すべきは、本願寺門跡の法主証如光教が「別儀無き旨」すなわち晴元に疎意なきを誓って恭順を示しているのに、「一揆」（この場合は末寺・道場・門徒の教団下層を指す）が法主の命に背いて蜂起を企てているという内容である。一揆の山猫スト的な、いわばハネ上がりに対し、法主の抑制が利かなくなっていること、換言すれば法主の思惑を超えて末端の門徒が過激な手段に訴えようとしている状況が明らかであろう。いずれにせよ、この段階では証如は晴元政権と事を構える意志はなかった（少くとも建前は）ことが注目される。

茨木長隆の奉書《ほうしょ》は、晴元の命を受けて出されたもので、この念仏寺《ねんぶつじ》だけでなく、畿内の主要寺社、とくに大衆《だいしゅ》・堂衆《どうしゅ》など武力組織をもつ寺社に普《あま》ねく発給されたものと思われる。その翌日、八月三日には、次のような噂が京都で流れていた。

> 巷説《こうせつ》にいわく、本願寺と六郎（細川晴元）とこの間不快《ふかい》、昨日已《すで》に諸軍勢を率い堺を囲む。然りと雖も、六郎方理運《りうん》の合戦なり。一揆数百人討死と云々。

この流言は、おそらく茨木の奉書に惑わされた誤伝であった。一向一揆と晴元方はいまだ戦端を開いてはいない。しかし、一触即発の危機にある一向一揆と晴元政権との間の緊張関係は、火さえ放てば猛火を吐く状態にあり、爆発は秒よみの段階にあった。はたして翌八月四日、火の手は堺の町の東方、和泉と河内の国境付近で上がったのである。

去る六月、飯盛城で難を遁れた木沢長政は、今や山城守護代の格と河内守護代を兼ね、晴元政権の中核的存在であったが、和泉堺の防衛が危《あやう》しと聞いて、河内の飯盛・高屋両城から、軍勢を続々と堺の防禦に回しつつあった。その足軽隊を中心とする軍兵が長尾《ながお》街道・竹之内《たけのうち》街道を堺の町目指して行軍していた八月四日、一揆の農民と遭遇してトラブルを起こしたのである。その状況を、三好長慶に近い筋の知識人と考えられる阿波の生島宗竹《いくしまそうちく》は、次のように述べている（『細川両家記』）。

一揆蜂起の事、前に申す如く、細川殿の御大事になり、本願寺（一向一揆）と中悪《あ》しくなり、同八月四日に晴元方木沢左京亮（長政）衆へ、一揆方より路次にて喧嘩しかけ討ち取るなり。然れば則《すなわ》ち木沢衆よりその日、堺の東に浅香《あさか》の道場とてあるをはじめて、近郷悉《ことごと》く放火する。然れば和泉・河内・摂津の国、一揆即時に起《おこ》り……

八月四日、浅香（堺市堺区浅香山町）道場に上がった火の手は、摂河泉《せっかせん》門徒の蜂起をつげる巨大な狼煙《のろし》であった。長政の報復焼き打ちに怒った道場周辺の農民らは、檄を四方に飛ばす一方、来援を待たずに晴元の居る堺を目指して進撃した。八月五日、西側の海岸線を除く北・東・南三方の堺の町の包囲は完成し、一向一揆は息もつかず攻め立てたのである。

一方、堺が包囲されたと同じ八月五日、淀川以北にあたる北摂の一揆は、晴元の有力被官である池田久宗《ひさむね》の居城、池田城を包囲した。包囲に参加した門徒は、猪名川《いながわ》と武庫川《むこがわ》両下流に挟まれた伊丹《いたみ》平

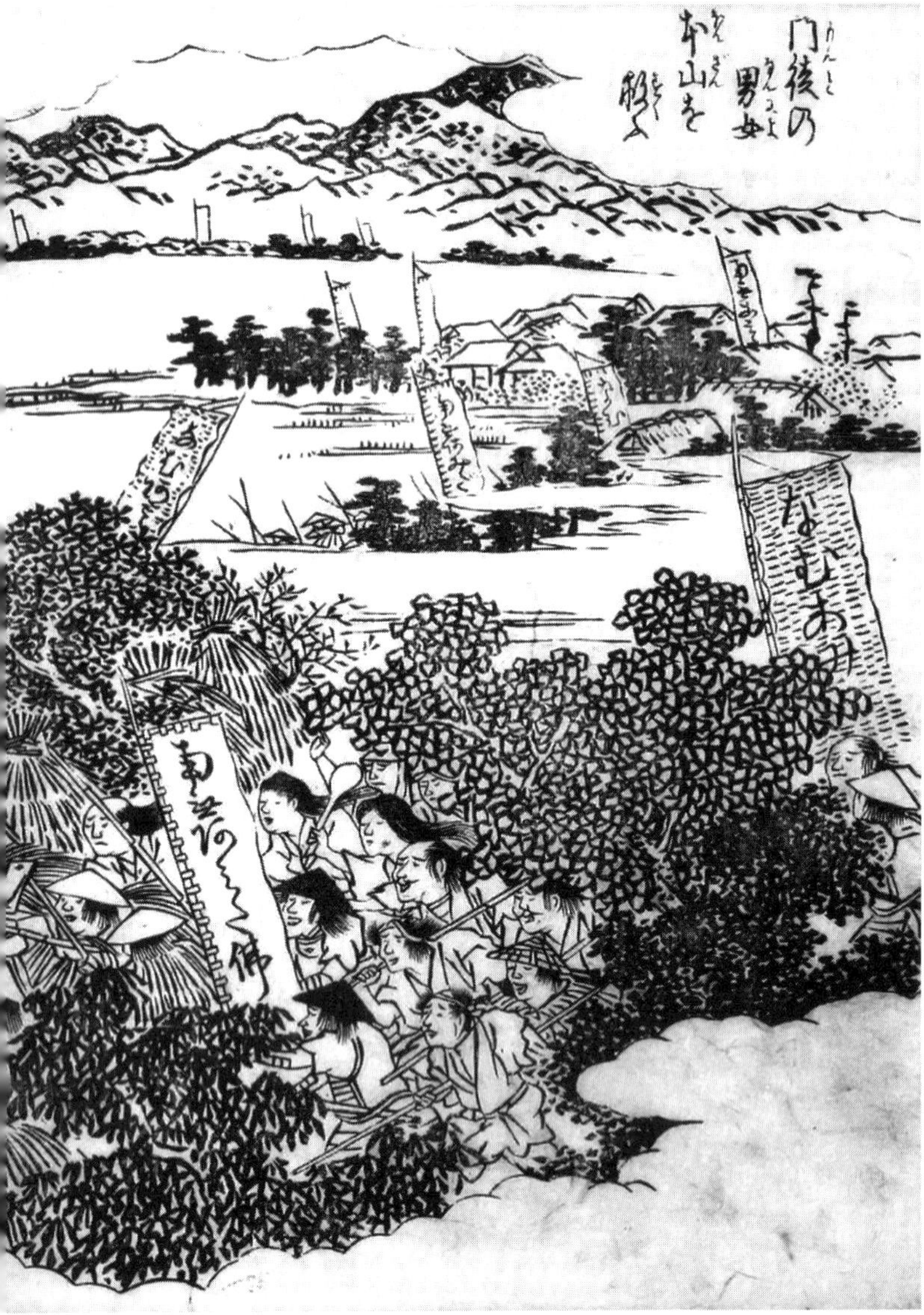

一向一揆の蜂起（『絵本拾遺信長記後巻』） 寛政年間に描かれた版本の挿絵。竹槍・農具などは近世の百姓一揆のイメージで、現実の一向一揆は刀・槍など武士と同様の武具を携帯していたと考えられる。右上の説明には「門徒の男女　本山を救ふ」とある　早稲田大学図書館蔵

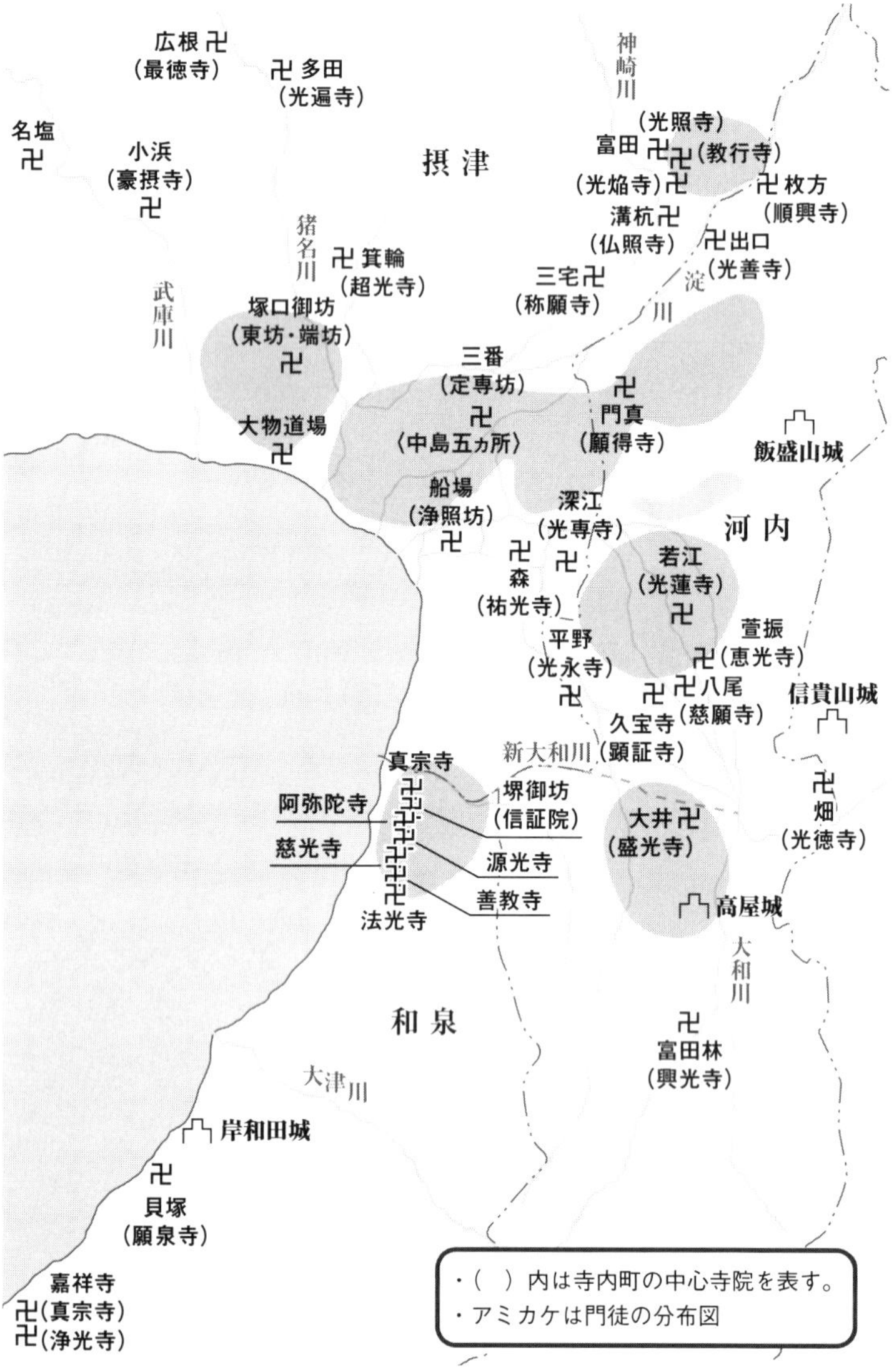

図 5-1　16 世紀前半（天文期）摂津・河内・和泉における一向宗寺院分布図　峰岸純夫「大名領国と本願寺教団」をもとに作成

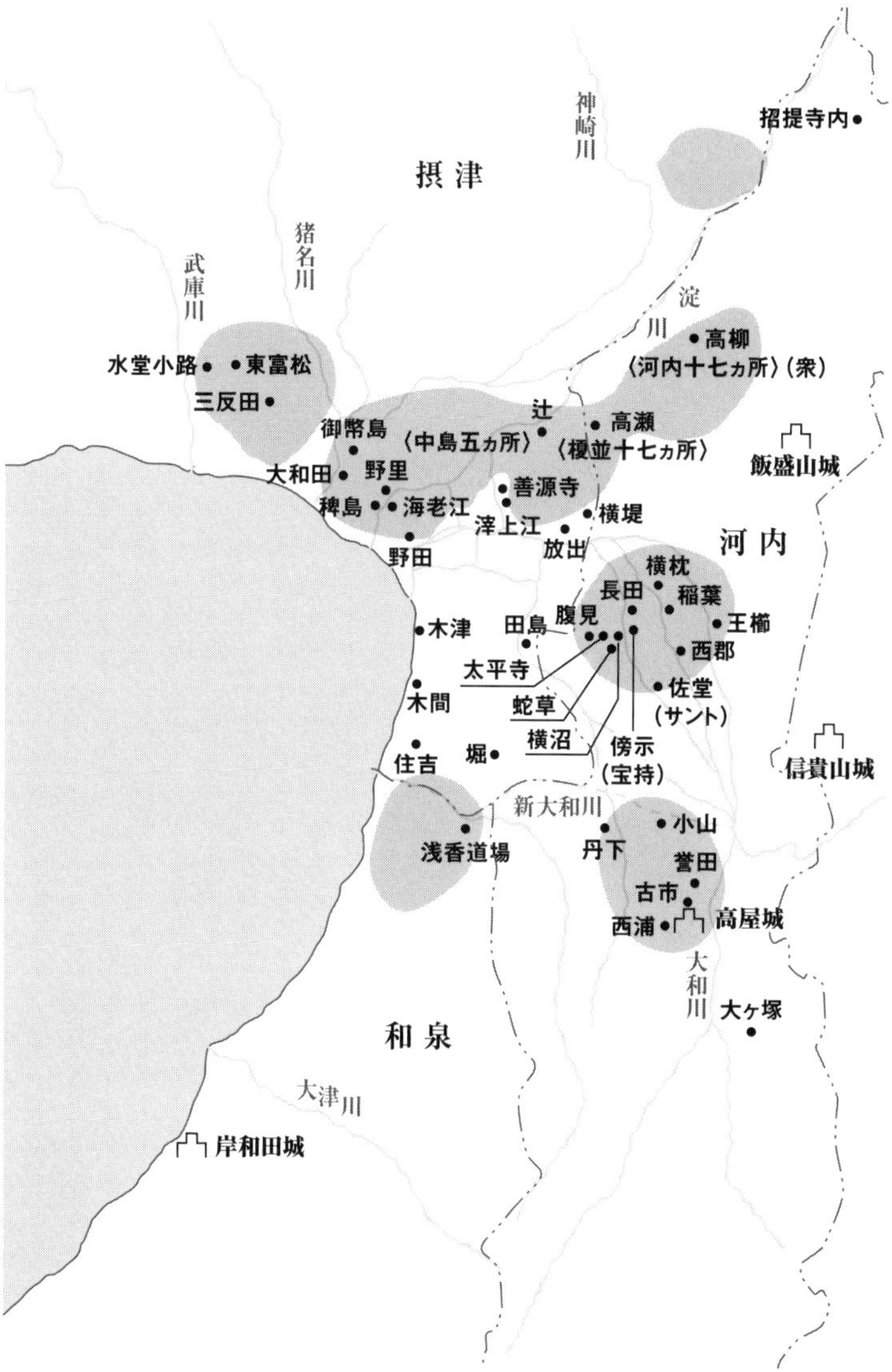

図 5-2　16 世紀前半（天文期）摂津・河内・和泉における道場・門徒組織分布図　峰岸純夫「大名領国と本願寺教団」をもとに作成

野の農民が主たるメンバーであったと推定される。この地域は、北方に池田城・伊丹城という畿内でも屈指の有力国人の城館があり、その南方、大物浦《だいもつ》（大阪湾）の海岸に近いデルタ地帯に道場が発展した。なかでも伊丹の南方、塚口《つかぐち》に位置した端坊《はしぼう》（東坊《ひがしぼう》または塚口御坊と呼ばれた）と、猪名川の河口、尼ヶ崎にあった大物道場は二大拠点で、塚口から西へ富松《とまつ》（兵庫県尼崎市富松町）、水堂《みずどう》（同水堂町）、三反田《さんたんだ》（同三反田町）と道場が点在していた。このうち塚口・大物などは明治初年の参謀本部製仮製図二万分一などによっても、典型的な寺内町《じないまち》であったことが知られる。

守る側の池田城は、北摂の山塊を北に負い、猪名川が山地から大阪平野へと抜け出る咽喉元《のどもと》に位置し、摂丹《せったん》街道と篠山《ささやま》街道がこの地で合流している。東北へは東能勢《のせ》を経て亀山《かめやま》へ、西北へは猪名川沿いに多田《ただ》、枳根《きね》、八上《やかみ》へ至る。京都を経ずに摂津から丹波（ともに細川氏の領国）へ出るには、ここを通る以外にはないという陸の要衝である。また経済的にも、猪名川上流諸谷の物資の集散地であり、古くから市場が成立した地である。

池田氏は南北朝時代中頃（貞治年間、一三六二～六八）から史料に見え、この地に盤踞してきた国人で、その富強さは、応仁の乱の直前、有馬《ありま》温泉（神戸市北区）へ湯治の途次、池田城を訪れたさる禅僧が、池田氏の蓄財は米万石、銭万貫で月々の利殖のみで一〇〇〇貫に及ぶと感嘆している（『蔭凉軒日録』）ことでも知られる。応仁の乱後、池田氏の勢力範囲は猪名川東岸から豊島《てしま》郡（大阪府池田・箕面・豊中市一帯）全域に拡大し、細川氏の下で大名化しつつあった。摂津において池田氏に匹敵する対抗勢力は、猪名川下流の伊丹城に拠る、伊丹氏ぐらいであった。

このように、池田城は晴元政権にとっては堺と呼応する摂河泉三国の要《かなめ》である。門徒らはここを先途と攻め立てたが、城は堅固で簡単に落ちるとは思われず、とかくする内に、包囲する一揆側へ、堺攻撃に参加せよとの檄が入り、かたがた有力な仲裁者（当時の言葉で〝仲人《ちゅうにん》〟と呼ぶ）が現われて、城方と一揆方を斡旋したため、和睦が成立し、包囲軍は南へ転じて、堺へ向かった。この仲人による戦争の仲裁を〝噯《あつかい》〟と称する。前節で見た京都の町における合戦・抗争の過程でもこの「噯」はしばしば行なわれた。

大永七年（一五二七）八月、近衛家諸大夫（家司《けいし》）らと唱《しょう》聞師《もじ》村とが論田《ろんでん》、つまり田畠の境界をめぐって双方数千人という喧嘩に及ぼうとしたとき、近衛家の縁者、高屋弥助《たかややすけ》の弟なる僧某が仲人として調停し、無事に収まっている（『言継卿記』）。畿内近国では、守護ないし大名権力が何らかの事情で裁判権を行使し得ぬ状況に陥った場合、右のような地域内の第三者が仲裁・調停を行なうという慣行が広く成立していた。中世は基本的に自力救済の原理が行なわれた世界であり、近世の平和な社会に比較してその紛争解決のあり方が〝悲惨〟なものとして受け取られる傾向（近年の学界主流はとくにこの点を強調する傾きがある）があるが、無限定に暴力を行使する紛争解決なるものは実は有り得ないのであって、この戦国時代どまん中にあっても、第三者による融和策は極力主張されていたのである。

八月七日――京都本国寺

ここで、摂河泉から目を京都へ転じてみよう。七月二十三日に本満寺ほか日蓮宗各寺へ幕府が軍勢催促を出して以降、京都の状況はどうなっていたか。七月二十三日といえば、天文改元の六日前である。その緊迫の改元前後の事情を、京都で十六歳（満年齢十四歳）の少年が記録していた。その少年とは、祇園祭《ぎおんまつり》の神輿を出す町衆の氏神《うじがみ》、祇園社（明治の神仏分離以降八坂《やさか》神社）の執行《しぎょう》、玉寿丸《たまじゅまる》であった。数え十六歳は当時では元服後で、立派な大人である。玉寿は執行の職を改元前後に継承したらしい。それは玉寿が、七月二十八日の条に大永七年以降の京畿政治過程の概観を要約して記入していることから推測される。玉寿はその政情記事のあとに、続けて次のように書いている。

> 山科に法観寺（本願）と云いし一向宗候《そうろう》が、澄元（晴元）六郎の用とて、津の国へ罷《まか》り越し候が、また澄元（晴元）と中悪《わろ》く成《な》る。折節かの一向宗、都《みやこ》の日蓮宗退治《たいじ》候わん由、風聞候とて、法華宗謀叛企て、六郎の衆と一所にて山科を攻めんと云う由《よし》。さりながら法観寺（本願寺証如光教）は未だ津の国（石山）に候なり。（原文漢字片仮名交り文）

この趣旨は、七月二十三日の幕府の檄によって法華一揆こそ当面の敵と覚《さと》った本願寺が、機先を制してまず「日蓮宗を退治」しようという動きに出た事実、それに刺激されて日蓮宗側が、晴元被官の軍と連合して山科本願寺に逆襲しようとしているという、この二つの動向を物語っているのである。

では日蓮宗（法華一揆）が連合しようとしている〝六郎（晴元）の衆〟とは誰のことか。玉寿丸は続けて、

山村（正次）と云う者は柳本（賢治カ）と云いし者の中者《うちのもの》なり。当時の権《けん》なり。先《ま》づ威勢を以てなり。

と記す。山村正次《やまむらまさつぐ》なる人物の出自はよく判らないが、柳本は八上城主波多野元清《はたのもときよ》の弟であり、丹波の国人であることはほぼ間違いない。京都の日蓮宗徒を軍事組織化すべく、晴元側から派遣された人物ではあるまいか。

八月七日は秋分も近く、京の町角にはやや冷涼の気を帯びた風が吹いていた。この日、下京の西南外れにある六条堀川の本国寺には、下京の町衆や山村正次配下の柳本被官が続々と集結していた。この本国寺は寺伝によれば貞和元年（一三四五）、光明《こうみょう》天皇の勅により鎌倉から移したとされ、その他南北朝～室町期にかけて公武貴顕の帰依・寄進を伝えるが、本書第一章で述べたように当時の史実からみて疑わしく、ほかに裏付けられる一級史料もないので信が置けない。

辻善之助博士によれば、応仁の乱後の文明十二年（一四八〇）八月、本国寺住持が上京本満寺にて説法を行なった（『後法興院記』）とする近衛政家の日記が、本国寺の確実な初見であるという。既述のように、十五世紀半ば以前には大宮以西に法華寺院が建立を許されなかったから、応仁の乱の前後に六条堀川に寺地を定めたものと推測される。本満寺と同様、近衛家の庇護厚く、関白近衛政家・尚通父子二代の外護《げご》により大きく発展したのである。

その本国寺に集合した人々を、山村正次が率いて〝打廻《うちまわり》〟を行なった。その兵数は鷲尾隆康の記

録では「三四千人」に上ったという（『二水記』）。打廻りに従った人々のことを隆康は「京中町人《ちょうにん》等」と記し、祇園社の玉寿丸は「京の上下の一揆」と表現している。一揆＝町人であることが明らかで、これがいわゆる法華一揆の初見とされている事件であった。また打廻りのさなかにも、一向一揆が本国寺を襲撃するとの噂はひんぴんと飛び交い、本国寺の衆僧は檀徒らを指揮して終日、寺のまわりに木戸や土塁を構えるなど、防備に追われていた。

ところで、この八月七日の山村正次指揮の打廻りが法華一揆の初見とされているため、打廻りそのものを町衆の自衛行動として理解される向きが多い。ところが、前節で指摘したように、「打廻」自体は永正八年の船岡山《ふなおかやま》合戦が初見であり、町衆とはまったく無関係な近江守護六角氏の軍事行動を「打廻」と呼んだ例が享禄四年（一五三一）にある。中納言中御門宣秀《のぶひで》の日記、同年二月十一日条に、

勝軍勢衆、少々河原辺打廻り、即ち引き退くと云々。

とあり、同二月廿一日条にも、

東の衆勢、河原を南へ打ち廻ると云々。

とある。この「勝軍勢衆」「東の衆」とは、京都勝軍地蔵山《しょうぐんじぞうやま》城（京都市左京区北白川瓜生山頂）に駐屯していた六角定頼《さだより》の軍勢のことである。この事実は、「打廻」の語はたしかに町衆の行動から起こった用語だが、転じて武士だけの行軍をも指すようになったことを示している。したがってこの天文元年（一五三二）前後は、武装を伴った集団示威行進のことを一般に「打廻」と呼んでいたと結論でき

よう。要は「打廻」はなるほど舞台は圧倒的に京都が多いが、必ずしも町衆固有の行動でもないということである。うちわ太鼓による唱題行進、という山折氏の説は魅力的だが、やはりやや無理なのではなかろうか。

八月八日――摂津石山

一方、五日に堺を包囲した一向一揆はどうなったか。六月二十日に同じ堺を攻撃したときとは異なり、木沢長政・茨木長隆ら晴元被官の活躍によって、一揆の包囲以前に相当の防備体制を構えていた。八月二日付の長隆の檄文によって、堺近郊はもとより、南河内・和泉一帯の顕密（旧仏教）諸宗派の兵力もかき集められていた。堺には三好元長が自刃した顕本寺をはじめ法華の寺院も数多い。寺社勢力の中で最も一向一揆に旺勢な戦意を示し、防備の中核となったのはこの日蓮宗であったと思われる。さらに、飯盛・高屋両城からは河内の在地武士・小領主らに率いられた畠山系の軍勢が集められていた。摂河泉の各村落は、一方で一向一揆を構成すると同時に、守護代の指令を受けて細川晴元軍の被官軍士として徴発される存在でもあった。堺の環濠をはさんで、同じ農民でありながら、片や一向一揆、片や晴元軍（幕府権力）の末端となって対立していたわけだ。

八月五日、河内守護代木沢長政はこれら寺社・農民混成軍を指揮して堺の木戸より積極的に打って出た。京都青蓮院《しょうれんいん》の庁務《ちょうむ》、鳥居大路《とりいおおじ》経厚法印《きょうこうほういん》は、その状況を次のように記録している。

一揆《（一向）》衆、堺北庄《きたのしょう》へ取り懸る。勝利を失ない、敗北す。数百人生涯《しょうがい》と云々。

案に相違して一揆軍はもろく、包囲陣は崩れ、大坂方面へ敗走した。「生涯」とは「生涯を失う」の意で、戦死者を指す。要するに六月と攻守ところを替え、包囲軍は大敗を喫したのである。六月に三好軍を鎧袖一触《がいしゅういっしょく》の勢いで蹴散らした一向一揆が、なぜこうも簡単に敗れたのか。その原因はよくわからないが、右のように堺の側に兵力が比較的充足されていたこと、八月二日の檄文「諸宗滅亡この時たるべき歟」に見られるように、防衛側が決死の危機感をもって編んだことが大きな理由であろう。

さて、一揆を撃退した木沢長政は、この機逃《のが》すべからずとて、堺の町防衛軍あげて一揆の逃亡跡を追従し、住吉浜を北上して石山に迫った。天王寺付近で遭遇した両軍は、再び激しく戦ったが、退却しながらの本願寺軍は不利で、したたかに討たれた。一揆側はこの戦闘で、一方の指揮官である本願寺坊官下間《しもつま》刑部大夫を失っている。この記録は経厚法印のものが最も詳しいが、祇園執行玉寿丸も「あまた一揆討たれ候由《よし》、きこえ候」と記し、生島宗竹の『細川両家記』も、「その日一揆衆負けて引く。弥《いよい》よ大兵乱出来《しゅったい》なり。」と書いている。一揆側が大敗したのは疑いない。

この日、戦雲は大和でも大きく動いていた。摂河泉門徒蜂起ののろしとなった四日の浅香道場焼き打ちより四日前、七月三十日にすでに大和盆地の南端、高取《たかとり》城（奈良県高取町）では、国人越智利之《おちとしゆき》らが一揆の大軍に包囲されていた。読者は七月十七日に一揆が興福寺を焼き打ちしたのを覚えておられるであろう。その後の状況の詳細は不明だが、大和の一向一揆と興福寺の衆徒・国民（大和の場合のみ、国人を国民と称する）は大和盆地の各地で抗争を繰り返していたものと推定される。その結果、一揆はついに四〇〇年来大和一国を支配し続けていた衆徒・国民の棟梁たちを高取城に追い籠めたのである。高取城といえば、

巽《たつみ》高取雪かと見れば
　雪じゃござらぬ土佐の城

と詠われた白亜の天守で有名な、近世の名城が想い出される。司馬遼太郎氏の短篇『割って城を』は、この城をモデルとしたもので、城下町高取との比高差四〇〇メートルは、日本城郭史上最大の数値といわれている。ここは近世と同じ城地に国民越智氏の山城《やまじろ》があった。

高取城（城跡は国指定史跡）の山頂を包囲した奈良町衆を中核とする門徒らは、七月末日から八月初旬にかけて、息もつがずに攻め立てた。越智は大和国民（春日社の氏子である武士）であるとともに、累代の畠山氏有力被官である。高取山頂から二上山《にじょうさん》（奈良県葛城市・大阪府太子町）を経て高屋、飯盛城方面へは瞬時に戦時情報が伝達される狼煙台が連なっている。この技術によって利之は急を堺に居る木沢長政に告げ、八月五日、堺の危地を脱した細川晴元陣営では、援軍を高取方面へ急派した。

筒井順興《つついじゅんこう》・木沢長政配下の援軍は、後巻《うしろまき》として八月八日、高取城の前面に到着し、城内の越智軍と示し合わせて包囲の一揆軍を急襲した。寄せ手の門徒勢は急斜面を山頂に対して構えており、連日の攻城戦で疲労困憊していた。そこへ越智軍が、「逸《いつ》を以て労《ろう》を待つ」の戦法で、山頂から突出し、

山麓の木沢軍のえじきとなった。「以逸待労」の軍法は、『三国志《さんごくし》』で蜀《しょく》の黄忠《こうちゅう》が魏《ぎ》の夏侯淵《かこうえん》に対して漢中の定軍山《ていぐんざん》で用いたといわれる。山頂の孤塁は、水の手を絶たれると弱いが、持ちこたえて挟撃戦となる場合は、この上なく有利な立場となる。算を乱した一揆軍は、あえなく吉野方面へ敗走した。一揆の包囲攻撃に苦しめられた官符衆徒は、その報復として、八月九日の夜、一揆の拠点とみられる奈良の町を「一宇も残さず」焼き払った。興福寺と東大寺門前である高畠のみが焼け残った。

しかしながら、各地の農村や地方都市に拠点を持つ一向一揆は、これぐらいの打撃では終息しなかった。吉野へ逃亡した門徒らは、どこで陣営を建て直したのか、八月二十三日に至って再び大和盆地に姿を現わす。しかも今度は、辺鄙《へんぴ》な高取でなく、国中《くんなか》と呼ばれる盆地のどまん中、吐田庄《はんだのしょう》（奈良県磯城郡川西町吐田）に蜂起し、越智利之の軍と合戦した。まさに地を這うような戦法である。しかし再三の蜂起も空しく、吐田庄の合戦は一向一揆の敗北に終わり、門徒数百人が戦死、その頸は奈良の町の焼け跡に梟首《きょうしゅ》される。ここで興味深いのは、『二条寺主家記抜萃』という古記録に、梟首者の名が記されていることである。これによって、一向一揆の参加者をある程度推測する手掛りが与えられる。いわく、

奥村玄蕃
中市雁金屋
スガハラ

願了
カサヽ（鵲）ギ又七
与五郎入道円覚父子
室院ノ新九郎
油売与七
高間ノ賢丞

これらの名字から推定して、一揆の張本が南都の有徳人《うとくにん》（有力町衆）であることは明らかと思われるが、和田義昭氏は、右交名《きょうみょう》中の「中市雁金屋」なる人物について、東大寺に伝わる永正年間（一五〇三～一五二一）の『執行方諸補任引付』という史料に出てくる「帰金屋」と何らかの属縁関係を推定されている。もしそうだとすれば、彼らは屋号をもち商工業に従事しつつ、東大寺の〝公人《くにん》〟という下級隷属民でもあったことになる。経済力を貯えつつあった彼らが、興福寺衆徒という旧勢力の圧迫に対し反感を懐いていたであろうことは想像に難くない。

ともあれ、八月下旬の吐田庄の合戦の結果、大和方面の一向一揆はひとまず鎮静化した。奈良・堺・池田とほぼ同時に蜂起した畿内一向一揆の第一局面は、こうして晴元政権側の優勢裡に幕を下ろそうとしていた。しかし、一揆勢力の総本山である山科本願寺の位置する京都方面の戦況はまだ終わっていない。そこで次に当面、焦眉の的である山科の動きを追ってみたい。

八月十七日――近江堅田浦

権中納言鷲尾隆康は、老齢の身を自邸で養っていたが、世上の混乱を悲しみ、八月三日の日記に次のように述懐している。

本日、また一向一揆が堺の細川六郎（晴元）と戦っている。先々月はその晴元を援助して、三好一族を滅したというのにだ。不定《ふじょう》の世界、天魔《てんま》のなせるわざである。京に入ってくる情報によれば、さし当たって晴元側が優勢で、あちこちで一揆は討ち死にしている。しかし一向一揆は諸国に充満し、いくら討伐しても次から次へと蜂起をくり返すのだ。まだ当分戦乱は続くだろう。

隆康の筆致は、政情を悲憤慷慨する一方で、どこか醒《さ》めた目が見え隠れしている。「諸宗の滅亡この時たるべき歟」などという茨木・木沢ら在地武士の緊迫した視点とは明らかに異なっている。茨木・木沢らが、現場（支配地）で一揆勢力と力を懸けて対決せねばならないのに対し、同じ支配者でありながら、公卿という武力を持たぬ斜陽の立場が、このようなある種客観性を帯びた口調にさせているのであろうか。

隆康中納言の「諸国充満の衆」という一向一揆への見方は、京都の有力町衆・日蓮宗檀家ではもっと危機感を含めて等しく受け取られていた。官符衆徒らが奈良の町屋を焼き払った翌朝の八月十日、京都でも一向一揆に対する反撃が行なわれた。山村正次は京都町衆の法華混成軍を指揮し、東山一帯を〝打廻《うちまわ》る〟と同時に、本願寺の末寺である「所々の一向門徒の寺」を軒並み焼き打ちして回った。
この日、山村正次に焼かれた真宗寺院の一つに、東山山麓の「下《しも》の一向堂」と呼ばれる道場があった。現在地は未詳だが、経厚法印の日記に青蓮院の近辺である旨が書かれている点から推測すると、知恩《ちおん》院《いん》の周辺と考えられる。類焼による被害を懸念した青蓮院（三千院《さんぜんいん》・妙法院《みょうほういん》とならんで天台延暦寺の里坊の一つ）・知恩院ら粟田口《あわたぐち》の有力社寺は一致して正次に対し焼き打ちを見送るよう懇願した。この折衝で、青蓮院庁務法印鳥居大路経厚は近辺寺社を代表して山村軍と掛け合った。

〔経厚〕「この地は勿体なくも天台御門跡の御近辺でござる。他所の道場を焼くことでここはひとつ用捨しては頂けまいか。」

〔正次〕「御心配は尤もなれど、我等《われら》、堺の御屋形様（晴元）より堅く命令されていることでござる。もし貴寺へ同心して焼き打ちを見逃したことが漏れ聞こえれば、我等、生涯を果《は》てることになり申す。とてものことに見逃すわけには参らぬ。

このように正次は突っぱねて、一向堂を焼き払った。今熊野あたりから東山山麓を北上した打廻り部隊は、粟田口から日ノ岡を南下、花山山《かざんやま》の西麓を通って渋谷《しぶたに》越を京都に戻っている。渋谷口は汁谷口とも呼ばれ、清閑寺《せいかんじ》と東山を挟んで山科の北花山の集落を結ぶ峠で、現在は国道一号線（東海道）の五条バイパスがトンネルで越えている。山科本願寺とは直線で二キロメートルと離れていない指呼の間に位置する。しかし、この日は本願寺側は寺内町を固守して動かず、衝突には至らなかった。

青蓮院と知恩院　上杉本洛中洛外図屏風に描かれた東山山麓の一角。天文16年（1547）6～閏7月の景観を描いたものと推定されており、両寺とも天文元年（1532）当時の状況を伝えているといってよい　米沢市上杉博物館蔵　一部加筆

翌八月十一日、山村正次は再び法華一揆を率いて打廻った。十二日も連日である。その様子を、祇園社の玉寿丸の日記は、

> 十一日、山村、下京・上京の日蓮宗町人を引き催おし、東山を打廻りし候。
> 十二日、下京・上京の日蓮宗野伏《のぶし》共打廻り、心々《しんしん》勢遣《せいづか》いし、野伏やがて引き候。

と書いている。「日蓮宗町人」「日蓮宗野伏」は「日蓮宗と町人」と分けて読むのではなく、日蓮宗徒の町人、の意であろう。町衆の軍隊が、日蓮宗檀徒を中核としていることがこれからも明らかである。

鳥居大路経厚の日記は、経厚が粟田口という山科の情報を最も入手しやすい地の利を占めていただけに、一層具体的に法華一揆の行動を伝えている。十一日の条に、

> 下京衆打ち廻る。山科本願寺内より他所へ遣わ

す所の荷物等、これを落《おと》し取り候。万《よろず》の体《てい》、荷物これを預けらる。当所（粟田口）に於て馳走極まり無し。

粟田口には京の七口のうち最重要の関所があり、法華一揆はおそらくその関所を占拠して、本願寺が大坂石山へ疎開させようと荷物を運搬するのを堰《せ》き止めようとしているのである。この史料は従来あまり注目されてはいないが、法華一揆の道路強制権の発動を示すものとして極めて重要であろう。伏見街道口のある木幡《こはた》・六地蔵《ろくじぞう》方面ももちろん差し押さえたと思われる。法華側は、有利な戦況を利用して、山科本願寺の道を絶とうとはかっているのである。なお、法主証如光教は、この頃大坂から戻っていて、山科本願寺の本坊に起居していたらしい。

八月十日の町衆打廻り以来、山科をめぐる戦況は一方的に晴元政権側が有利に動いているように見える。当初不拡大方針を唱えながら、門徒の〝はねあがり〟によって苦境に立たされた法主光教の胸中の苦衷はいかばかりであったろうか。いや、戦況がここに至った以上、光教としても外へ向けて弁解している余裕はなかったであろう。この難局をどう凌《しの》ぐか。法主として決して手を拱《こまね》いていたわけではないのである。本願寺としては山科と石山が二大拠点で、組織の防衛にはどちらかを犠牲にするといった撰択はできなかったはずだ。若き門主証如は、北と南の両面作戦を余儀なくされた。摂河泉二十万の門徒はほとんど摂津石山の防衛に振り充てられ、山科の備えは、山城・近江の門徒をかき集めただけでは不足であった。

元来山城は、京都周辺が日蓮宗の金城湯池《きんじょうとうち》で浄土真宗はさして数多い門徒が分布しているわけで

粟田口関と粟田口郷　上杉本洛中洛外図に描かれたもの。米俵をかつぐ三人が出てくる門が関の釘貫（木戸門）で、上方の三名は通行人から関銭を取立るべく交渉している武士と推定される。京の七口のうち最重要の東海道から京に入る関門であった　米沢市上杉博物館蔵　一部加筆

はない。そこで頼みは堅田・大津・湖東を中心とする近江の一向一揆である。本願寺の上層部は当初、山科の防備を山城・近江の兵力で充分と楽観していたらしいフシがうかがえる。ところが八月十一日に至ってこの情勢が一変した。近江守護・六角定頼が晴元の依頼によって、急遽、兵を動かしたからである。

　六角氏の本城は近江蒲生郡観音寺《かんのんじ》（滋賀県近江八幡市・同東近江市五個荘町の境界付近、城跡は国指定史跡）にある。六角氏被官進藤《しんどう》某は、安土《あづち》（近江八幡市）付近より兵船を仕立て、十一日に琵琶湖を渡って坂本に着岸した。翌日、進藤らの六角軍は南下して近松《ちかまつ》の顕証寺《けんしょうじ》（大津市逢坂）を急襲、これを焼き打ちにした。今や、巨大な敵が

本願寺の背後に迫りつつあった。証如の檄文はすでに近江の湖東・湖西各道場へ触れめぐらされていたが、六角軍の湖中横断に備えての防備はほとんど白紙に近い状態といってよかった。その様子を物語ってくれるのが、先に少し紹介した堅田本福寺明宗の〝跡書〟と呼ばれる回想録である。

近江堅田の本福寺は、大津近松の顕証寺とならんで湖西における真宗の重要拠点である。堅田の町は、琵琶湖の制海権を一手に掌握する湖賊的な漁民・商人らを門徒とする寺内町に発展していた。寛正六年（一四六五）正月のいわゆる〝堅田大責《おおぜめ》〟と称される山門の対真宗弾圧のさい、当地の町衆は蓮如を守護して本願寺に忠節を尽くし、以後も山門の圧力を堅田の町の経済力に物をいわせてことごとく却け、いわば本願寺教団の発展に大功を働いたといってよい。その堅田門徒の中核が本福寺であった。明宗は十六世紀初頭に活躍した僧侶であるが、後年（天文七年＝一五三八）、明宗が往時を追想しての覚え書に、天文元年八月中旬の出来事として次のように書かれている。

八月十一日、進藤坂本へ越す。それより十九日迄、小松よりの衆堅田へ詰められたり。主々《ぬしぬし》極《き》むる程に、坊主衆計《ばか》りになりて為《せ》ん方《かた》なし。高嶋郡からは東の又二郎・明誓・鴨ノ小大夫、打下《うちおろし》の明了、同下人、唯《ただ》五人五人より他は無きなり。箕浦からは鼠《ねずみ》もなし。

この明宗の回想録は、湖西の二郡、高嶋郡と志賀郡の門徒を動員する体制が六角定頼出兵以前に敷かれていたことを物語っている。小松は比良《ひら》山脈の東麓にある小集落（大津市志賀町北小松）で、鴨・打下はともに安曇川《あどがわ》河口南岸の、いずれも西近江路沿いの小集落（滋賀県高島市安曇川町鴨・打下）である。打下を地名と読まず「鴨の小大夫を発遣した」意と解する向きもあるが、集落名であることは明らかである。これで見ると西近江路沿いに真宗村落が点綴されていて、各村落の門徒を堅田本福寺に集結させるという手筈まで整えられていたのである。箕浦は未詳だが、あるいは湖東坂田郡の箕浦（同米原市近江町）のことかとも考えられる。

明宗の述懐には、法主証如の動員を急ぐ矢の催促と、準備がはかどらぬ真宗村落、道場の間に立って焦慮する末寺坊主の苦しい立場がなまなましく描かれている。本山の命に応じなければ、〝破門〟という絶対者証如の制裁が待ち構えている。破門→村八分→住地追放という悲惨な法主成敗権の結果を、明宗はくどいほど、この『跡書』の中でくり返している。笠原一男氏が分析されたように、本願寺の法主が門徒に対し文字通り生殺与奪の成敗権を振るう恐怖政治を実際行なっていたか否かは必ずしも明らかでないが、明宗の場合はのち現実に破門の処分を受けているので、その証言には説得力がある。

さて明宗は配下や財産、装備の不足に悩みながらも、八月十二日、近松顕証寺からの通報で、大津が焼き打ちになったことを知り、必死で堅田の防備を堅めた。山科本願寺の上層部は、大津の守備を本山興亡の要《かなめ》と見て、主力軍を近松顕証寺に集中的に投入していたが、六角氏の攻撃は急で、進藤の兵船は坂本から南下し、また陸上からも背後を襲われたので、不意打ちの挟撃を受けた格好となり、支え切れなかったのである。そこへ、八月十七日、夜の戌《いぬ》の刻（午後八時）に、永原《ながはら》太郎左衛門尉の率いる七艘の兵船が堅田御坊（慈敬寺《じけいじ》）の湊に攻め入ってきた。

永原氏は近江野洲《やす》郡永原（滋賀県野洲市永原）に本拠をもつ国人で、戦国期には六角氏の有力な被官として活躍している（歴史家・永原慶二氏は近江永原氏の末裔に当たるそうである）。永原某の兵船は湖上墨を流したような暗がりのなか、篝火《かがりび》をあかあかと焼き、鯨波《とき》をあげて堅田御坊の外港の乱杭《らんぐい》に寄せてきた。簀子端《すのこはし》へあがり、今しも御坊の境内へ打ち入ろうとしたとき、石櫓《いしやぐら》の御番衆が大音声で、

敵船着いたぞ。


と怒鳴《どな》った。すはやと坊中の坊官・門徒らは鎧、すね当てなどの具足を装着し、おっとり刀で湊口へ殺到したが、具足の摺《す》る音が「雷電《らいでん》の響くが如し」であったと明宗は記している。

明宗はこれより少し先の酉の刻（午後六時）、湖岸を見廻っていたが、湖上にほら貝の音の遠く響くのを聞きつけて、浜の守備隊に、「近々敵の夜襲があるようだから注意せよ」と言い付けて置いたのである。だから永原の兵船が乱杭に接近したとき、「さてこそ先程のほら貝はこれだ。」と勇躍して簀子端に出て敵船を偵察した。永原の兵船というが、様子を見るとどうもおかしい、乱杭の端に並んでいる慈敬寺の坊官・門徒らに事情を聞いても、とりどりの観測をいうばかりである。とかくする内、永原船の水夫《かこ》一人が船から杭端に飛び移り、

我《われ》は御門徒の者にて候。御坊を焼きに着いたる船ぞ。

と秘かに堅田側の守備兵に告げた。六角氏の軍兵を乗せた船は、堅田浦の門徒（水夫）らの船稼《ふなかせ》ぎ用の船を調達したもので、一向一揆討伐軍の乗船を、ほかならぬ一揆の同類が漕いでいたという次第である。水夫らは六角氏に脅されて止むなく従ってはいたが、このままでは法主に弓引く仕儀となり、来世は無間地獄《むげんじごく》で苦しまねばならぬ。表では六角氏に従う風を見せながら、裏では内応しているのである。

驚愕したのは明宗である。永原某の軍兵を上陸させては、兵船を運転した責を問われ、堅田門徒が本山から重大な処罰を受けることになる。さりとて兵船に攻撃を加えれば、明宗配下の水夫に危害が及ぶことになる。そこで明宗は、

唯《ただ》、盗人は外より去なせよ。

つまり、盗賊は殺すのでなく侵入する前に追い払うのが上策と称し、味方の門徒に「矢を射るな。槍を投げるな。」と云い含め、敵船に向かっては弁舌で策略を弄し、まんまと永原の兵船七艘を湖上遠くに引かせることに成功した。明宗にしてみれば、可愛い堅田水夫の危難を救い、かつ本願寺に実害が及ばぬように取り計らったつもりであったが、本山にその真意が理解されず、結局、明宗は同年十一月に本願寺から破門の憂き目にあうのである。

永原の兵船は何とか撃退しえたものの、六角氏の軍勢は続々と湖水を渡り、坂本から尾関越を越えて山科に入った。明宗ら堅田門徒の忠節にもかかわらず、全般的には戦局は本願寺側に不利であった。

「諸国の百姓みな主を持たじ持たじ」とする門徒、六角氏の命に抗《あらが》い、本願寺法主の命にしか従おうとしない農民に、六角氏もかねてから手を焼いていた。今度こそは一向一揆に一大鉄槌を下さんと、守護・六角定頼は乾坤一擲《けんこんいってき》のほぞを固めて惜しげもなく大軍を坂本から山科に投入したのである。

八月十七日——山城新日吉口

八月十四日の夜、京都の町は異様な雰囲気に包まれていた。東山の渋谷口をはさむ両側の山、清水山《きよみずやま》と六条山《ろくじょうやま》の山頂に巨大な篝火がたかれ、京の町から遠望すれば暗闇に東の空があかあかと燃え立って見えた。相次ぐ法華一揆の打廻りに追いつめられた一向一揆が、開き直って反撃に出たのである。篝火は山科の門徒がたいたものであった。十五日の早朝、一向一揆は渋谷越から清閑寺を経て長駆五条橋付近にまで兵を進め、橋近くにあった「茶屋」二軒を焼いて引き揚げた。法華一揆側の守りの油断を見済《すま》して狙い打ちにしたものと思われる。五条橋は清水寺の参詣橋に当たる。瀬田勝哉氏の研究によれば、橋の管理も清水寺が深くかかわっていたらしい。洪水で橋の流失したときは、清水寺の勧《かん》進聖《じんひじり》が橋再建の募金活動を積極的に行なっている。中でも有名なのは、応仁の乱後、清水寺伽藍の再建を一手に請け負った時宗僧願阿弥《がんあみ》の活躍であった。

右のような事情で、橋のたもとには、参詣人相手の茶売りの店舗が並んでいた。いわゆる〝一服一銭の茶〟と呼ばれた煎茶の茶売りで、当時の絵画によると、店内に鉄の釜、土製の風炉《ふろ》を構えただけの簡単な営業で、近世に盛行したような〝御茶屋〟ではもちろんない。振売りの茶売りがようやく店一軒を持てた、という程度のものであったようである。そのような零細業者の店舗を一向一揆がことさら焼き打ちしたのであるから、彼ら茶売りはおそらく法華信徒であったか、法華一揆の張本（統率有力者）の一人であったかもしれない。

翌十六日の払暁《ふつぎょう》、再び山科本願寺から門徒衆が京都に進出してきた。前日は五条口方面へ向かったのだが、今日は方向をかえ、京都の町の大手に当たる東海道粟田口を目指し突っ込んできた。峠に当たる日ノ岡（京都市山科区日ノ岡）の九条山を突破するため、ゲリラ部隊が峠の西側の将軍塚の峰を占拠し、狼煙を上げて一向一揆の勢力を誇示した。法華一揆が粟田口関付近を固守していたので、一向一揆は蹴上《けあげ》から南禅寺門前を北上して白川方面に向かおうとし、今道口《いまみちぐち》（志賀越、現在の府道大津下鴨線）を守る法華一揆と鹿ヶ谷《ししがたに》付近（京都市左京区鹿谷）で遭遇した。鹿ヶ谷は『平家物語《へいけものがたり》』で有名な俊寛僧都《しゅんかんそうず》山荘の地の伝承があり、別名〝談合谷〟とも呼ばれる。現在の市バス錦林《きんりん》車庫から山寄りのあたりであろう。鷲尾隆康の記録によると、この日鹿ヶ谷で衝突した両軍の兵数は、「京勢」が一万、「本願寺衆」が四、五〇〇〇とされ、「京勢は多分法華衆と云々」と書かれている。京都防衛軍のほとんどが法華一揆であったことを物語っている。

鹿ヶ谷の合戦は、双方とも長槍隊を先頭に立て、鯨波《とき》の声をあげながら突撃した。この戦いは、法華一揆が敗れれば京都の防衛が危うくなるという恐れから、京方が必死で支え、兵数もまた京方に有

利であった。合戦は午の刻（正午）少し前に終わった。結果は隆康が、

本願寺衆随分の者打ち死《じに》し了《おわ》んぬ。上下百余人と云々。

と伝えているように、一向一揆側に戦死者百余人を出す本願寺の敗北に終わった。この鹿ヶ谷の戦いは、法華一揆と一向一揆が激突した最初の大きな合戦で、以後、一向一揆は東山を越えて京都方面に進出することができなくなったのである。明くる十七日、堅田では永原氏の兵船が御坊へ攻め寄せた日だが、戦国大名六角氏の軍兵は続々と湖水を渡り、本願寺山科本坊の形勢は日に日に不利に変じつつあった。そのような劣勢を押し払うかのように、一向一揆は最後ともいえる悲壮な反撃を試みる。

この日、山科七郷野村の本願寺寺内町からは数千人の門徒の軍勢が出て、花山山に取りつき、将軍塚へ向けて尾根筋を北へ行進した。この一向一揆の行軍を、祇園執行玉寿丸・青蓮院庁務経厚法印ともに「打廻《うちまわり》」と表現している。打廻りが法華一揆や町衆固有の軍事行動ではないことは、これによっても裏付けられるが、一向一揆がそれを模倣ないし踏襲したことのほうがより注目される。やはり大声を立てながら山上を示威行進して回ったと思われるのである。青蓮院の経厚は、将軍塚が戦場になった場合、危難が門跡に及ぶことを恐れていた。はたして粟田口の裏山（将軍塚の北尾根）へ京衆の大町某が配下を率いてよじ登り、篝《かがり》を焼き鯨波の声をあげた。この大町は、累代畠山氏の有力被官で、堺の木沢長政から京都防禦のため急拠派遣されてきた武将である。続いて晴元被官の中井某が粟田口から将軍塚を目指して進軍をはじめた。

これらの動きは、一向一揆の東山山頂打廻りに対抗しようとしたものであるが、経厚法印にとっては、戦火が青蓮院や知恩院に及びかねない一大事であった。経厚は知るべを頼って大町・中井の知人を探し出し、急ぎ山上へ派遣して、将軍塚の一向一揆を挑発しないよう求めた。当時青蓮院の門跡は後奈良天皇の弟・尊鎮《そんちん》法親王である。門跡の権威に屈伏したわけでもなかろうが、ほどなく本願寺・京軍ともに将軍塚を撤退した。以上の経過は、庁務経厚法印の日記によってたどることができるが、京側・山科側ともにおとなしく退いたのは、経厚の退陣懇願が、双方にとって〝仲人〟の仲裁と受け取られたからであろうと思われる。仲人の仲裁行為については、さきに大永七年（一五二七）末の京都上京の紛争、そのほかいくつかについて見てきたが、戦国期畿内を通じて一般に広く成立していた慣行であろうと思われる。しかもその仲人が、法華・一向両一揆の争いにまったく中立的な天台門跡の下僚であり、天皇の実弟という貴人がその権威を裏付けるとあって、両者とも鉾を引いたのであろう。

中世、ことに戦国期の畿内は自力救済の世界であり、自力の論理はしばしば非惨な紛争結果をもたらすと考えられている。しかし、現実には自力の発動に至る前に、仲人の仲裁という慣行が広く行なわれていたのであり、流血の惨事を回避する調停活動は強く求められていた。中世的自力＝非惨、近世的他力＝平和、と単純に割り切ってよいものではなかろう。重要なことは、専制権力礼賛論に単純に陥ることなく、中世の複雑な統治構造を柔軟に解釈することではあるまいか。

さて、将軍塚の山頂からいったん山科に退いた一向一揆の打廻り部隊は、滑石《すべりいし》越の峠（京都市東山区今熊野、泉涌寺《せんにゅうじ》の東北方に当たる）を回って再び京都に打って出ようとして、これを今日吉口《いまひえ》で迎撃した法華一揆と衝突した。これを新日吉口の合戦と呼ぶが、経厚の日記には、

その後湿《シル》谷口に於て京衆、打廻衆《（一向一揆）》と挑戦す。

とあって、戦場を清閑寺の渋谷越のように記している。また、祇園執行玉寿丸の日記は、

山科より東山を打廻りし候処に、彼の京の者共駈け付け候て、花山の上にて軍《いくさ》候処、

と、花山山の山頂にて戦ったことになっている。このように、新日吉口合戦は各日記の内容に齟齬をきたしているが、この日戦った本満寺の法華一揆の奮戦に対し、将軍義晴が自署して与えた感状《かんじょう》が本満寺に伝存している。それを次に掲げてみる。

山科退治の儀に就《つい》て、下知を加うるの処、新日吉口《いまひえぐち》に於て合戦に及ぶ。殊に数多討ち捕るの由、尤も比類無く候。弥《いよい》よ戦功を励《はげ》めば神妙《しんみょう》たるべし。猶《な》お高信申すべく候なり。

（天文元年）八月十七日　（足利義晴）（花押）

本満寺

これと同日付で内談衆大館高信の添状《そえじょう》も残っているがこちらは略す。これによって、戦場が新日吉口であることは明らかであるが、当時の「新日吉口」とはどこを指すのか。現在、新日吉神社は京都女子大学の南側（智積院《ちしゃくいん》の東）に位置するが、新日吉社とは本来、平清盛《たいらのきよもり》が後白河院法住寺《ごしらかわいんほうじゅうじ》の

鎮守として近江日吉社を勧請遷座したもので、当時は瓦坂《かわらざか》（京都市東山区今熊野東瓦町、すなわち滑石越の入口）にあったという。これでは渋谷越とはまったく結びつかないから、経厚のいう湿谷は今の滑石越であることは明らかである。一向一揆は、寺内町の南側から出発して、山科西野山付近から滑石越を通過、京都の南側へ出ようとしたものであることがわかる。

両軍の激突は申《さる》の刻（午後四時）と記録されている（『後法成寺尚通公記』）。戦死者は、近衛尚通によれば一向一揆に二、三〇〇人、経厚の記録でも「百余輩」、祇園執行は「百二三十人討死」と記す。法華一揆側の被害は記録にないが、一向一揆側より戦死者が少なかったのは明らかなようで、尚通の日記も京都側が「追い払う」と記し、経厚の日記も「打廻衆《（一向一揆）》敗北して」玉寿丸の記録には「一向宗共崩候」とあるから、本願寺側の劣勢であったことは疑われない。この戦闘によって本願寺側は京都を攻撃する意欲を最終的に失ったようである。鳥居大路経厚も、

この上は、山科寺内より出張のことは、きと《（急度）》これ有り難き歟《か》。仍《よっ》て京中より取り懸《かか》るべし。

と表現し、以後は法華一揆が攻勢に出て、山科本願寺に攻め込む流れになったと判断している。

しかし、一難去ってまた一難。山門の里坊である青蓮院の悩みはつきない。法華一揆が山科を攻撃するとすれば、必ずその主力部隊は大手である粟田口を通過するであろうから、その近傍にある青蓮院は一揆の掠奪にさらされぬとは限らない。軍費調達と称して、軍勢が合戦前に寺社に乱暴を働いた例は過去枚挙に遑《いとま》ない。そこで経厚法印は、南隣の知恩院と相談の上、法華一揆全軍の総司令、山

村正次の許に人を派し、陣札《じんさつ》の交付を要請した。

陣札とは禁制《きんぜい》・制札ともいい、戦争に際して当事者が出す寺社の境内門前に軍士の乱暴掠奪を禁止する布令のことである。通常、「禁制――(寺)門前」で始まり、「軍勢甲乙人乱妨狼藉事」等の禁止文言がならび、末尾に武将の署名が据えられる。効力は戦争継続中に限られるから臨時的、一過性のものであるが、ともかく場所・時期を区切って治安維持が一応保障されるから、中世を通じて戦争の直前に夥しく交付された。

この陣札交付には、当然反対給付が伴うので、無料で制札が発給されることは有り得ない。制札銭と称して一定の銭貨が武将に対して支払われる。のちに信長入京の頃、矢銭《やせん》などといって堺の町衆から徴収したりする銭貨は、この制札銭に起源をもつ。陣札は紙に墨書したものを受け取るが、駒形の木札に清書して、門前に掲示しておく。これを「札を打つ」という。経厚法印が交付された陣札は、「粟田口惣郷」に対して治安維持を保障したもので、署名は山村五郎左衛門尉正次と柳本源七郎信堯《のぶたか》（ともに晴元被官）の連署、経厚は早速寺内の能筆の僧侶に清書させて一枚の木札を作らせ、「三条の町の構えの口」つまり粟田口関の釘貫《くぎぬき》(木戸門)にこれを打ちつけさせた。山村正次の署名について、経厚は、

近年彼《か》の者誇張《こちょう》の間、尤も然るべきの故にこの分なり。

と、正次が最近とみに権勢盛んであるから、当然のことである旨を日記に書き加えている。

二、山科焼き討ち

ここで眼を摂津石山に転じてみる。石山本願寺もまた晴元軍の攻撃を受けていたが、石山の地はのちに信長が望み、秀吉も城地に垂涎《すいぜん》した屈強の要害地で、三方を水路に囲まれ、難攻不落の堅城であること、山科の比ではなかった。晴元軍は今や主力を京都に向け、近江守護・六角定頼としめし合わせて本山の山科を亡ぼそうとしている。しかもその中核は法敵たる京都町衆の法華一揆であるという。石山にいた坊官・門徒らの焦慮はひと通りではなかったろう。かくてやはあると、石山留守居の坊官らは摂河泉門徒に檄を飛ばし、苦しい中を兵力を割いて、法華一揆の背後を衝くため、西南から京都を攻めるよう呼びかけた。八月十九日、摂河泉門徒二〇〇〇人の軍団が西国街道を東上し山崎（京都府乙訓郡大山崎町）に迫った。この一揆の主力は、北摂のうち道場が集中している摂津富田《とんだ》（大阪府高槻市富田）の門徒であろうと思われる。富田は本願寺側の記録（『証如上人日記』）によると、末寺だけで光照寺《こうしょうじ》・教行寺《きょうこうじ》・光焰寺《こうえんじ》という三つの寺を擁する北摂最大の一向一揆の拠点都市であった。

一向一揆、京に迫るとの報は、早馬によって京都の山村正次の許へもたらされていた。正次は直ちに柳本源五郎を東寺方面へ派す一方、法華一揆をさし当たって西国街道に最も近い本国寺へ集結させた。山崎から北上した一向一揆の進撃を最初に阻止したのは、晴元被官の西岡（桂川以西の乙訓郡、京都市西京区・京都府向日市・長岡京市一帯）に蟠踞する地侍たちであった。両軍の遭遇地点を中納言・山科言継は「山崎」、鷲尾隆康は「西岡」と記しやや食い違うが、西国街道の桂から山崎の間のどこかであることは間違いない。門徒の進撃を西岡衆が必死で支えている間に、京都から法華一揆の大軍が到着し、戦況は京方が一挙に優勢となった。一向一揆は「数百人」（『二水記』）あるいは「三百余」（『言継卿記』）という戦死者を出して退却した。八月十六日の鹿ヶ谷以来、法華一揆は連戦連勝で戦意極めて旺盛で士気盛んであり、京都を防衛するという意識は昂揚し、強烈であった。

八月二十四日――山科本願寺

山城西岡で一向一揆が敗北した報が達すると、大坂石山、山科本願寺とも重苦しい雰囲気に包まれた。八月二十日、晴元被官の中井某は、青蓮院に人を派して庁務経厚を呼び出し、明二十一日を以て山科攻めの一斉攻撃を行なうから、「案内者《あないじゃ》」として地下人を差し出すようにとの晴元の命を伝えた。青蓮院はこれまで山門の在京代表者として晴元と本願寺の抗争には局外中立を保ってきたが、ことここに至ってはこの晴元の命を拒むわけにはいかない状勢になっていた。これを拒否すれば、叛逆者として今度は青蓮院が法華一揆に焼き打ちされかねない客観情況であった。翌二十一日、とりあえず経厚は、粟田口の郷民十名を案内者として中井氏の陣所へ派遣している（『経厚法印日記』）。この晴元政権と青蓮院との交渉を見ていると、青蓮院庁務が東山十ヶ郷と幕府との間に立って何らかの仲介役を果たしていることが知られる。本来このような郡内の地域ブロックの行政吏は〝郡代〟の役職機能であるが、塩田胤光が六月末に堺で自殺して以降、山城郡代は不設置のままであり、便宜的に青蓮院がかかる役割を受け持たされていたものと思われる。いわば異常事態の例外的措置であるともいえるが、吉田・白川辺でも吉田社家が経厚のような役割を受け持っている（『兼右卿記』）ところを見ると、山城という特殊な地域の性格が自ずと浮かび上がってくる。公卿・寺社とも衰えたりとはいえ、決して没政治的存在ではありえないのである。

さて、十人の粟田口郷民が中井の陣所に出立してほどなく、中井の「若党」三人が青蓮院を訪ね、案内者差し出しの礼を経厚に伝えた。若党といえば門跡の庁務から見れば取るに足らぬ地侍の小者《こもの》であったが、経厚はわざわざ台所へ招き寄せ、盃を取らせて労をねぎらっている。ここで晴元政権に対して応対を間違えれば、門跡の浮沈にかかわる危機であると、緊張している様子が目に見えるようである。若党三人が引き揚げたのと入れ替わりに、中井陣へ差し遣わした郷民十人が帰ってきて、本願寺への一斉攻撃が二十三日に延期されたことを告げた。山科攻めの日延べはおそらく六角氏の行軍の都合によるものであろう。

この頃、山城下五郡（愛宕《おたぎ》・葛野《かどの》・乙訓・宇治・紀伊の宇治川以北五郡）内の五十四郷すべてに、郷民の徴発命令が山城守護晴元の名によって出されていた。しかし、その晴元は堺で一向一揆との戦争に忙殺され、守護代郡代とも不設置という異常事態（前山城守護代三好元長は六月に自刃）であってみれば、この郷民徴発が大きな軍事力として効果を発揮しうるか否かは極めて疑わしい。まして真宗村落からは、山科攻撃の武力としてはまったく期待しえないはずである。結局、近江の六角氏は別として、山科攻撃の中核となる軍事力は法華一揆にその役割が位置付けられたのである。

山科寺内町の構造

ここで、当時の浄土真宗総本山山科本願寺の景観と状況を概観しておこう。この地は蓮如が文明

山科本願寺寺内町土塁　門徒の町屋をかこむ外寺内の最外郭部分に残った巨大な土塁趾。高さは10メートルに達する。現在、団地の公園内に保存されている。戦国期の城郭構造のなかでも、もっとも進化した土塁遺構とみられる　京都市山科区

史跡山科本願寺南殿跡附山科本願寺土塁跡　蓮如の隠居所で御本寺（寺内町）の東側にあたる　京都市山科区

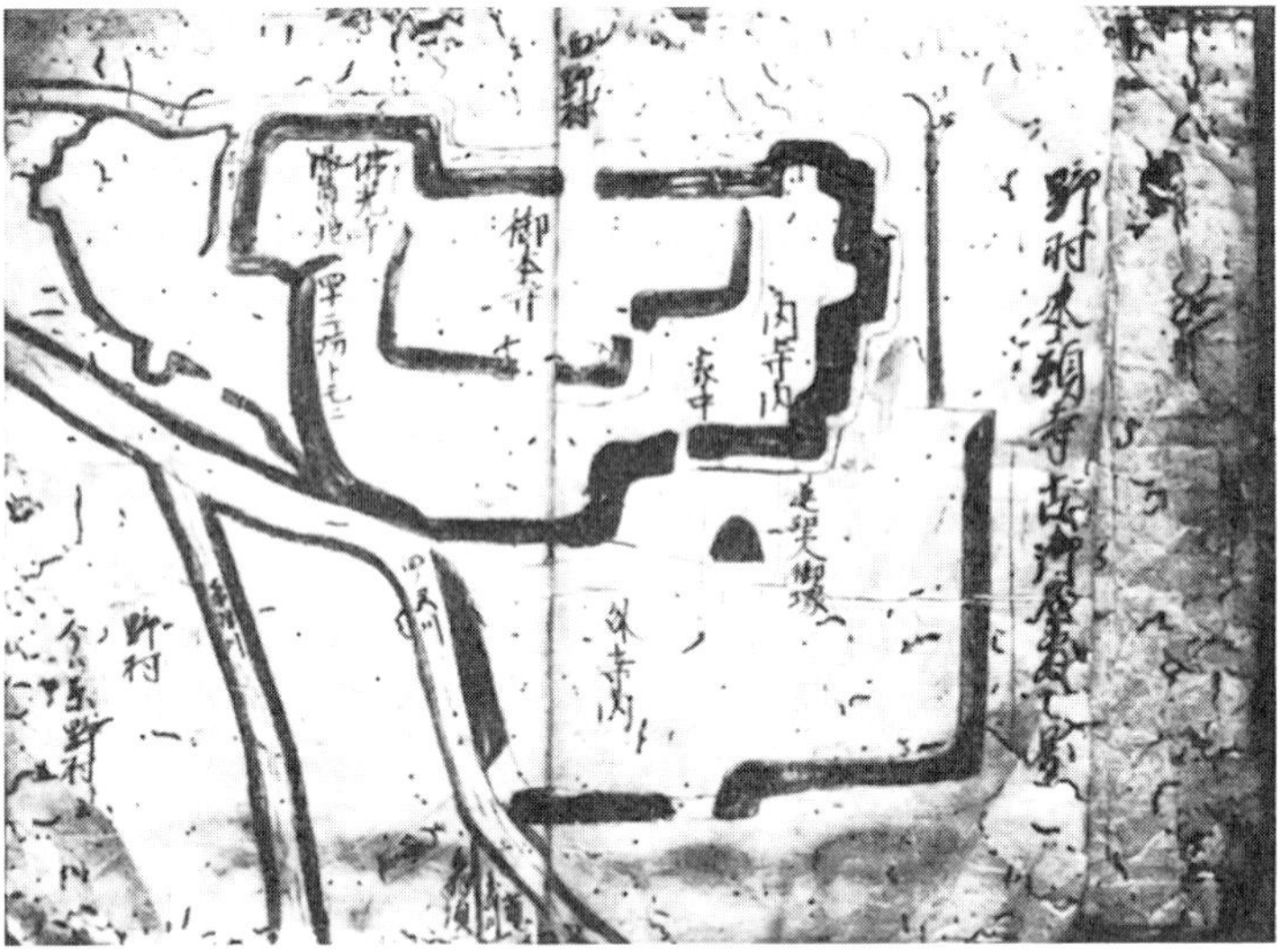

野村本願寺小屋敷之図　京都市山科区・光照寺蔵

十年（一四七八）に居を定め、山科家・園城寺《おんじょうじ》・醍醐三宝院などから寺地を買収して漸次広大な伽藍を造営していった。造営の経済的基盤は、北陸と畿内の門徒が負担した。寺地と寺内町の現位置比定については、近世初期の古絵図が数点残存しており、寺内町の外郭である堀と土塁趾の一部も現存、さらに一部の遺跡で発掘調査も実施され、ほぼその全貌が明らかになっている。古絵図は光照寺・西宗寺《さいしゅうじ》・洛東高校と本願寺ゆかりの法人によって所蔵されており、どの絵図を採用するかで現地比定は微妙に差異を生ずるが、現京都市山科区西野の東半分がほぼ境内地であることは、諸説おおむね一致している。町名でいうと、南は西野左義長《さぎちょう》町、西北は西野様子見《ようすみ》町、東北は大手先町という逆三角形に囲まれる地域で、東辺を四《しの》宮川《みやがわ》・音羽川《おとわがわ》が流れ、天然の外堀を構成している。

山科近傍図　山科寺内町の遺跡図は江戸時代に入っていくつか作成されているが、ここに掲げた２図はそのうち最古の図と推定されているもので、この図によって、西川幸治氏、岡田保良氏らの寺内町復元案がつくられている　京都市山科区・光照寺蔵

寺内町全体の構成は、西側中央（現、西野広見町）に「御本寺」、そこから東側へ御本寺を包むように「内寺内」、「外寺内」という空間が展開する。これは城郭史でいう本丸、二ノ丸、三ノ丸に相当し、河内の守護所高屋城の城下の構造とも似通っている。要するに寺院の門前町とは言いながら、高度に城郭的・軍事的構造をなしているということである。御本寺以下それぞれの空間は土居（土塁、堀〈環濠〉）で囲繞されており、外観もまた城郭に近い。現在、寺地のほぼ中央をＪＲ新幹線と国道五条バイパスが平行して東西に貫通しており、遺跡は寸断されているが、御本寺の西南隅（西野左義長町）、西側中央、西北隅と内寺内の東北隅（現、山科中央公園）のほぼ四ヶ所に土塁と堀趾が良好な形で現存している。

右のうち御本寺西側中央部の土塁断面は、新幹線の車窓から北に望んで明瞭に看取される。内寺内東北隅の土塁は高さが数メートル、公園内に永久保存されていて破壊の心配はないが、ほかの三ヶ所は史跡にも未指定で、将来の開発にともなって崩壊の危険にさらされている。

西川幸治氏・岡田保良氏らの発掘調査研究と成果によれば、山科寺内町の遺構は種々の偶然に支配されて、織豊・江戸時代を通じて奇蹟的に破壊されずに残存した。とくに近世初頭、農民が一部を芝地として利用していたために坊舎の再建に抵抗し、加えて東西両本願寺の確執が幸いして論所《ろんじょ》として処分制限を受ける形で手をつけられなかったことが大きい。明治十年代（一八七七〜八七）に測量された陸軍参謀本部陸地測量部の仮製図二万分一を見ると（図6）、外寺内の土居と内寺内の土居一部を除き、それ以外の土塁は明瞭に描き込まれている。寺地の大半は近世以来、田地と藪に放置され、近代に至ってなお旧態を保っていたのである。その後、明治期の開墾や大正期の河川付替工事、工場建設、さらに今次大戦後の国道バイパス、新幹線建設などで大部分が破壊されるに至ったのである。今も山科中央公園の一角に立てば、内寺内をとりまく土塁の豪壮さと往時の本願寺の勢威を偲ぶことができる。

このように、山科御坊は蓮如の創建以来、相次いで拡充され戦国期最大の寺内町に発展したのであるが、この栄華は当時の人々の目にどのように映っていたであろうか。永正十七年（一五二〇）、この地を訪れたある公卿は、山科本願寺一見す。庭・座敷の躰《てい》、目を驚ろかすものなり。下妻《(間)》大輔・興正寺以下一覧、美麗超過すと云々。

と、その日記に感懐を漏らしている。また、鷲尾隆康も彼の日記に、

抑《そもそ》も本願寺は、四五代に及び富貴、栄華を誇る。寺中は広大無辺、荘厳只《た》だ仏国の如しと云々。在家また洛中に異らざるなり。居住の者各《おのおの》富貴。仍《よっ》て家々、随分の美麗を嗜《たしな》むと云々。

と、その繁栄ぶりを絶賛している。本山・一族・坊官居住区の壮麗さ、寺内町の民家もまた洛中の町屋に劣らない構えなど、京都人の目に映ったのは、驚異といってよい山科盆地の一角に出現した都市の発展であった。

さて天文元年八月二十三日、細川晴元・六角定頼・法華一揆の連合軍による山科攻撃の火蓋は切って落とされた。この日の本願寺包囲攻撃の概況を、鷲尾隆康の日記によりうかがってみよう。

今朝、京中諸勢馳せ集まる。山科本願寺に発向すべしと云々。江州《(六角定頼)》より同じく手を合わす。京勢三四万人と云々。多分法華衆と云々。武士の衆小勢なり。則ち本願寺四方を囲む。矢軍《やいくさ》あり。指《さ》せる合戦に及ばずと云々。

このように、この日は三万という大軍が本願寺を包囲したが、矢合《やあわせ》ばかりで本格的戦闘に至らなかったと伝えている。ところが、青蓮院経厚の日記は、これとやや違った状況を報じている。

山科本願寺へ勢遣《せいづかい》、この口《(栗田口)》へは京中の日蓮宗、所々員《かず》を尽して出張す。上下京衆日蓮門徒は、

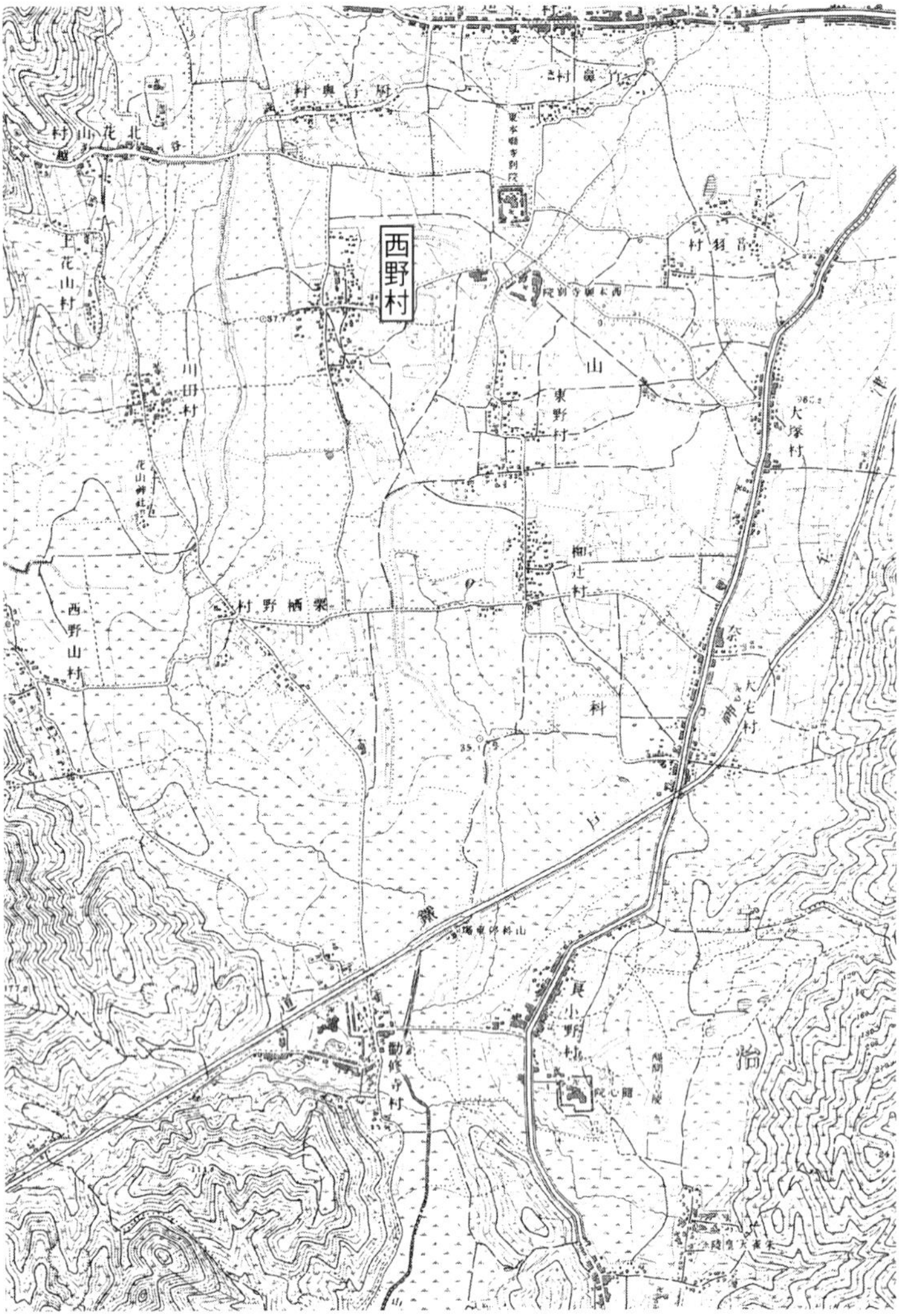

図６　山科盆地要図（「京都東南部」『明治前期 関西地誌図集成』 一部加筆） 明治10年代に参謀本部陸地測量部が作成した日本最古の近代的実測地形図。中央ほぼ上部、西野村の位置が山科本願寺寺内町遺跡で、土塁の跡が明確に残存していたことがわかる

その寺々に所属し了《おわ》んぬ。山村五郎（正次）左衛門等罷り向い了んぬ。東口は大津より六角方衆、湿《しる》谷口へは柳本（信堯）衆、この外五十余郷衆は東岩蔵山の上に雑居すと云々。山科花山郷・音羽郷・厨子奥《ずしのおく》、即《すなわ》ち放火し了んぬ。荊田より以下の物取衆、記し尽すに及ばず。今夜 各《おのおの》野陣《のじん》の体《てい》なり。

この経厚の記述から、山科攻撃参加の連合軍の配置場所（陣）を推定してみると以下のようになる。

四宮方面（東口）　六角氏諸勢〔永原・進藤・馬淵・横山〕
日岡方面（粟田口）　法華一揆〔廿一箇本山。山村正次総指揮に各所属〕
西野山方面（湿谷口）　柳本信堯軍
東岩蔵山〔若王子上の山〕　山城五十余郷郷民

このように、連合軍は隆康卿の言う如く本願寺を直接包囲したのではなく、遠巻きに距離を置いて陣所を据え、時おり音羽・花山・厨子奥など本願寺周辺の村落を焼き打ちするだけの攻撃にとどまっていたことになる。京都の自邸における伝聞である隆康の日記に比べ、経厚のは本願寺に最も近接する粟田口郷の責任者としての記録であるから、正確さとなると『経厚法印日記』に拠るべきであろう。なお、前関白近衛尚通の記録によれば、経厚の記す右の諸勢配置のほか、南京衆・東慈照寺・蓮養坊の三方の軍が晴元側に参加していたことが知られる。南京とは奈良興福寺の衆徒（いわゆる僧兵）、東慈照寺は銀閣の僧徒、蓮養東とは愛宕郡上高野（京都市左京区上高野）に蟠踞する山門系の衆徒、蓮養坊のことである。このように、山科攻めには文字通り南都北嶺を含む諸宗が法華一揆に連合して加わっていたのである。

焼き打ちの経過

運命の八月二十四日が明けた。早朝から京方連合軍は山を降り、野村御坊目指して接近し、包囲網が完成した四ツ時（午前十時）頃から一斉攻撃に移った。この攻防戦下で、ただ一人本願寺側の人間であった証如の一族、順興寺実従《じゅんこうじじつじゅう》（蓮如の末子）が日記（『私心記《ししんき》』）を残している。実従の日記によると、二十三日から翌四日にかけて、幕府諸権門の連合軍の攻撃にもかかわらず、守る側の本願寺は、

昨日より今日に至るまで、城中静《しづか》にして強《つよ》きなり。

と、動揺もなく寺内町を固守していたことが知られる。実はこの土壇場に至って、和議の交渉が秘かに行なわれていたのである。その結果、本願寺側から坊官下間兵庫助が人質として六角軍の源次郎（姓未詳）の陣へ送り出されたところ、それを合図に外寺内の東北の一角から諸勢がなだれ入ってきた。和睦交渉は六角方の謀略だったのである。本願寺陥落を描く実従の記録を掲げる。

諸勢水落《（外寺内）》より乱入して、火をかけ候間、一時の間に、寺中・御坊等焼失し候。

外寺内の破れた時刻について、このとき堅田から本山防護に出張していた本福寺明宗の回想記によると、

巳の刻音羽焼くる。午の刻水落焼くる。

と、正午頃のこととしているのに対し、青蓮院の経厚は、

未《ひつじ》の刻に到り、本願寺の構《かまえ》諸口より猛勢乱入し了んぬ。

と、午後二時陥落説を伝えている。また、鷲尾隆康は「巳の刻許《ばか》りこれを攻め落す」と午前十時説を採る。要するに、彼是勘案すれば巳の刻前後に音羽の光照寺御殿（南殿、蓮如の隠居所にして別荘）が焼き打ちされ、正午から未の刻にかけて野村御坊の寺内町が陥落・炎上したと解するのが妥当であろうか。

本願寺側では早くから最悪の事態を予測して、すでに八月十日の段階で寺内の女性をすべて小栗栖《おぐるす》（京都市伏見区南小栗栖）へ逃亡させ、さらにより安全な田原《たわら》（京都府綴喜郡宇治田原町）に避難させていた。外寺内の一部が破れて伽藍が放火されたとき、順興寺実従や坊官の下間頼玄《らいげん》らは御本寺本堂前の庭で法華一揆と斬り結び、最後の一人まで打死（討ち死に）の覚悟を決めていたが、法華一揆は放火の焼け跡を財宝目当てにかき探すばかりで、御本寺の中心部へは攻め入ってこなかった。すでに法主証如光教はいずこかへ落ち延びていたが、暮れ六ツ時になって実従・頼玄らは焼け跡を勧修寺（京都市山科区勧修寺、寺内町の南方に当たる）をさして秘かに脱出した。六角軍・法華一揆ら晴元方の主力はほとんど引き揚げたあとであった。この状況から判断すると、晴元政権には山科攻めにより本願寺に打撃を与え、一大鉄槌は下したものの、法主や一門を滅亡させる意図はなかったようである。

実従・頼玄らは、敵中突破を計ったわけだが、本願寺の縁者、庇護者は到る所にあった。二十四日

夜は勧修寺村の五郎左衛門なる百姓の宿に泊まったが、五郎左衛門は熱心な門徒の一人であった。その夜は仮眠しただけで、真夜中に五郎左宅を出発し、夜がしらみ明ける頃、醍醐寺塔頭の報恩院《ほうおんいん》の宿坊へ入った。報恩院は兼ねて本願寺の有力な縁者であった。しかし、醍醐の山下では外聞で万一の恐れがあるので、その日のうちに、標高四五〇メートルの上醍醐（醍醐山）山頂の伽藍に移った。二十七日に実従一行は上醍醐を出立しているが、途中、晴元政権側の人物に一人も出会わず逃走しおおせたので、実従は二十七日の日記に「奇特不思議なり。」と記し、天祐であったことを述懐している。

勧修寺村の門徒、かの忠節の五郎左衛門は、上醍醐寺まで随従してきた。実従一行は十月半ばまでこの地に潜伏し、笠取《かさとり》・田原を経て大坂石山へ出たらしい。笠取村は上醍醐から南方へ下る谷間にあり、醍醐報恩院の荘園であった。そこから宇治川に出、渇水期の川を渡渉して田原に抜けたと思われる。証如光教の逃走路もこれと同じコースであったろう。実従の日記にはその間、とくに探索が厳しかったような様子は見えないから、晴元に本願寺一族を滅亡させる意志がなかったのは明らかと考えられる。

さて、山科本願寺は「数万人」（『厳助往年記』）、「三・四万人」（『二水記』）と称される軍兵が総がかりとなって「一屋を残さず」（『二水記』）「寺内寺外一家を貽《のこ》さず」（『経厚法印日記』）「諸坊残らず」（『後法成寺尚通公記』）焼き打ちされた。しかし犠牲者は意外に少なく、近衛尚通の記す「四五百人打死」などは多いほうで、鷲尾隆康の如きは「数十人打死」と書いており、本願寺側が無駄な消耗戦を避けて極力無抵抗のまま門徒を逃亡させたことがうかがわれる。それにしても浄土真宗の総本山の陥落であり、本願寺側の失ったものはあまりに大きかった。

京都の法華一揆にとっては、「本国寺を山科側が襲撃せんとしている」旨の流言を信じて危機意識をあおり立てた面があり、本願寺がはたして京都日蓮宗廿一箇寺を攻め滅ぼそうとしていたか否かは疑わしい。しかし八月四日に、浅香道場焼き打ちをきっかけに摂河泉門徒の一斉蜂起が勃発し、各地で国人と門徒の戦争が簇生した事実が、この八月二十四日の山科陥落に帰結したという関係は否定しがたいであろう。のちに、浄土真宗の宗門側では、晴元と事を構えるに至った最高責任者を、坊官中の急進派、下間備中頼盛《らいせい》であるとして、破門の処分に付している。また、八月二十四日の山科攻めにおいて、最も大きな軍事力を発揮したのは山村正次・柳本信堯配下の法華一揆であり、京都の町衆が本願寺を滅ぼした、という面も否定できないのである。

山科攻めは終幕を告げるが、畿内の一向一揆・法華一揆の対決はまだまだ続く。その第一段階が収まった時点でふり返ってみると、七月中旬の奈良から始まって八月上旬までの局面は、一向一揆と国人（地侍）の対決という、農民闘争的な性格が濃厚である。ところが八月十日、山村正次が法華一揆を使嗾《しそう》して東郊の諸道場を焼き打ちさせて以降、本願寺と法華一揆の抗争という宗教戦争的色彩が加わり、また都市と農村の戦争という複雑な性格を帯びてくるのである。いうなれば、ドイツ農民戦争的世界から、セント＝バーソロミュー大虐殺の世界へという局面の転換がみられる。しかし、事態はなお流動的である。今はこの戦争の性格規定という結論を急がず、しばらくじっくりと戦況を追っていくことにしたい。

九月一日――京都本満寺

山科野村御坊の焼け跡の余燼《よじん》がようやく収まった八月二十七日、京都上京今出川の近衛尚通の邸宅に、本満寺から正行院《しょうぎょういん》なる使僧が訪れ、主人に面会して「本願寺退散目出《めで》の由」の祝詞を述べた。尚通は累代の日蓮宗檀家で、法華一揆の有力な一翼として活躍した本満寺衆徒檀徒らの向背を案じていたから、日頃の眷顧《けんこ》を謝す意味もあったのであろう。このとき正行院は、将軍足利義晴から本満寺上人に宛て、自筆の御内書《ごないしょ》を賜わり、法華一揆の忠節を褒賞された旨を尚通に告げている（『後法成寺尚通公記』）。この御内書の原文は伝わっていないが、既述、七月二十三日付の大館高信書状（軍勢催促状）に対応するもので、先に引用した八月十七日付の新日吉口戦功褒賞の御内書と類似の内容のものであろう。九月一日には、本満寺の上人がじきじきに尚通邸を来問し、「天下静謐目出度きの由」の祝詞を述べている。京都日蓮宗各寺院の、得意満面の様子が目に見えるようである。

山科攻めは晴元政権側から見て明らかな軍事的成功であり、ようやく政権固めの余裕が出てきたのか、いくつかの人事が堺より発表された。八月二十八日、青蓮院庁務経厚の許へ山村正次から次のような折紙（書状）が送付されてきた。宛名は「粟田口惣庄御中」となっている。

今度本願寺御敵申し付けられ、悉く御成敗を成され候。然るにその欠所の事、下五郡は与十郎方（高畠長信）存知の儀に候間《あいだ》、何方《いずかた》より申し候共、その御心を成さるべきの由、この方へ申し付けられ候条、かくの如くに候。万一何方より申し越し候共、この方へ注進あるべく候。恐々謹言。

八月廿八日

山村五郎左衛門尉
正次在判

粟田口惣庄御中

この文意は、幕府に対する〝御敵〟すなわち叛逆者として没収された山科本願寺の跡地については、高畠《たかばたけ》与十郎長信《ながのぶ》が処分権を掌握していることを示達したものだが、「下五郡は与十郎方存知」（存知は支配の意）とあるように、高畠長信は山城国下五郡（愛宕・葛野・紀伊・宇治・乙訓）の郡代に就任しているのであり、それを周知させる意も込められている。また、ここでは示されていないが、三好元長敗死後の山城守護代は、木沢長政が就任した。しかし、木沢長政といい高畠長信といい、今後は法華一揆の協力を得なければ京都支配はおぼつかないだけに、彼らの前途は容易でなかった。さらに当面の敵、一向一揆も根絶されたわけではなく、なお大坂石山に拠って幕府に抵抗している。

しかしいずれにせよ、八月二十八日に青蓮院へ届けられた山村正次の折紙は、室町幕府が執政細川晴元の下で、茨木長隆・木沢長政・高畠・山村ら畿内近国の国人武士を基盤に再建された事実を示唆するものであった。

第四章　法華一揆と一向一揆、休戦へ

一、大坂攻め

京都防衛――町衆の危機感

本願寺法主証如が、醍醐報恩院らの庇護で山科から無事に摂津石山へ脱出した頃、畿内近国の一向一揆は山科御坊陥落を聞いて、一層晴元と法華一揆に敵愾心《てきがいしん》を燃やし、かえって戦意旺盛となっていた。しかしながら、八月初旬の浅香道場焼き打ち以来の動向から、一向一揆単独で晴元政権に当たる不利を自覚し、幕府・武家を分裂させる手はないかと懸命に知恵を絞った結果、一向一揆側はかの細川高国の弟に八郎晴国《はるくに》（晴総《はるふさ》）なる人物が流浪しているのに目をつけた。坊官下間頼盛らは秘かにこの晴国と連絡をとり、細川家惣領として擁立することによって晴元に対抗させ、幕府にくさびを打とうとしたのである。この晴国について、七月末に祇園執行の玉寿丸は次のように記している。

また常桓《（高国）》、津の国にて討死せられ候にて後、八郎《（晴国）》の代《だい》に成り候後、先《ま》づ以て御敵の分なり。仍《よっ》て八郎は西国田舎辺に居られげに候《そうら》いし。

九月に入って、京都の周辺では一向一揆が再び蠢《しゅん》動《どう》をはじめた。玉寿丸は九月三日の夜、祇園社のはるか南方の東山の一角に篝火が燃えているのを望見した。場所は阿弥陀峰《あみだがみね》（京都市東山区今熊野、現在豊公廟のある所）で、人々は一向一揆の焼いたものかと噂している。山科が陥って東山辺の一向一揆は影も失せたはずなのに、十日と経たぬ内にまた一揆が蜂起したのを見て、京都の人々はふるえ上がった。山科攻めでは京の町衆が主力となり、本願寺の大きな恨みを買っているから、どのような苛酷な報復を受けるか知れたものではない。町衆の危機感は一挙に昂《たか》まったのである。

洛中では日蓮宗寺院の近辺がまた騒がしくなった。山村正次らが奔走し、法華一揆の大部隊が編成されて、九月七日昼の四ツ（午前十時）時分に京都を進発、途中桂川を渡河したところで西岡地侍衆の軍勢と合流し、西国街道を西へ向かって行軍した。いわゆる打廻りである。彼らは山城国境の山崎を越えて摂津に入り、北摂の要衝でのちに摂津の守護所（守護大名の政庁）となる芥川城下（大阪府高槻市）を打ち廻って引き揚げ、暮六ツ（午後六時）頃に京都に戻った。北摂の道場や一向一揆拠点に対する示威行進であったと思われる。

この頃、一向一揆と脈絡のある細川晴国は、丹波の山間部に拠点を置いて洛中進出を狙っていたらしい。祇園執行の玉寿丸が三日夜に遠望した篝火を、青蓮院の経厚も目撃していたが、経厚はさすがに山門里坊の庁務、独自の情報網を持っており、その篝火の意味するところを把握していた。経厚の四日の日記に、

この事一揆出張、また細川八郎（晴国）出張の用意あるべしと云々。

と、晴国の洛中侵入が間近いことを予見している。はたして九月十二日、晴国の軍兵は京都の北山から忽然と出現し、七口の北の口である鞍馬口《くらまぐち》（京都市北区出雲路鞍馬口町付近）に陣をすえた。その報を得た法華一揆は直ちに反撃して晴国の兵数人を打ち取り、丹波方面へ追い払ったが、一向一揆のあなどり難い勢力と、京郊周辺に依然として本願寺派の拠点が存在することを改めて印象づけた。

一方、摂津石山本願寺は、山科陥落後、必然的に浄土真宗の総本山となり、証如・実従以下、山科敗亡の一家・坊官・門徒衆を収容し、依然として堺の晴元と対峙の体制をとっていた。九月下旬に入ると、摂河泉門徒の動きは再び活発化し、堺に対して攻勢に出、堺と京都との連絡を絶つ挙に出たので、京都には大坂方面の戦況がまるで伝わってこなくなった。権中納言・鷲尾隆康は、九月二十六日の日記に、

堺の儀、通ぜざるに依って慥《たし》かに聞かず。尾坂（大坂）未《いま》だ攻め落ちず。これを如何《いかん》せん。

と、情報杜絶による不安を述べている。ここに摂津東半国守護代・薬師寺備後守国長《くになが》は、晴元から北摂方面の一向一揆討伐の司令官に任ぜられていたが、晴元軍の主力は堺の防備にとられていて、国長の配下には取るに足らぬ兵力しかいなかった。こうなると頼みは京都町衆の構成する法華一揆の軍事力しかなく、国長は山城郡代の高畠長信や山村正次に懇願して、法華一揆の兵力を回してもらい、かろうじて門徒衆と対抗しているという有様であった。本来、廿一箇寺や京都の町の防衛の目的で編成された法華一揆であるが、嫌応《いやおう》なく摂河泉方面の戦争に捲き込まれてしまったのである。

すでに山科攻めの前後から、法華一揆に参加した町衆の間には、異常な興奮と熱気がうず巻いていた。武力集団というものは、いったん自らの力を自覚すると、とめどもない膨脹運動にのめり込むものと見える。八月四日の浅香道場焼き打ち以後の摂河泉門徒がまさにそれであった。再び隆康卿の日記（九月廿六日条）を見よう。

　町人、日々集会《じょうえ》の鐘を打つ。上京は革堂（行願寺）の鐘、下京は六角堂（頂法寺）なり。終夜終日耳を砭《つんざ》く。末世の躰《てい》たらく、言うに足らざるもの歟《か》。

このように京都の町では、連日革堂《こうどう》と六角堂《ろっかくどう》の早鐘《はやがね》が乱打され、町衆を集めては軍団を編成し、摂津方面の戦線に投入されていた。革堂（行願寺）と六角堂（頂法寺）は日蓮宗の寺院ではないが、従来から京都の〝町堂《まちどう》〟として市民寄合の場となっていた。西欧とは制度も実態も異なるが、一種の市議会の役割と機能をもった建造物であったといえる。同じ九月二十六日の祇園執行玉寿丸の日記は、

　打明よりまた六角堂の鐘撞《つ》き候。何事とも知らず。今夜山崎の彼方焼け候つる。残り候法華町人ども、東寺の辺《あたり》まで打廻りし候。

とあり、法華一揆が摂津進発部隊と京都残留部隊に分かれ、残留組も洛南方面を示威行進している状況が知られる。しかし、市民を武装と戦闘行為へ鼓舞する早鐘も、斜陽公家の鷲尾隆康の耳には、世界の終末を告げる悪魔の叫びとしか聞こえないのであった。

革堂　上杉本洛中洛外図より。上京一条小河にあった。正式には行願寺といい、創健者の行願は平安中期の人、皮聖と呼ばれ鹿皮をまとったので革堂の名がある。行願の事績は『小右記』にも出ており、社会事業家として尊崇されていた。境内の左手前「ふろ」とあるのは銭湯で、当時一条の風呂と呼ばれ市民に親しまれていた。本堂の横に鐘つき堂が描かれているのを見ても知られるように、当寺に鐘は不可欠の要素だったのである
　米沢市上杉博物館蔵　一部加筆

九月二十八日―山城大山崎

九月二十八日、富田方面から西国街道を攻め上る門徒の集団と、薬師寺国長指揮下の法華一揆が摂津島上《しまかみ》郡の広瀬《ひろせ》（大阪府高槻市広瀬）付近で遭遇し、大激戦となった。山崎は前面に木津川《きづがわ》・宇治川《うじがわ》・桂川《かつらがわ》の三大河が合流する氾濫原を控え、背面は北摂山塊の末端（天王山《てんのうざん》）がせり出して陸の隘路《あいろ》となっている京―大坂間随一の切所《せっしょ》である。この要害性から当地の油製造業者（石清水社の油神人《あぶらじにん》）は武士団として幕府から優遇された。また、のち天正十年（一五八二）、秀吉が天王山を占拠したことで光秀軍に優位に立った事実はよく知られている。

さて、二十八日の合戦では山崎城に兵

六角堂　上杉本洛中洛外図より。寄棟造の本堂は覆堂（さやどう）で、実はこの中に六角円堂の建物が入っている。手前門前を行くのは唱聞師と傀儡子。門の左側に乞食が描かれる。本堂前で堂中を仰ぐのは巡礼。革堂とならんで六角堂の早鐘は町衆を集結させる合図であり、境内西南隅に鐘楼が描かれている　米沢市上杉博物館蔵　一部加筆

を集結させていた柳本信堯・薬師寺国長・一宮堅成《いちのみやかたなり》らは大敗北を喫し、京都に敗走した。法華一揆が受けた被害と打撃も少なくなかった。本願寺側にとっては久々の大勝利である。合戦の時刻は早朝だったようで、昼頃には京方敗北の報が京都に聞こえていた。例によって革堂・六角堂の早鐘がいんいんと鳴り響き、法華一揆の援軍が繰り出された。また、別途法華の残留部隊は、本国寺から南下して東寺を通過し、鳥羽《とば》（京都市南区上鳥羽・伏見区下鳥羽）まで打廻りを行なっている。

　この山崎の合戦では、柳本信尭の軍が壊滅状態となり、薬師寺・一宮ら晴元被官の軍も大打撃を蒙った。ここにおいて従来は山村ら細川被官の指揮に甘んじていた法華

一揆が前面に出、積極的に京都防衛に主導権を発揮するようになる。隆康卿の二十九日の日記に、

午前、法華宗また京衆を率い出陣すと云々。

とあり、玉寿丸の同日の日記にも、

朝疾《と》くより京の法華ども、鳥羽の彼方まで打廻りし、やがて帰り候。

と、法華一揆が誰の武者の指揮も受けず、独自に出陣・打廻りを行なうようになった状況が描かれている。玉寿丸の二十八日の日記に、打廻り法華一揆が七ツ時（午後四時）に祇園社近辺に引き揚げてきたとき、「声あげ候」と書かれているように、彼らは士気を鼓舞するためシュプレヒコールを唱えていたことが知られる。九月二十六日から山崎合戦を挟んで十月一日まで、法華一揆は連日、洛南一帯を打廻った。日蓮宗が起たなければ、誰が京都を防衛するというのか、一揆に参加した町衆の誰もがその思いであったに違いない。

山崎の敗戦は京都の町衆の危機感をつのらせたが、折しも翌九月二十九日になって、堺方面で一向一揆が死者数百人を出して敗北、との情報が入ったため、京都の人々も愁眉を開いた。しかし、隆康の日記が伝えるこの情報はほかの裏付け史料がまったくなく、事実はどうであったのか判明しない。

丹波方面の敵

十月二日、今度は京都の西北方、長坂越《ながさか》の方面（京都市北区千本通、船岡山の辺り）に篝火が見られ

た。細川晴国の一党がなお蠢動を止めないのである。そこで十月十四日、柳本・松井・一宮ら在京の晴元被官は、山崎方面の防禦を法華一揆に任せ、晴国軍討伐のため丹波へ出陣した。武士連中が一向一揆相手の戦争に自信を喪失しはじめた状況がうかがわれる。一方、細川晴国側も一向一揆の支援が思うように得られず、晴元被官らの攻撃に敗退を重ね、京都の北郊から丹波山国《やまぐに》方面（京都市右京区京北町）へ逃れ、さらに若狭の武田《たけだ》氏を頼り、流寓した挙げ句、遠く丹波八上城（兵庫県篠山市八上）の波多野元秀を頼って行った。それが十月末頃のことである。

摂津―京都間の戦況は、九月末の山崎合戦以来、法華一揆必死の抵抗で、摂河泉一揆を山崎の線で食い止めていた。北摂の一向一揆は富田道場（教行寺）を拠点とし、再三、山崎から山城西岡に突入しようとしたが果たさなかった。近衛尚通は十月十四日、下京の外れ六条の近辺で、法華一揆が山崎へ進軍するのを見物している。

さて堺の晴元も、石山本願寺を攻めあぐねて苦しんでいた。三好元長を死地に追い込んだことで、従来、堺の防護者であった阿波の国人の武力がまったく期待できず、大坂に対して劣勢に立つことはすなわち、堺の町の危機であった。十月二十日、晴元は法華一揆に宛てて、次のような自筆の軍勢催促状を出している。

手遣《てづかい》の儀に就《つい》て、先度下知を成され候と雖《いえど》も、重ねて啓《けい》せしめ候。仍《よっ》て山崎口に至り動《はたら》きの事、弥《いよい》よあい急がれ候わば、喜悦たるべく候。猶《な》お高畠与十郎（長信）申すべく候。恐々謹言。

（天文元年）十月廿日　　　　六郎（細川晴元）（花押）

本満寺

この晴元の書状は、一向一揆の重囲にさらされた晴元政権が、今やその命運を法華一揆の武力にすがっている哀れな状況を物語っている。この同じ日、鷲尾隆康は、例によって日記の末尾に、

天下乱る、の躰《てい》、麻《あさ》のごとし。不可説《ふかせつ》なり。

と書きつけた。終末観に取りつかれた隆康卿も、さすがに表現すべき言語に窮しているというべきであろうか。

十二月二十二日――摂津富田

法華一揆の活躍によって、京都市中における日蓮宗門の地位は明らかに上昇していた。幕府だけでなく、公家や寺社の目にも法華一揆なくして京都の防衛・治安維持が保たれないことは今や明らかであった。天文元年十一月は京都の内外の政情は珍しく平穏（後述のように京郊農村部では深刻な事態が発生しつつあったが）で、日蓮宗では朝廷に対し、「天機奉伺」と称し本山の長老を参内させた。室町初期に妙蓮寺の長老が禁裏に参上した事実があるが、本書第一章で言及したように、これは山門の激しい憤怒と弾圧を呼び、その後絶えて法華宗徒の参内は行なわれなかった。日蓮宗側も山門の憤激を憚って自主規制していたのである。ところが今や、執政・晴元から京中の守護を一宗に任され、八月

の山科攻めに際しても日蓮宗と山門は連合戦線を組んでいる。一向一揆の京都侵入をいかにして防ぐかということが、諸権門諸宗派の根本問題になっているので、山門と法華との対立は副次的な位置に低下していた。

十一月二十七日、四条坊城《しじょうぼうじょう》の立本寺《りゅうほんじ》の上人が禁裏に参入した。右少将の四辻季遠《よつつじすえとお》に先導され、小御所《こごしょ》において後奈良天皇に対面した。上人は鈍色《にびいろ》の袈裟を着していた。立本寺は応永年間に妙本寺（妙顕寺）が破却されたあと再建された一寺で、柳酒屋・小袖屋ら洛中富豪の寄進一九〇〇貫文を得て建てられた法華寺院である。しかし、法華僧侶の参内には公卿衆の反発が強かった。鷲尾隆康は、

今日、日蓮宗立本寺の上人が内裏へ御礼に参った。この儀はどうであろうか。おそらく妙蓮寺の先例に準拠して参上したものであろうが、これは明らかに新儀《しんぎ》である。立本寺の管長は上臈《じょうろうの》局《つぼね》（後奈良天皇の愛妾）の兄に当たる人物だ。このような縁故に物をいわせて横車を通すのはよくないことだと同僚たち（公卿衆）は申している。おそらく仲介者の独断でしたことだろうか。この乱世の現在にこんな事態が起こるのも、末世のしるしだ。

と、終始批判的に書いている。老公卿三条西実隆の如きは、

日蓮党参内すと云々。不可説。

と吐きすてるような書き方で済ませている。実隆の「日蓮党」の語が、旧貴族層の法華一揆を見る目を象徴しているといえよう。なお〝党〟の語は、当時地方の武士団を中心とする諸集団を指して用い

られた語である。

十二月に入ると、摂津方面で戦況に動きが出てきた。山崎の線で門徒と町衆が対峙する形が続いていたが、ここに来て門徒側に疲弊の気味が見え、京勢が摂津方面へ進出することが多くなった。摂津守護代薬師寺国長は丹波方面の情況が安定してくると、島上・島下・豊島三郡（大阪府高槻・茨木・吹田市域）の在地武士を糾合して一向一揆鎮圧策の網を張っていた。十二月二十二日、摂津東三郡の国衆らは法華一揆の協力を得て教行寺（富田道場）を急襲し、門徒たちを追い払うとともに、あわせて光照寺・光焰寺と三つの真宗道場を焼き払ってしまった。この富田寺内の焼き打ちが摂河泉三国における国人の反撃の合図となり、俄然、晴元政権の門徒に対する攻勢が活発化する。その状況を生島宗竹は次のように記している。

同（天文元）十二月廿二日に、摂州上郡の武士衆一味して、富田道場（教行寺）この外所々焼失なり。同日に池田と伊丹と相談し、下郡（豊島・河辺・武庫三郡）中の道場残らず放火するなり。然れば一揆衆のありさま、目もあてられぬ躰《てい》どもなり。

摂津国衆の巨頭、池田・伊丹両氏がついに一向一揆殲滅に立ち上がったのである。彼らが主に狙いを定めたのは、武庫川と猪名川の両下流に挟まれた尼ヶ崎周辺の道場であった。これによって水堂から塚口御坊に至る諸道場、村落が焦土と化したのである。こうして摂河泉の町に焼き打ちの煙がくすぶる中、激動の天文元年も暮れたのであった。

二月十日――和泉堺

天文元年（一五三二）十二月の国人衆による摂津諸道場焼き打ちにより、一時的に一向一揆が劣勢に傾いたように見えたが、宗教的信念に支えられた門徒らの士気はいささかも衰えていなかった。その様子を、『足利季世記《あしかがきせいき》』なる戦記物は次のように表現している。

一向宗の僧俗一々に誅伐す。然れどもこの門徒、学文《(問)》という事なく、僧俗一向の文盲の愚人なれば、かように一揆を起し、本願寺上人のために味方となりて討たる、事、誠に成仏《じょうぶつ》往生と悦こび、弥《いよい》よ一揆を起す事まさりける。

復讐を誓う一向一揆には正月休みもなかった。天文二年（一五三三）正月二日、摂津川辺郡の真宗一揆は突如蜂起して、晴元被官・松井越前守宗信《むねのぶ》の楯籠もる大物《だいもつ》城（兵庫県尼崎市大物）を包囲し、城将数人を討ち取った。城を一揆側に取り戻すことはできなかったが、この蜂起で「弥《いよい》よ一揆起るなり。」と生島宗竹は記している。道場を焼かれ、村落を焼かれた門徒農民らの苦難は察するに余りあるが、殉教的精神というものは、受難によっていよいよ熾烈《しれつ》となる。大物城攻撃を合図に再び摂津諸郡の一揆が活発化した。摂津守護代・薬師寺国長は京都の日蓮宗寺院へ檄を飛ばし、躍起となって町衆の武装化を促した。

左大史《さだいし》・壬生于恒《みぶゆきつね》は太政官弁官局《べんかんきょく》の事務を掌る下級公卿で、平安以来、官務《かんむ》を家職とし、壬生（京都市中京区壬生坊城町付近）に役宅があったので壬生氏（本姓は小槻《おづき》氏）を称していたが、二月十四日に法華一揆の大軍が西国街道を下っていくのを目撃している。于恒は二月十七日の日記に次のように書いている。

　十四日より今日に至り、日蓮衆連々《れんれん》摂州に進発す。毎朝引率《いんそつ》の人声甚《はなは》だし。

自宅に老病を養っている権中納言鷲尾隆康にはこの喧《かまびす》しい法華一揆の喚声は体にこたえた。隆康の十八日の日記には、

　町人出陣歟《か》。貝を吹き鐘を突き了《おわ》んぬ。老躰弥《いよい》よ覚《さ》め易《やす》し。無興《ぶきょう》々々。

このように、老公卿の安眠を妨げた一揆の出陣は、「貝を吹き鐘を突く」というのであるから、武士の出陣とほとんど異ならない。題目を唱えうちわ太鼓を叩く、という呑気ないで立ちではなかったようである。

　薬師寺国長の指揮下に入った法華一揆は、山崎・富田の線を越え、長駈して摂津の山田市場（大阪府吹田市山田町付近）に達し、近辺の村落を焼き打ちして回った。この地には三宅《みやけ》の称願寺《しょうがんじ》という真宗寺院があり（同吹田市坪井付近）、山田近辺は門徒の集落であったと思われる。山田市場の焼き打ちについて、于恒の日記は、

　後に聞く、摂州の山田郷市場炎上す。薬師寺備後守（国長）大将として、法華衆以下押し寄せ合戦す。種々扱《あつか》いを致すと雖《いえど》も、法花（華）衆承引能《あた》わず。この沙汰に及ぶと云々。

と経過を伝える。仲人が立って仲裁が成立しかけていたのに、法華一揆が承諾しなかったというので

ある。これは当時の畿内近国の慣習に従えば、明らかにルール違反であった。前年八月五日の池田城の包囲は、門徒側が曖《あつかい》に従って譲歩し、囲みを解いているのである。一向一揆側にとって、法華一揆は良識も慣習も通じない度し難き法敵と映ったに違いない。後年、法華一揆が「あまりに奢っている」という反発を受けたのも、このようなところに一因があるのかもしれない。

今まで摂津諸郷の焼き打ちは池田・伊丹氏など国人・武士によるものであったが、初めて京都の日蓮宗徒の攻撃により惨害を蒙ったのである。摂河泉門徒はここで法華一揆こそ容易ならぬ敵対者と認識したに違いない。一向一揆の士気は概然《がいぜん》とふるい上がり、山田市場焼き打ちの後ほどなく、国衆・法華一揆が駐屯する富田へ総攻撃を仕懸けた。それが正月二十日頃と推定される。この門徒による富田攻撃は、京都の公卿らによる記録は残っていないが、法華一揆側の大敗北に終わったらしい。二十三日付で細川晴元が京都の本満寺に送った書状（感状）には、次のように記されている。

今度《こんど》富田に於て、薬師寺備後守（国長）難儀の砌《みぎり》、則ち相《あい》勤められ、所々の一揆成敗の条、粉骨《ふんこつ》を抽《ぬきん》でらるゝの段、誠に祝着に候。そのため、中坊宝光院を以て申し候。仍《よっ》て大坂手遣《てづかい》の儀申し付け候間、辛労《しんろう》たるべく候と雖《いえど》も、重《かさね》て出陣弥《いよい》よ本望に候。然れば早々着陣肝要に候。併《しかしなが》ら頼み入り候。恐々謹言。

（天文二年）正月廿三日　　（細川晴元）六郎（花押）

本満寺

冒頭の「薬師寺国長難儀」の句によって富田における京方の敗北が推測されるほか、前段では法華一揆の戦功を讃《たた》え、後段で真宗総本山石山への攻撃を慫慂《しょうよう》している。この書状には晴元の苦しい立場が余す所なく示されているが、堺の陣営にも危機は刻々と迫りつつあったのである。

ここで話は少しくさかのぼり、昨年八月の山科陥落直後に戻ってみたい。堅田本福寺の明宗が山科防衛戦に馳《は》せ加わった所までは先述したが、野村御坊炎上のあと明宗はどうしていたのか。明宗自身の回想録（『本福寺明宗跡書』）を引用してみよう。

山科野村殿様御破《おやぶれ》の砌《みぎり》、大坂（石山）殿様へ我等明誓（明宗）罷《まか》り下り候へば、泉（和泉）の堺より細川六郎（晴元）殿元澄のちは晴元と申すなり三吉（好）甚五郎（政長）・木沢（長政）・中山・根来杉坊・日蓮党・泉の松浦・茨木（長隆）・芥川・池田・伊丹・高槻の城南北の武士、日々夜々責《せ》め詰《つ》め申す処に、細川八郎（晴国）殿方は大坂殿（証如）御味方なり。次の年（天文二年）二月九日に、和泉の堺へ大坂殿より船と陸《くが》との御行《おんてだて》あり。細川六郎（晴元）元澄後は晴元に任ず堺を退《の》き給ひ、三吉甚五郎・木沢等を追払《おっぱら》い、細川紀伊守・可竹軒（周聡）打死《うちじに》す。

これによると、明宗はどこをどう通ったか、山科陥落後は摂津石山の守備に馳せ参じ、晴元麾下《きか》の国人衆らと必死のつばぜり合いを続けていたことがわかる。かくして天文二年の二月九日、証如光教は一山挙げて反撃に出、海路・陸路あわせて晴元の居陣する堺を急襲したのである。この本願寺の堺攻撃を可能にしたのは、やはり前月富田合戦で北摂の一向一揆が勝利し、法華一揆を山崎の彼方へ追い放って摂津の戦況が門徒側に有利になったことがあげられる。この条《くだり》を記す明宗の追憶はほぼ正

確である。内蔵頭《くらのかみ》山科言継の二月十二日の日記に、

一昨日堺の儀落居《らっきょ》すと云々。一騎取り懸（揆）かり、細川六郎（晴元）始めとし三吉神五郎（政長）・可竹軒・木沢大略残らず討死と云々。

とあり、堺の敗北が二月十日であると伝えているからである。もっとも言継の日記のうち、晴元・政長の討ち死には虚報であることが後に判明した。三条西実隆の日記にも、

堺去る九日合戦、大略落居の由、今日風聞、

とあり、堺攻撃が九日から十日にかけて行なわれたことは明らかである。ともかく、本願寺は、昨八月の山科焼き打ちの屈辱を晴らし留飲を下げた形となった。それでは堺から敗亡した晴元は、どこへ逃れたのか。生島宗竹の『細川両家記』は、

同じく二月十日に一揆衆おこり、細川殿（晴元）堺の御座処へ取り懸る。御内衆数人討ち取るの間、御屋（晴元）形は忍びて淡州へ御渡海なり。然れば一揆衆、悦ぶ事申すばかりなし。

と、海路淡路島へ逃れたことが記されている。淡路は南北朝期以来、連綿と細川氏（庶流家）が守護で、水軍の安宅《あたぎ》氏は晴元の被官であった。この逃避行は、水軍安宅氏の援助なくしては考えられない。なお重要なことは、言継の日記に書かれているように、京都へは晴元まで討ち死にと伝えられた事実である。この誤報は京都ではしばらく訂正されず、流言として広まり、大きな混乱をもたらさずにはいなかった。近衛尚通の邸では、二月十六日になって頭左中弁《とうのさちゅうべん》・広橋兼秀《ひろはしかねひで》、家司・藤沢神右衛門尉

らが集って主人の尚通と堺の破れについて噂話をくり返している。晴元の安否は依然確認されていなかった。

二月十四日——京都立本寺

堺陥落の報は、京都の人々の間に恐慌をきたした。細川晴元・木沢長政討たるの報で、細川被官のうち目ぼしい有力者は山崎の陣に滞在する摂津守護代・薬師寺国長ぐらいとなり、山城郡代・高畠長信らは意気消沈、洛中から姿をくらましてしまうという有様であった。将軍とその近臣、奉行人らは依然として近江朽木谷に幽居したままである。この状況で、京都の治安維持に当たるのは、衆目の見るところ日蓮宗の寺院と檀家以外にはない。人々はかたずを飲んで彼ら有力町衆の動きを見守っていた。

門徒らを処刑

一代の碩学として名を知られた前内大臣・三条西実隆は、すでに八十に手の届く老齢であり、とっくに公卿界から隠居し、家職は子息・三条西公条《きんえだ》に譲って逍遥院堯空《しょうよういんぎょうくう》と号し、悠々自適の生活を楽しんでいた。その実隆邸へ、二月十四日の夜、前関白・二条尹房《ただふさ》の夫人九条経子から手紙が届けられた。数日来の寒の戻りで京の町は底冷《そこび》えの上、べた雪が降っては止むのくり返しという陰鬱《いんうつ》な天候であった。閑居老人の許へ、いかなる書状かと、実隆は何気なく披《ひら》いてみると、二条北《きた》の方《かた》の手跡には容易ならぬ事件が記されてあった。

九条経子の乳母《めのと》の実子は、伏見西方寺《ふしみさいほうじ》という浄土真宗の寺の住持であったが、この日「路次《ろじ》に於て」（道すがら）日蓮宗立本寺の僧らに逮捕されたというのである。一向一揆と法華一揆の対立は二月十日の堺攻撃以来その頂点に達していたので、京の七口は日蓮宗の僧俗が厳重に警戒に当たっていたらしい。昨年八月末以来、一向宗僧侶や門徒が洛中に入ることは厳しく制限されていたが、西方寺の住職は何かの所用で京都へ入ろうとしたのであろう。これがスパイと疑われて、法華一揆の警戒線に引っかかったのである。

乳母に泣きつかれた経子は、八方手を尽くして西方寺住持の助命嘆願を運動した。放置すればすぐにでも法華一揆の手で処刑される懸念があったからである。経子は夫の尹房をも動かして前右大臣・大炊御門経名《おおいみかどつねな》に助命歎願書を書かせ、知るべの日蓮宗寺院へ届けさせた。さらに前左大臣・三条実香《さねか》にも助命歎願を内々依頼したが、三条一門の長老、実隆からも口添えしてもらいたい、というのである。実隆は早速書状を認《したた》めて家司に持たせ、実香の許へ走らせた。

翌日、天候は打って変わって晴天となったので、実隆は北野《きたの》社と西陣《にしじん》の歓喜天《かんぎてん》へ参詣した帰路、三条実香の邸に立ち寄った。昨夜、急ぎの書状で世話をかけたことを謝し、首尾を尋ねたところ、たしかに法華寺院へ申し送ったという。やや安堵して実隆が自宅に戻った直後、二条奥方経子から再び書状が到来し、昨夜以来の経子・尹房・経名・実香・実隆ら諸公卿の奔走がすべて徒労に終わったことが判明した。西方寺の住職は、弁明の機会も与えられず昨晩殺害されていたのである。

いかに一向一揆と法華一揆が戦争状態にあるとはいえ、守護代・郡代の手も経ず日蓮宗寺院が他宗の僧侶を斬ったのは明らかに私刑というべきものであった。日蓮宗側にも京都防衛という大義名分があったと思われるが、末端の一揆構成員は殺気立っていた。一向宗僧侶と開いただけで血祭りにあげてしまったのである。現在残る史料からみて、この段階で幕府が京都の検断《けんだん》（刑事警察権）を日蓮宗寺院に委ねた形跡はない。兼ねて実隆は昨年来の法華一揆の言動に批判的であったが、心中の憤懣を押し殺して、その日の日記には、ただ、

囚人昨夜已《すで》に討ち了《おわ》んぬと云々、不便《ふびん》々々。

と書きつけただけであった（『実隆公記』）。しかし、事件はこれのみにとどまらなかった。

西方寺住持の処刑から四日後の二月十八日、洛中では法華一揆の打廻りが行なわれていた。今までは山村正次とか薬師寺国長とか、晴元被官の武将が先頭の指揮をとる打廻りであったが、この日は晴元被官の姿は見えず、町衆だけを構成員とする部隊である。その打廻りの最中、町衆の一人が下京方面から駈け付け、一揆の棟梁に何事かを伝えた。一揆はたちまち戦闘態勢に切り替え、西京《にしのきょう》（京都市中京区西ノ京、北野松原の南方）方面に出動した。ほどなく法華一揆は、三人の門徒を拉致《らち》して妙顕寺（二条小川）前の辻に戻ってきたのである。この日の事件は、祇園執行玉寿丸・前関白近衛尚通・

内蔵頭・山科言継の三人が記録にとどめている。その部分を以下に掲げると、

京を法華宗打廻りし候。人を京にて三人敵《かたき》とて切り候由《よし》申し候。(『祇園執行日記』)

一揆を相憑《あいたの》み、下京顕本寺に付火《つけび》の者両三人、西京へ逃げ入るを召執《めしと》り、即《すなわ》ちこれを切ると云々。(『後法成寺尚通公記』)

火付《ひつけ》候《そうろう》物《もの》、三人召し取る。則《すなわ》ち生害《しょうがい》し候《そうら》い了《おわ》んぬ。(『言継卿記』)

この日、山科言継は参議持明院基規《じみょういんもとのり》より依頼されていた『日本書紀《にほんしょき》』五枚分の謄写《とうしゃ》ができあがったので、自身、持明院邸に持参して茶呑み話をしていた。そこへ法華一揆が犯罪人をとらえて公開処刑するという情報が入った。元来好奇心旺盛な言継(そのとき二十七歳)のこと、亭主の基規、近隣の大納言三条公頼《きんより》らを誘い合わせて処刑の見物に出かけた。妙顕寺門前はすでに黒山の人だかりで、妙顕・妙覚・本能寺の僧侶はじめ、甲冑姿の僧侶が警戒の目を光らせている。言わずと知れた法華一揆の上層部である。

この公開裁判は、言継の日記によれば「集会《じょうえ》」と記されているので、日蓮宗寺院・有力町衆らの合議による処刑、という形を取ったらしい。いずれにせよ言継ら三公卿が目撃したのは、就縛《しゅうばく》の上、次々と斬られる三人の哀れな門徒の姿であった。公卿の助命歎願の余地などまるでないのである。これでは十四日夜の実隆らの奔走が甲斐もなかったのは当たり前と思われた。すべてが町衆・法華一揆の主導下に行なわれ、仲人の仲裁する余地は皆無であり、言継らは「見物」つまり拱手傍観するしか

なかったのである。

二月十八日の公開裁判は日蓮宗寺院に対する放火の現行犯ということで、まだしも一般を納得させる要因があった。ところが、三月二日に壬生で処刑されたある僧侶の場合は、真宗僧侶ではなく、まして特別の犯跡があったわけではなかった。壬生于恒の日記を掲げよう。

　□(虫損)供増大進東禅、法華衆としてこれを殺害す。子細に及ばずかくの如きの儀、□(以ての外カ)次第なり。後に聞く、一向宗同意の故と云々。不便々々。

このように、壬生寺の供僧東禅は、糺明にも及ばず法華一揆に引き渡され処刑された。その理由は「一向衆同意」すなわち一向一揆に内通したからであるというが、于恒の目からみてもいかにも根拠薄弱であり、誰彼となく犯人に仕立て上げられかねない懸念があった。法華一揆の過激ともいうべき検断の行使に、人々は疑念と反感を抱くようになった。三月十日、壬生家の家司浜崎惣右衛門尉は、主人于恒に壬生近辺の諸状勢を次のように説明した（日記原文による）。

　浜崎惣右衛門尉申して云《いわ》く、壬生辺《あた》りの雑説《ぞうせつ》先《ま》づ休《や》むと云々。地下人等《ら》法華堂寺々へ行き向い、毎事雑説の儀迷惑の間、歎き入るの由、申すの処、大進の事に於てはその罪あるに依《よ》って生殺(害)せしむ。その上□(あいカ)知らざる寺々これある歟。以後は毎篇申し談ずべきの旨、返答すと云々。

文意の大要は次のようなことであろう。東禅の処刑以来、壬生一帯は流言蜚語《りゅうげんひご》が飛び交い、不安にかられた住民らが日蓮宗寺院へ善処方を申し入れたところ、法華一揆側では次のように回答したという。

供僧東禅については罪状明白なため処刑したが、事情をよく知らぬ寺院もあったようだ。以後このような事件発生の折には、必ず在所や所属寺院と協議してから処罰するようにしたい。

この前日、山科七郷でも郷民が「雑説」により出京（禁裏門役の負担）を拒否している。おそらく法華一揆による門徒摘発行為に反発してのことであろう（『言継卿記』）。ともかく、右の回答によって壬生辺の混乱は収まったというのである。

しかし、この法華一揆の答弁によっても、于恒には収まらぬことがあった。それは壬生寺の最も重要な仏事である「大念仏狂言《だいねんぶつきょうげん》」が停止されたことである。壬生の大念仏といえば、現在も「壬生狂言」として連綿と施行されている無言劇（パントマイム）として有名なものだ。于恒はこの廃絶は「他国の聞《きこえ》」もいかがであろうかと慨嘆している。于恒の日記（『于恒宿禰記《ゆきつねすくねき》』）三月十四日の条に、

壬生大念仏、例の如く今日修行ありと雖《いえど》も、□法華衆倍増の間、先づ斟酌せしむと云々。

とあるように、結局十四日になっても狂言は挙行されず、見送られてしまったのである。この于恒の日記の書き方からすると、念仏狂言を奇貨とした一向一揆のスパイ潜入を恐れた法華一揆が、壬生寺（法幢三昧寺《ほうどうさんまいじ》）に対して延期を申し入れたものの如くである。「法華衆倍増」の一句に、法華一揆が京都町衆の間に浸透し、間断なく檀徒を増殖しつつあった状況がうかがえる。諫暁《かんぎょう》、折伏、嗷議は最高潮に達していたのである。

天文二年二〜三月は、細川晴元が淡路に逃亡し、京都の支配権力に空白が生じた、わが国の歴史を通貫して見ても特異な時期で、そういう条件があったからこそ法華一揆（町衆）の自検断という事象が出現したのである。町衆がいかなる上級権力の指示をも受けずに京都の市政権を行使した意義は、極めて大きいが、翻って考えるに、僧侶身分の者が一般市民を処罰するということが、公卿をはじめ人々にどう映じていたのであろうか。実隆といい于恒といい、記録者の公卿がいずれも刑死者に対し「不便々々」と同情を寄せていること、「法華宗に於ては難儀なり」という于恒の批評などに、貴族層の法華一揆への反感は容易に看取される。しかし、その感情は公卿衆だけでなく、「地下人《じげにん》」も同様であったことは、さきの于恒の三月十日の記録に明らかであろう。財力のある上層町衆（法華信徒）と下層町人との意識の乖離は、しだいに拡大しているように見える。

二、講和と洛中引き揚げ

三月二十九日——摂津伊丹城

二月末頃、朽木谷の将軍義晴の許へ、淡路亡命中の細川晴元からの密使が来訪した。一向一揆の支配地を避け、おそらく播磨・丹波の山間部を大迂回してたどり着いたものと思われる。将軍はその労をねぎらい、早速、晴元に宛てて次のような御内書を認《したた》めた。

今度堺《さかい》津《つ》に於て合戦、不慮の次第に候。仍《よっ》て四国・淡州をあい催おし、摂州に至り早速進発、肝要に候。猶常興《（大舘尚氏）》申すべく候なり。
二月《（天文二年）》晦日
六郎《（晴元）》どのへ

同時に義晴は、晴元に扈従して淡路にいる和泉半国守護の細川元常《もとつね》・細川晴賢《はるかた》へも軍勢催促状を発し、摂津上陸をうながした。将軍が臣下に宛てた手紙は、将軍の手元に残らないはずだが、これらの御内書は右筆を勧めた側近、大館氏が手控を保管していて同氏の記録とともに現存しているのである。

さて晴元、木沢長政ら存命の噂は、朽木からほどなく京都へも聞こえてきた。高畠長信・山村ら逐電していた晴元の被官らもおずおずと洛中に顔を出すようになったが、彼らの法華一揆に対する立場は堺陥落以前とは一変していた。法華側に一貫して京都を防衛していたという自負があり、晴元被官衆側に一時逃亡という後ろめたさがある以上、もはや法華一揆が被官衆の指示に易々《いい》諾々《だくだく》動くということはありえない。法華一揆の政治的・法的地位は格段に強化されていたのである。

三月十一日、朽木の将軍義晴は、一向一揆の攻勢を必死に喰い止めている摂津の国衆へ宛てて、引き続き軍忠を励まし、併せて晴元の摂津上陸近しと告げる次の御内書を発している。

堺津合戦の後、尚《な》お以てあい踏《とどま》り、向後《きょうご》軍忠せしむべき旨、聞《き》こし食《め》され訖《おわ》んぬ。言上《ごんじょう》の趣・尤《もっと》も比類なし。次《つい》で六郎《（晴元）》出張の時節、聊《いささ》か油断あるべからず。それに就《つい》て弥《いよい》よ粉骨《ふんこつ》を抽《ぬきん》ずれば神妙《しんみょう》たるべし。猶お常興申すべく候なり。

(天文二年)三月十一日

寺町三郎左衛門入道どのへ

伊丹(親興)左近将監どのへ

池田(長政)筑後守どのへ

芥川中務丞どのへ

この義晴の御内書が書かれるより先、宛名の一人、伊丹親興《ちかおき》の居城では大変な災難が降りかかっていた。三月五日、摂津川辺郡の一向一揆が一斉蜂起し、伊丹城へ押し寄せたのである（『細川両家記』）。

世上かくの如くに成り行く条、同(天文二年)三月五日に一揆衆おこり、伊丹の城へ取り懸《かか》る。廓下という物を一町余《あまり》づつ二通り拵《こしら》へ、昼夜の境なく尼女迄《まで》集り堀を埋めければ、難儀に及び候（下略）。

この生島宗竹の記述で注目されるのは、「尼女迄集り」とあるように、一向一揆に女性軍が参加していたことである。本書前章の初めに掲げた『絵本拾遺信長記』所収一向一揆の図に女性が描かれている点は、あながち虚構とも言えないのである。中世の土一揆に女性が参加した史料はおそらくほかに知られてはいまいと思われるので、この伊丹攻城戦は中世戦史上、農民闘争史上も画期的なものということになる。生島宗竹の記述が、別の多くの根本史料によって裏付けられ、ほかの群小戦記類とは異なって卓越した信憑性があることは、すでに指摘されているところである。

伊丹城からは櫛の歯を引くように、京都の日蓮宗寺院へ救援の依頼が相次いだ。三月七日、京都では法華一揆の大々的な打廻りが行なわれた。これを記録した山科言継と壬生于恒の日記を並べてみよう。

A　日蓮宗打廻ると云々。仍《よっ》て中御門（宣忠）・吉田侍従（兼右）同道候て見物す。三条京極にて見物、一万計《ばかり》これあり。馬上四百余騎と云々。悉《ことごと》く地下人なり。兵具以下目を驚かすものなり。雨下《ふ》るの間、少々帰り候い了んぬ。（『言継卿記』）

B　□（日蓮）宗町人等打回ると云々。馬上数十騎□の由風聞。（『于恒宿禰記』）

ABを比較してみると、言継の日記はやや誇張癖があると思われ、割り引いて考えるべきであろう。去年六月の一向一揆の堺攻撃を「一揆廿一万騎」と書いたのも言継である。したがって、言継の書く人数の二割あたりが実情に近いといえようか。次の打廻りの構成員についてAは「悉地下人」とし、Bは「町人等」と記す。このことは法華一揆が僧侶よりも町衆（商人・職人等）を主体にしていた事実を物語る。それにしても、公卿衆らが見物するなかを行粧美々しく馬上巡行する法華一揆らの得意思うべしである。

三月下旬、堺で討ち死にと伝えられた木沢長政が忽然と京都に現れた。淡路から晴元の命で法華一揆の軍勢催促を行なうべく、先乗《さきの》り宰領として派遣されたものであろうか。三月二十二日には近衛尚通邸に長政の使者が訪れている。木沢の指揮下、旧晴元被官や法華一揆が相次いで摂津方面へくり出された。諸記録によれば、伊丹城の後詰《ごづめ》部隊は三月二十七・二十八の両日に京都を出立している。伊丹といえば、京都からは直線距離で四〇キロメートルを越える。おそらく山崎か芥川でいったん休泊させた後、伊丹城（兵庫県伊丹市、阪急伊丹駅近傍）の北側へ出撃したと思われる。三月二十九日、待望の法華一揆の大部隊が伊丹城を包囲する一向一揆の背後に攻め寄せた。

従来、法華一揆の摂津遠征では、富田寺内・山田市場が最も遠方であり、伊丹はさらに山田より一〇キロメートル以上西である。京都の町衆軍は初めて猪名川を越えたのである。このときの法華軍のいで立ちを、『足利季世記』は次のように叙述している。

木沢左京亮（長政）、例の法華宗へ相触《あいふ》れ、廿一箇寺の勢を相語《かた》らい、伊丹の後詰に責め来《きた》り、門徒衆へ切り懸る。この勢一様《いちよう》に妙法蓮華経を旗の面に大文字に書きて、指《さ》しつれて攻め来《きた》る。

門徒が「南無阿弥陀仏」六字名号のむしろ旗を押し立てれば、日蓮宗は「南無妙法蓮華経」の七字を大書した麻布《あさぬの》の旗を翻《ひるがえ》えし、伊丹城下に激突した。日本で最も戦闘的な教団の武闘となった伊丹城の攻防は、想像するだに壮観であろう。門徒と町衆はほぼ互角であったが、城中から籠城中の伊丹親興の軍が突出してきたので、本願寺側は挟撃の不利な態勢となり、五〇〇人の戦死者を出して敗走した（『細川両家記』）。伊丹城攻防の結末は悲惨であった。法華一揆と木沢長政は、さらに武庫川を越え、豊島・河辺・武庫三郡（大阪府豊中市・兵庫県伊丹市・西宮市・尼崎市一帯）の「村々里々」を根こそぎ焼き払った。当地は前年末に国衆が諸道場を焼き打ちしたが、今回さらに村落も余さず放火されたのである。町衆らはこうして四月一日、ようやくに京都へ引き揚げた。

四月二十六日——摂津石山

京都の内外では法華・一向一揆の対立がますます熾烈となり、洛中は法華一揆による戒厳令が出たような雰囲気になっている。さきに三月七日、雑説によって禁裏門役の負担を拒否した山科七郷の一つ、西山郷（京都府山科区西野山）において四月四日、法華一揆が発向し焼き打ちした。吉田社神官の吉田兼右《かねみぎ》の日記によれば、日蓮僧がこの郷を通過中、村民に打ち殺されたからであるという（『兼右卿記』）。この近辺は、順興寺実従をかくまった勧修寺の五郎左衛門のように門徒の多い地域である。

さらに七日、土御門内裏の東南方にある上京の外れ、唱門師村が法華一揆によって焼き打ちされた。近衛尚通の日記には次のように書かれている。

　東方声聞（師村）、一揆（一向一揆）同意せしむるの条、法華衆として放火せしめ、少々打ち取ると云々。

尚通は本満寺の檀那で累代の日蓮信徒であるから、法華一揆側の言い分をそのまま代弁している傾きがあり、割り引いて見なければならないが、焼き打ちの名目が一向一揆内通であることは確かであろう。

唱門師村は、唱聞師《しょうもじ》と呼ばれた芸能民集団の居住地のことで、彼らは御霊神社の役夫を勤める一方、祇園会などの祭礼に参加し、歌舞音曲の芸能を行なった。五月には親王家や内裏にもしばしば推参して千秋万歳《せんずまんざい》の芸を奉納しており、京都の町の祝福芸人としてなくてはならぬ存在であった。三条西実隆は元来、法華一揆の行動を批判的に見ていたが、さすがに、鴨川の西、洛中域内の村落が焼き打ちされたことに痛憤し、

東の声《唱》聞師村、日蓮党差し懸かり放火す。言語道断の事なり。

と口を極めて指弾している。唱聞師村焼打事件は、宮中御湯殿の女官、近衛尚通、三条西実隆、祇園執行玉寿丸の四人が記録しているが、このような激しい言葉で非難しているのは実隆だけである。

京都で唱聞師村焼き打ちがあった四月七日、細川晴元は淡路から摂津に上陸して池田城に到着した。三月末に伊丹城の包囲が解けたことで摂津川辺郡は晴元被官の軍が優勢となり、上陸の条件がようやく整ったのである。晴元は早速この日、日蓮宗廿一箇寺へ次のような軍勢催促状を発した。

今日、池田城に至り着陣《ちゃくじん》せしめ候。仍《よっ》て大坂《（石山）》手遣《てづかい》の事、来る十五日必定《ひつじょう》の条、この度《たび》別して檀那をあい催《もよ》おされ、不日発向せられ候わば祝着たるべく候。そのため三好越後を以て申し候。

恐々謹言

卯月七日《（天文二年）》　　六郎《（晴元）》（花押）

本満寺

この報を受けて廿一箇寺では即刻、晴元の摂津入国を祝う祈禱の巻数《かんず》を池田城に送ったが、それは四月十一日に池田に到来している（『本満寺文書』）。これを期して京都では法華一揆の打廻り、陣立が

連日のように行なわれた。四月十四日、山城守護代・木沢長政は前関白・近衛尚通邸を訪れ、太刀を献じて尚通から盃を給っている（『後法成寺尚通公記』）が、この長政の入京は、いうまでもなく法華一揆の軍勢催促のためである。

こうして四月末から六月にかけて、堺と大坂でまたも法華一向一揆の死闘が展開するのだが、この石山本願寺包囲攻防戦を、かの堅田本福寺の明宗は次のように回想している。

> 同年《（天文二）》四月廿六日、木沢《（長政）》日蓮宗京都を引き催おし、同廿九日に和泉の堺へ入津《にゅうしん》して、同五月二日に天王寺の広芝に小屋をかけ責め寄せ、九日にも大坂殿堀の土居へ着《つ》き、保安寺の南、森の里より西へ十二町が間を四万計《ばか》りの猛勢小屋をかけ、十九日の夜は保安寺の前の塀十三間を切る。

まず、四月二十六日の法華一揆京都出立のことは玉寿丸の日記に明記されており、二十九日の堺攻撃の事実は『細川両家記』に叙述されているから、明宗の回想記は極めて正確であることがわかる。おそらく山科→大坂と従軍した明宗もまた日記に近いメモを残しており、その覚書を使って回想録（『本福寺明宗跡書』）を叙したのではなかろうか。

明宗の追憶に明らかなように、四月二十六日に京を発した法華一揆の大軍は西国街道を南下、池田・伊丹の諸城からの晴元被官軍を併せ、四万（明宗の記述）という大軍に膨張し、尼崎から渡海して堺へ上陸したと推定される（陸路高野街道・竹内街道経由も考えられるが、明宗の「入津」の語は海路を想定させる）。かくて晴元の書状に「堺津の事、即時成敗せしめ」（五月二日に本満寺に送った感状）とあ

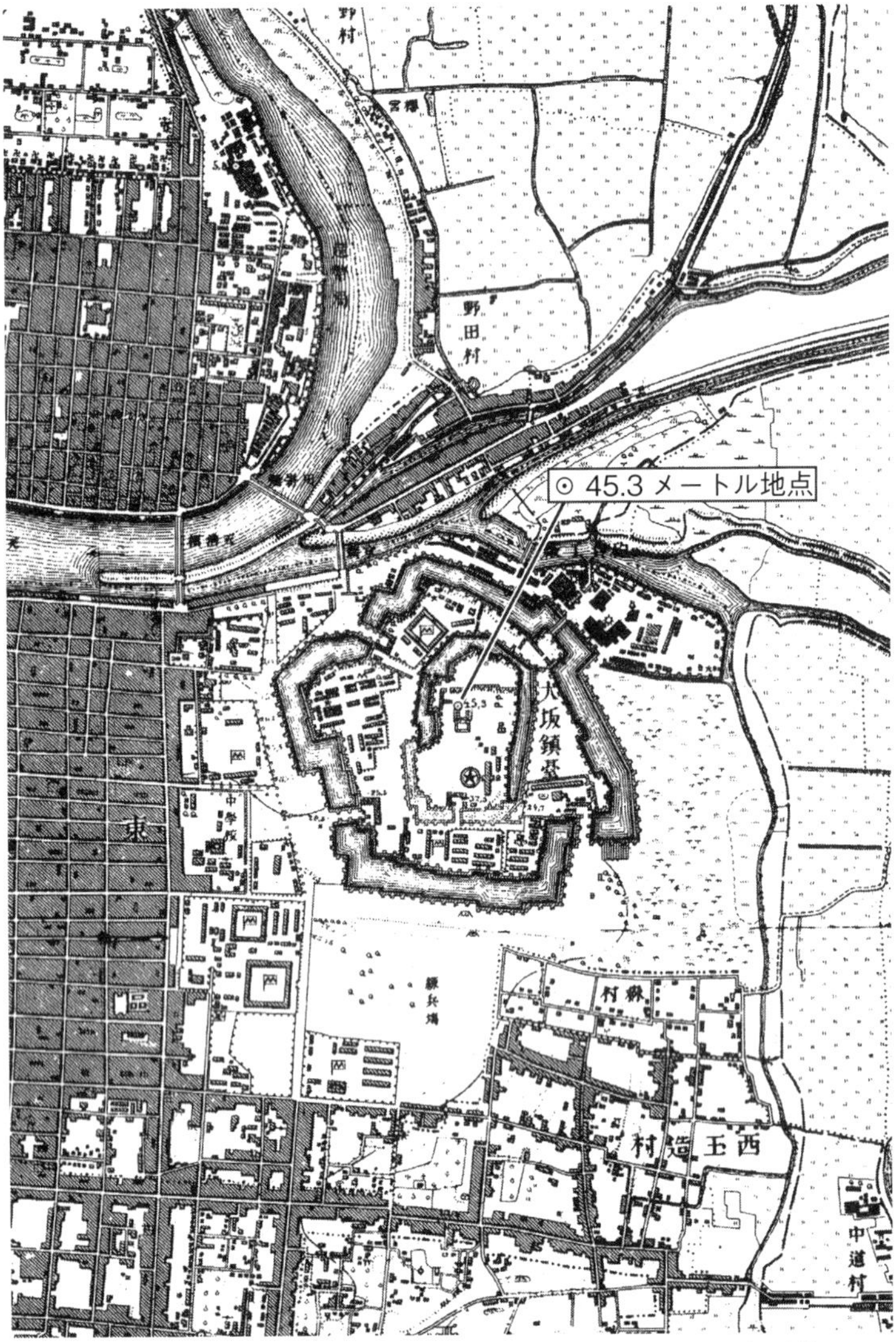

図７　石山本願寺付近　（「大坂東北部」『明治前期 関西地誌図集成』　一部加筆）
⊙ 45.3 メートルの地点が石山御坊の位置と考えられ、法（保）安寺はその左方、鎮台兵舎付近。森ノ里は練兵場の右、「森村」の位置

るように、堺の町で一向一揆を壊滅させ、五月二日に天王寺へ迫ったのである。京都の町衆軍にとって、山崎富田・山田市場・伊丹・堺・大坂と前年以来、遠征につぐ遠征であった。

五月二日、天王寺門前近くに駐屯した晴元被官・法華一揆の連合軍は小屋掛け（陣地構築）して石山攻撃の準備をなし、九日に北上して本願寺の外郭へ迫った。明宗の回想記には「大坂殿堀の土居へつき」とあるから、本願寺の外郭構造は山科と同様な環濠と土塁であったと見られる。法華一揆側は石山の容易ならぬ堅固な構えを見て、保安寺から森ノ里へかけて小屋掛けして攻撃した。保安寺は法安寺のことで、後年の証如の日記などによれば、本願寺と堀一筋隔てた西側に位置し、現在の大阪城本丸付近とする説が有力である。森ノ里は今の「森ノ宮」の地名語源となった中世の森三ヶ庄のことで、現大阪城の東南、玉造の北側に相当する。以上の位置関係からすると、晴元・法華一揆連合軍は本願寺の南西一帯に鶴翼《かくよく》の陣を張ったようである。東軍は五月十九日を期して石山を落とすと称し総攻撃を行ない、法安寺の土塀十三間を切り崩して石山本願寺に迫ったが、なお堀土塁を隔てて、いつ陥落するとも見えなかった。この状況を、後年の戦記であるが『足利季世記』は、次のように叙述する。

> 晴元衆三好（政長）・木沢左京亮（長政）・京の廿一箇の法華宗一味同心して、同年（天文二）五月五日より大坂を責めらるゝ。城は摂州第一の名城なり。籠《こも》る兵どもは何れも近国他国の諸門徒。一向に阿弥陀名号を心がけ、命を塵芥《じんかい》程に軽んじ防ぎ戦いければ、寄せ手も攻めあぐんで見えにける。

石山本願寺の遺構は、天正十二年（一五八四）の秀吉築城、元和偃武《げんなえんぶ》後の江戸幕府による再建と二度の大規模な工事によって徹底的に破壊されているのでほとんど地下に没し、残存していないが、現大阪城本丸近傍であったことは諸説一致している。『足利季世記』に言う如く、摂州第一はおろか当時日本でも稀に見る要害であった。すなわち北は淀川本流の安治川《あじがわ》が湾曲して流れ、東からは深野池から注ぐ大和川の水が安治川に合流し、周辺は低湿地で天然の外堀をなしている。攻めるとすれば南側から攻撃する以外にないのだ。後年、織田信長が城地に垂涎したのもさこそとうなずける。この要衝も三十数年前は葦蘆が茂り狐狼のすみかであったが、蓮如の炯眼《けいがん》は聡《さと》くもその要害性を見抜いて寺内町に建設したのである。

堅田の明宗の回想は五月十九日夜で切れている。本願寺は幕府・法華一揆の包囲にも屈せず、戦線は膠着状態に陥ったらしい。京都の町衆部隊は主力を摂津方面に投入していたため、京都の防衛は当然手薄になっていた。その機に乗じて京都侵入を狙っていたのが、前年秋に丹波へ没落していた細川晴国である。池田城に滞在中の細川晴元は、京都の守りを懸念して近江の六角定頼に出兵を依頼した。

五月十日、法華一揆の残留部隊が上京と下京の西の外郭である堀川通近辺を南北に打廻った。明らかに丹波から京都をうかがう晴国への示威である。この日、近江の六角勢は北白川の勝軍地蔵山（京都市左京区北白川上終町瓜生山、京都芸術大学校舎の背後の山）に居陣して、はるかに西京を打廻る法華一揆に声援を送った。摂津石山に四万の大軍を送り出しながら、なお打廻り部隊を擁する法華一揆の軍事力は、味方の六角定頼といえども驚かざるをえなかった。六角氏の被官連中は、おそらくこの法華一揆が将来自分たちの敵対者になるであろうとの予感があったのではなかろうか。当日の将軍地蔵山出張は、あくまで日蓮衆打廻りの援助に限定されていたようで、六角軍はその日のうちに近江へ撤収している。

五月二十五日、嵯峨二尊院《さがにそんいん》の寺男らが、僧良忠《りょうちゅう》に率いられ寺宝古文書等を入れた唐櫃《からびつ》六合を三条西家に運んできた。二尊院は三条西家累代の菩提寺である。寺男の話によると、細川晴国の軍は明二十六日を期して嵯峨を占領し陣所とすると呼号しているという（『実隆公記』）。実はこの情報は前日近衛尚通の許へ達していた。さすがに尚通は本満寺関係の法華一揆からこれらの噂を聞いていたのであろう。摂津守護代・薬師寺国長と山城郡代高島長信が迎撃に嵯峨方面へ向かっている。国長は長坂口（丹波山国方面への道）を警戒して千本通を守備していた。祇園の玉寿丸は「しかじか京には大衆なく候」と、京の守備が手薄であることを記している。この頃、晴国は、八上城の波多野元清から二千余の兵を借り出し、保津《ほづ》から水尾《みずのお》（京都市右京区水ノ尾）を通って、高雄《たかお》から周山《しゅうざん》街道を京都に打って出た。五月二十八日、晴国は長駆、北野天満宮付近まで進出したが、ここで薬師寺・法華一揆連合軍に追い返され、花園の妙心寺《みょうしんじ》付近でも法華一揆の鋭鋒に敗れ、高雄へ撤退している（『後法成寺尚通公記』）。この夜、祇園社の玉寿丸は西山・北山方面に晴国軍の篝火が二十あまり点滅するのを目撃している。

醍醐寺塔頭理性院の厳助《ごんじょ》僧正は寺用で信濃文永寺《ぶんえいじ》（長野県飯田市南原）に滞在中であった。文永寺は理性院の隆毫（鎌倉中期の人）が開基と伝えられ、伊那谷の土豪、知久頼元《ちくよりもと》の招請で文永寺に結縁《けちえん》灌頂《かんじょう》を行なうため、五月初めに京都を発して伊那谷に滞留していたのである。六月二十八日、地元の禅院から永蔵主《えいぞうす》なる僧が厳助を訪ね、五月末の京都における騒擾の報を伝えた。厳助の日記には、

　永蔵主来談、京都の説を或る方より申し来る。法華宗数十人打死す。細川八郎《（晴国）》高雄迄《まで》出張と云々。

と書かれている。草深い戦国の天竜川《てんりゅうがわ》の谷合にも、一月遅れではあるが京都の情報は入っていたのである。当時、甲斐武田氏の勢力はまだこの谷には及んでおらず、松本平《まつもとだいら》の小笠原《おがさわら》氏、諏訪《すわ》盆地の諏訪氏らの勢力がしのぎを削っていたことが、厳助の旅行日記からうかがわれる（『厳助信州下向日記』）。

　ともあれ、晴国の丹波勢は六月上旬にかけて連日のように高雄口から北野方面を窺い、夜な夜な西山には篝火がたかれた。薬師寺国長では丹波勢への抑えとしていささか力不足であったが、法華一揆留守部隊の驚異的な頑張りによって、内野《うちの》から上京洛中へは一歩も侵入を許さなかったのである。吉田兼右の日記によれば、六月三日に二条油小路の妙顕寺へ五〇〇人の丹波勢が攻撃したという風聞を伝えているが、他の日記にはまったく所見がないので、単なる流言であったと推測される。

　このような状況下に、例年通り祇園会祭礼の式日が迫ってきたが、祇園社の本社筋に当たる近江の日吉社では祭礼が見送られたのを理由に、山門から祇園社に対し、六月七日の神幸を延引するよう圧力をかけてきた。山門としては、日吉祭を流した以上、末社である祇園社が祭礼を挙行するのは本末

顚倒となり面子を失うから、山門衆徒の発向（荒法師による襲撃）をちらつかせながら玉寿丸に延引を脅迫した。幕府は五月二十二日、奉書を以て祇園社に祭礼執行を催促し、むしろ山門に対抗して祇園会の強行を支持していた。

結局、山門は近江守護・六角定頼にも手を廻し、幕府から神事延引の奉書を出させることに成功した。氏子である町衆側は、下京六十六町の月行事（町年寄）らが「神事これなくとも、山鉾《やまぼこ》渡し度《た》し」と称し、山鉾巡行だけでも実施したいと抵抗した（『祇園執行日記』）のは周知のことである（これに対し西口克己氏の小説「祇園祭」などでは、山門でなく幕府が町衆の祭礼を妨害弾圧したことになっている）。この経過で注目されるのは、下京六十六町に町役たる月行事が登場することで、これが京都における月行事の初見とみられる。このとき法華一揆の主力は大坂に滞陣中であるから、月行事たちは一揆と別系統の組織ないしは原理により選任された存在であることはほぼ明らかであろう。

摂津方面では石山攻城戦がいつ果てるとも知れず、京都の残留部隊では晴元被官・法華一揆とも焦慮の色が濃くなっていた。晴元側は高雄から出没しては容易に尻尾をつかませぬ晴国のゲリラ戦法に業を煮やし、近江の六角定頼の援助を得て、高雄に総攻撃をかけることを策した。六月十八日、勝軍地蔵山から三雲《みくも》新左衛門尉・日野《ひの》・蒲生《がもう》ら六角方二、三〇〇〇人の軍勢が入京し、薬師寺・高畠・法華一揆の諸軍と合流（『兼右卿記』）し、昼過ぎ頃高雄へ進発した。周山街道は宇多野から西は両側から山が迫り、伏兵には恰好の地形である。

連合軍は八ツ時分（午後二時）平岡の集落（京都市右京区平岡）と八幡社を焼き払ったが（『兼右卿記』）、その直後、梅ヶ畑善妙寺《うめがはたぜんみょうじ》の谷合で両側の山から晴国軍が突如として現われ、不意を衝かれた法華一揆、晴元・六角軍はしたたかに打たれた。晴国軍の主力は、山間ゲリラを御家芸とする波多野元清配下の野武士連中であった。東軍の死者は三〇〇人（『祇園執行日記』）あるいは四、五〇〇人（『後法成寺尚通公記』）といわれる甚大な被害を出し、法華一揆は算を乱し御室《おむろ》方面に敗走した。逃げ遅れた摂津守護代・薬師寺国長は、仁和寺《にんなじ》の門前で七ツ時分頃（午後四時）討ち死にしている。

梅ヶ畑の合戦は、法華一揆一年弱の歴史のうちで記録的な大敗であった。待ち伏せされやすい谷合を攻撃したという作戦上のミスに加え、主力部隊を大坂に釘付けされている留守部隊の弱点をさらけ出した形となった。主将格の薬師寺国長を討ち死にさせた事実は、この敗北を象徴するものであった。北野から上京へ敗走してくる日蓮宗徒らを目撃した京の人々は衝撃を受けた。梅ヶ畑の敗戦、薬師寺国長の討ち死には早馬でこの日のうちに木沢長政と法華一揆主力の駐屯する摂津森ノ里の陣と池田城の晴元の許へ報《し》らされた。この情報が、一向・法華両一揆の講和の一因となったことは否定できない。

一方、証如光教とその側近らも疾《と》くから晴元との戦争を気に病み、休戦を焦慮していた。元来証如にとって、前年八月四日の浅香道場焼き打ち以来の戦争は、不本意の連続であった。坊官下間頼盛の暴走さえ無ければ、犠牲をかくまで巨大なものにせずに済んだとの思いがあったはずである。かくて証如が和儀の仲人に白羽の矢を立てた人物は、依然、畿内近国に大きな勢望をもつ三好氏の家督、三好千熊丸《せんくままる》（元長の遺子、長慶《ながよし》）である。千熊丸は当時まだ十二歳、元服前の少年で、阿波芝生城《しぼう》（徳島県三好市三野町）で家臣らに養われていた。一方、晴元も膠着状態を打開すべく辞を低うして三好近臣に軍勢催促を依頼していた。六月初旬、京都の本満寺に宛てた書状は次のようであった。

中嶋に至り手遣いの事、延引の旨度々《どど》承わり候。尤《もっと》もに候。但し三好千熊丸（長慶）に申し付くるの間、急度《きっと》乱入すべく候。然る上は、大坂在陣の儀、弥《いよい》よ堅固候の様、下知を加えられ候わば祝着たるべく候。併《しかしなが》ら頼み入り候。尚お一宮壱岐守（堅成）申すべく候。恐々謹言。

（天文二年）六月八日　　六郎（晴元）（花押）

本満寺

これによると、晴元は石山の北側を攪乱すべく長慶軍を中嶋（安治川以北）に投入しようとしていたようである。しかし、千熊にとって晴元は亡父元長の敵《かたき》でもある。おいそれとは晴元の命に従えない。結局、家臣団の合議は、今後の三好一族の立場を強化するため、両者の中間、仲介者としての位置に立つことを決したのであった。

三好氏本宗は、今度の両一揆と晴元との争乱に無関係の立場にあったから、仲人としての資格は、千熊の年齢が若すぎる点を除けば、打ってつけであった。六月二十日、三好一族中の長老（おそらく長逸《ながやす》か宗渭《そうい》あたりか）が千熊丸の名代として森ノ里の陣に到着し、本願寺との間に精力的な和平交渉に入った。すでに両軍の間には早くから厭戦気分が濃厚であったので、和議は枯葉を焼くようにまとまっている（『本福寺明宗跡書』）。

京都では六月二十二日、実隆が「大坂和睦の儀、必定と云々」と記し、玉寿丸の日記によれば、二十三日には法華一揆が続々と洛中へ引き揚げている。五畿内にはほぼ一年振りに和平気運がただよったのである。この講和の報は梅ヶ畑合戦の模様とともに、七月十三日、信濃文永寺に滞在する理性院厳助の許に達した。厳助の『信州下向日記』には、

京都説あり。法華宗と一向宗と和与す。細川家督六郎なり。（中略）薬師寺備後（国長）は打死なりと云々。

と書かれている。当時の信濃の、それも遠江や美濃から相当隔った伊那谷に、わずか二十日余りで摂津大坂の情報が伝達された事実に驚かされる。信濃の小笠原氏や知久氏は京都とほとんど交通がなかったのであるから、行商人か遍歴の職人らがもたらしたものに違いないが、戦国割拠、地方分権化にもかかわらず、経済上の京都との流通が活発化している点に注目すべきであろう。

六月二十八日、池田城の晴元は、法華一揆の棟梁に宛てて次のような書状（感状）を送った。

大坂成敗の儀に就て、今度長々在陣、辛労と云い武功と云い殊に粉骨を抽《ぬきん》ずるの条、快然斜めならず候。仍て開陣の事、先《ま》づ以て珍重に候。猶お飯尾次郎（元運）左衛門尉申すべく候なり。謹言。

六月廿八日　　六郎（晴元）（花押）

本満寺檀那御中

この書状は、法華一揆の中核が日蓮宗寺院の「檀那」と呼ばれる人々であったこと、晴元が大坂攻

めにおいて彼らの働きを高く評価していることを物語っている。

かくて、天文元年（一五三二）七月十七日の奈良より始まった一向一揆と権力の対決、同年八月十日の京都より始まった一向一揆と法華一揆の抗争は二つながら一応幕を下ろした。この後、晴国や下間頼盛など一部本願寺武断派との間に若干の曲折はあるが、天文五年（一五三六）まで、京畿の政情はほぼ平穏裡に推移する。本願寺では浅香道場焼打以降の「暴走」の責任者として坊官下間頼盛を破門に処し、あわせて本山に無二の忠節を尽くしてきた堅田本福寺の明宗をも、頼盛と同類と見做して門徒から追放したのである。

第五章　法華一揆の洛中支配

一、地子不払い闘争

永正元年（一五〇四）の淀城攻めに際し、山城守護代・香西元長が近郊の農民に半済《はんぜい》を、下京の町衆に地子《じし》免除を約して軍勢催促を行なったことはすでに触れた。戦争に狩り出されるのと引き替えに、半済・地子を要求するというパターンが京都内外の地下人に定着しつつあった。下って大永六年（一五二六）末、丹波の柳本賢治らの叛乱で細川高国政権が危機に陥ったとき、ある公卿は実隆に宛てて、

洛中洛外の半済、土民配当の由に候。この儀は歎き入り候事に候。少なき下京の地子、それさへ半済候ては、一向《いっこう》の事に候。

と書状に記している。戦争が発生すればすなわち、半済・地子は軍士の収入になるものと一般に意識されていた事実を右の書状は示しているのである。

法華一揆が洛中の地子免除をその運動の果実として、実力行使を以て不払いを続けた事実は、すでに井ヶ田良治氏・林屋辰三郎氏らによって指摘され、一般にも認められている。しかし、地子未進

（ないしは免除）の問題は、既述のように十六世紀初頭以来、細川政権の軍勢催促手段として権力側から提示されてきた底《てい》のものであり、単純に反封建闘争として手放しで評価できるか否かは議論の分かれるところである。また地子不払いは、半済配賦とセットでつねに問題化しており、町衆独自の経済的要求と評価し得るかどうかもあわせて検討せねばならない。そこで本項では、天文元年（一五三二）以降における京都での地子不払い闘争を半済配分との関連でやや詳しく見てゆきたいと思う。

半済問題は、まず天文元年十月の中頃、愛宕郡東山十郷と宇治郡山科七郷の間で発生したとみられる。発端はその年八月に陥落した山科本願寺跡地の処分問題であった。幕府は十月十六日付で、「山科本願寺買得地所々」すなわち蓮如の山科御坊建設以来、山科西野郷を中心に本願寺が買得知行してきた屋敷地田畠一切を収公すると公表し、年貢米の納入を「拘置」つまり留保するよう東山十ヶ郷中に触れ出している（『経厚法印日記』所収同日付幕府奉行人奉書）。同様の命令は山科七郷へも当然発せられたと推定される。その翌日（十月十七日）、青蓮院庁務経厚は日記に次のように書いている。

十郷百姓中に二、三人宛《ずつ》、真如堂の念仏堂にて会合《えごう》す。その子細は、十郷を山科の近藤（長久）と云《い》う者取るべきの由申す間、そのため寄合なり。その談合、只《た》だ廿日の午時迄は本所扱《あつか》いを見るべし。それ以後は近藤方へ指出《さしだ》すべきの由、申すなりと云々。再びまた諸本所の半済引くべきの由。之（ママ）て共の談合にて帰り畢《おわ》んぬ。

関連史料が少ないので難解な点が多いが、大略次のような意味であろうか。この日、東山十郷の沙《さ》汰人《たにん》（惣の代表者、村役）らが真正極楽寺の本堂（京都市左京区浄土寺真如町）で寄合を開いた。議題は、山科の土豪・近藤長久《こんどうながひさ》が十郷を押領《おうりょう》しようとしている動きに対応するためである。ただし二十日までは年貢米の納入先である本所《ほんじょ》（荘園領主）の出方を見ようというもので、あわせて半済不払いのことも申し合わされている。この翌十月十八日、幕府は紀伊郡八条の東寺と東寺領の農民に、半済免除の問題で奉書を発している。そのうち農民宛のものは次のようである（『東寺百合文書つ』）。

東寺雑掌《ざっしょう》申す当寺領城州所々の事、半済と号し、年貢難渋せしむと云々。言語道断の次第なり。先々《さきざき》の如く厳密に寺家雑掌に沙汰し渡すべし。遅怠《ちたい》あるべからざるの由、仰せ出さるゝ所の状、件の如し。

天文元
十月十八日　（飯尾）堯連（花押）
（松田）晴秀（花押）

所々名主沙汰人中

この文面によると、洛外の諸郷で百姓らが、半済と号して年貢を荘園領主（この場合は東寺）に支払わない動きが出ていることが知られる。たまりかねた東寺の雑掌（事務僧）が幕府へ愁訴《しゅうそ》してこの奉書を出してもらったのである。やや下って十一月八日にも、陰陽師土御門有春《つちみかどありはる》（下級公卿）の知行地西院庄《さいいのしょう》（京都市中京区西院）の百姓らにも次のような幕府の指示が出されている。

土御門中務大輔有春朝臣《あそん》申す城州西院庄内小田と号す年貢の事、請切《うけきり》の地たるの処、或いは半済・損免と号し、或いは諸引物《ひきもつ》と称し、これを難渋すと云々。太《はなは》だ然るべからず。所詮、先々の如くその沙汰を致すべし。若し猶お恣《ほしいまま》に抑留せしめば、速《すみや》かに厳科に処せらるべきの由、仰せ出され候なり。仍て執達件の如し。

天文元
十一月八日

（諏訪）長俊（花押）
（飯尾）貞広（花押）

当所名主百姓中

半済と号して年貢を自分の手元に抑留して本所に差し出さぬ百姓が、京郊各所に広汎に存在した事実がうかび上がってくる。

そこでさきの十七日における経厚の日記の解釈に戻るが、近藤長久なる土豪は、山科本願寺跡地を幕府が収公したのを奇貨として、山科西野郷と共に東山十郷の散在地（旧本願寺領）をも押領しようとしたのではあるまいか。経厚の日記に本願寺領のことが頻出する事実からみて、おそらく山科西野だけでなく、東山十郷の各所にも本願寺の散在地（飛地）が存在していたのではないかと思われる。

十月十九日、粟田口郷の沙汰人らは、「粟田口惣庄中」の名義で三条絹屋町（現在の京都市中京区三条京極付近か）と御陵《みささぎ》郷（京都市山科区）へ十七日の真如堂寄合の趣旨を伝達したところ、それぞれから承諾の返答があった（『経厚法印日記』）。

翌十月二十日の経厚の日記は次のように書かれている。

今日近藤（長久）、十郷（東山）の緒入組、悉《ことごと》く以て押し取るべきの由、兼日より申すの間、近郷各《おのおの》申し談《だん》じ、あい支うべきの由、岡崎・南禅寺等申し談ずるの間、要害を構え、各諸郷をあい語《かた》らうの処、近藤終《つい》に違乱を止《とど》め了《おわ》んぬ。

真如堂の寄合では、十月二十日まで様子を見るが、状況に変化がなければ近藤長久に指出《さしだし》を行なう（年貢納入の誓約に当たる）予定をしていたところ、十郷の中に強硬論が擡頭して、東山に城郭を構築して諸郷民楯籠もってまで抵抗するとの決意を固めた。この郷民の強硬策にさすがの近藤長久も折れたというのである。十月十九日、長久は細川晴元の被官孝阿《こうあ》（時宗の僧侶）に対し次のような請文を提出している。

諸家御知行分の事、拙子違乱の儀、一向これなく候。然れば当御（細川晴元）下知の次第、仰せ付けらるべく候。万一兎角《とかく》申すに於ては、少弼（六角定頼）仰せ聞かせられ、御成敗を加えらるべく候。恐々謹言

十月（天文元年）十九日　　近藤入道 長久在判

孝阿弥陀仏御宿所

この書状によれば、長久は六角定頼の被官であったようだ。山科攻めの戦功と称して本願寺跡地を押領したのであろう。以上の動向に見られるような京郊諸郷の強硬策は、東寺領・土御門家領に現われた半済不払い（荘園領主に支払うべき年貢の半分を農民が手元に留保する）運動と明らかに連動して起こっているのである。岡崎・南禅寺の諸郷が揚言している「要害を構えて諸郷をあい語らう」企てが

決して単なる誇張ではなかったことは、次に述べる山科七郷の動きに照らしても明らかである。

十月二十九日、後奈良天皇は内蔵頭《くらのかみ》・山科言継に宛てて女房奉書を発給し、「山科大宅郷・椥辻《なぎのつじ》諸散在地」の件につき幕府へ善処を申し入れるよう指示した。同じ日、この女房奉書を受けて言継は幕府内談衆大館高信に対し、「山科七郷の内西庄の事」について「然るべきの様御入魂《じっこん》」つまり善処方を申し入れている。以上は言継の日記、十一月四日の条に収められている古文書の写しによって知られるのだが、山科大宅・椥辻・西庄などの件が具体的に何を指すのか、一向に明らかでない。ところが、折り返し朽木滞在中の将軍義晴の許から十一月十日付で伝奏・広橋兼郷に宛てて出された大館常興（尚氏）の書状によって、おぼろげながら推測することができる。常興（高信の父）書状中に、次のような語句がある。

山科七郷の儀に就《つい》て（中略）、女房奉書出《いだ》さる、の条々、仰《おおせ》の儀共候間《あいだ》、今以てその御意得《おんこころえ》を成され候。仍《よっ》て地下人緩怠《かんたい》の儀、急度御紀明を以て御成敗を加えられ候様《よう》、御意得として申し入れらるべく候。次でかの構《かまえ》・堀の儀、最前筋目を以て普請《ふしん》仕《つかまつ》るべきの段、肝要に候。

この書状は、前段で「地下人緩怠」の非を鳴らし、後段で「構・堀」の普請（埋め戻し）を指示している。〝地下人緩怠〟とは何か。それは十月初め以来、近郊の諸郷で猖獗をきわめる半済不払い運動を指すのであろう。朽木に滞在する将軍にとって、幕府直轄領でもない限り半済不払いは一向痛痒《つうよう》を感じないが、荘園領主にとっては死活の瀬戸際である。年貢米の半分が入ってこなくなり困惑した荘園領主山科言継は、再び朝廷に泣訴《きゅうそ》して、十一月十二日、後奈良天皇の二度目の女房奉書を交付された。

天文元、十一、十二

山科七郷御成敗の事（中略）、左候はゞ、緩怠人の事、この御所（禁裏）より御成敗を加えられ候らえの由、申され候事にて候。それに就きて武家（幕府）より手を入れられ候わぬに就きては、郷中としてその内の本人にても又在所にても候らえ、厳重に急度《きっと》成敗を加え候べきよし、仰せ付けられ候べく候。殊《こと》に牢人等多く抱《かか》え置き候により、一段曲事《くせごと》の由申され候事にて候。左様の事も堅く申付けられ候て、急ぎ相払われ候べく候。又構《かまえ》の堀の事も、前の御請《うけ》申候如《ごと》く、一方の分なり共、急々埋め候えば、先々《まずまず》無事にもなり候様に候か。この条々聊かも遅々《ちち》し候ては、曲事にて候べく候。（中略）かしく。

内蔵頭殿へ（原文平仮名）

この女房奉書と大館常興の書状とを読み比べてみたとき、常興書状にいう「構・堀」の普請が何を意味していたかがようやく明らかとなってくる。十月二十九日付の言継書状が「西庄」のことを幕府に訴願しているのと照らし合わせて、構堀は八月に落城した山科本願寺の環濠と土塁を指すことはほぼ間違いあるまい。半済不払運動を推進する郷民らは、旧山科寺内町跡地に浪人などを傭って、領主の年貢取り立てに抵抗の構えを見せているというのである。山科御坊の炎上後、土塁と堀を破壊すべく、九月三日に柳本信堯の部下将士が現地に向かっている（『経厚法印日記』）が、摂津方面の戦況の悪化によって、そのままになっていたらしい。要害を構えての抵抗は、京都周辺の各荘園、村々にあまねく行なわれていたようである。
京都の周辺は山門、禁裏、公家、東寺など平安以来の大権門の荘園が多く、応仁の乱以降、荘園制が解体しつつあったとはいえ、近郊農村は旧勢力最後の生命線として残されていた。幕府の半済停止令が出ても一向効果が現われないのを見た諸本所は、幕府の軍事力の実質的な構成者である堺の細川晴元に訴え、百姓らへの半済配当を認めないように願い出た。その結果、十一月十三日に晴元は次のような奉書を発給したのである。

今度諸勢働きの儀に就《つい》て、洛中洛外半済免除と号し、諸百姓等年貢以下難渋すと云々。以ての外の次第なり。所詮書《(ママ)》御存知なきの上は、先々の如くその沙汰を致すべき旨、早くあい触れらるべきの由候なり。仍て執達件の如し。

天文元
十一月十三日　　　　　長隆(晴元奉行茨木氏)在判

高畠与十郎殿

この奉書によれば、百姓らは「諸勢働きの儀」すなわち山科攻めと一向一揆に対する戦功によって半済を配当されたと称していたようである。しかし、すでに再三見てきたように、一向一揆との戦いで最大の功労者はいうまでもなく町衆・法華一揆であり、山科攻めのときは五〇余郷の農民らは東岩蔵山の山上で傍観するばかりでほとんど戦場に出ていないのだ。農民らの言い分はむしろ法華一揆の軍功に対する便乗であり、尻馬に乗って火事場泥棒的に取れるものを取ろうという狡猾でしたたかな策略である。体を張って京都を防衛した町衆に対し、農民らの行動は、——領主への年貢納入を軽減しようという経済闘争の面を別とすれば——頽廃的で堕落していると非難されるのも止むをえない。

半済の奪い合い

さて十一月二十日、山城郡代・高畠長信は、茨木長隆の奉書を受けて柳本信堯に対し、百姓らの半済を停止するよう、諸郷村に下知せよと指示した。東岩蔵山上に城郭を構えて半済闘争をつらぬく意志を見せた東山十郷の農民らも、茨木長隆・高畠長信らの達しを見て動揺し、忽《たちま》ち及び腰となった。

十一月二十四日、十郷の惣中は寄合を開いて晴元側へ次のように返答している。

今度洛中洛外諸百姓等、半済御免除の儀と号し、年貢等難渋の由、御下知以下の御案文あい触れられ候。当郷中の事は、受《う》けてその儀なく候。当年以ての外日損仕《にっそんつかまつ》り候間、諸本所へ御詫言《わびごと》の筋目《すじめ》を以て、損免し申請け度《た》き覚悟に候。これ等《ら》の趣、御心得を成され候わば、本望たるべく候。

恐々謹言。

（天文元）十一月廿四日　　東山十郷惣郷中

斎藤但馬守殿

ここでは百姓らは、「諸勢働き」の如き軍功を募るのを止め、ただ損免（旱害による年貢減免）を本所に歎願しただけだと要求を大幅に後退させている。

山科攻めのときは形の上で共闘したとはいえ、その後さしたる働きもなく半済のみ要求する洛外の農村と法華一揆の間はようやく疎遠となったようである。

十二月十日、京都西北の農村で徳政を要求する土一揆が蜂起したが、京都の町衆、とくに土倉など金融を営む有力町衆は、傭兵をも使って軍を編成し、蜂起の村々へ進軍した。その数を三条西実隆は「一万計《ばかり》」と記し、鷲尾隆康は「上下二万人」と表現している。金融業者だけでこれほどの大軍を編成しえたとは到底考えられないから、この軍は実質的には法華一揆を中核としていたのではないかと推測される。この発向軍を実隆は「土蔵方衆」とし、隆康は「京衆・土蔵衆」と記すが、隆康の書く「京衆」はほかの用例からして法華一揆を指す場合がほとんどであり、右の推定を裏付けるものであろう。かくして蔵方・法華一揆の連合軍は土一揆張本の在所と思われる安井《やすい》・木辻《きつじ》・常盤《ときわ》谷・大北山《おおきたやま》（いずれも京都市北区衣笠、右京区花園・太秦付近）を放火して回ったのである。前章の天文二年四月、唱聞師村焼打事件のように、法華一揆（町衆）が周辺農村を焼き打ちするという図式が、この段階で成立していることが注目される。

さて、洛外農村の半済差し押さえ運動は、一部の地域で翌年まで続いた。「地下人緩怠」に荘園領主が手を焼いた山科七郷では、天文二年（一五三三）八月にも次のような幕府の奉書が出されている。

山科内蔵頭雑掌申す城州山科大宅郷地頭職・同諸散在栁辻等の事、去年御下知を成さる、と雖《いえど》も、違乱の族未だ休《や》まずと号し、事を左右《そう》に寄せ年貢難渋せしむと云々。以ての外の次第なり。早く先々の如く厳密にかの雑掌に沙汰し渡すべきの由、仰せ出さる、所の状、件の如し。
天文弐
八月十五日　　　（飯尾）堯連判
　　　　　　　　（松田）晴秀判
当所名主沙汰人中

このように、山科七郷では近藤長久らの押領が続いていると言い立てて、百姓らが半済どころか年貢全額を納入しなかったようである。山科家では摂津芥川城に出向いて、池田城から移って滞在中の細川晴元にも請願し、年貢進済を百姓に指示する奉書を交付されている。以上のように、洛外の半済未進運動は天文元年秋から翌年へかけて、ちょうど一向一揆と法華一揆の抗争の期間中、猛威を振るったのである。

天文二年（一五三三）六月に細川晴元政権が本願寺と講和して以降、畿内近国の政情が相対的に安定化したので、郷村の半済騒動も収束に向かうが、今度は山城守護代・木沢長政による半済騒動が京都の内外で天文三年頃から勃発した。百姓が留保していた半済分を、今度は守護代が差し押さえようとしたのである。とくに天文三年秋に西岡から長政が徴収しようとした「峰城の米」（峰城は京都市西京区御陵峰ヶ堂、当城は一向一揆と丹波勢の洛中侵入に備えて設けられた）はその典型である。同年九月、木沢に半済を宛行った晴元の奉書は次のようである。

城州西岡中脈《なかすじ》寺社本所領、権門勢家に依らず当所務半済但し給人の地これを除く、但し代官職の地に於ては公用半分の事、峰城の米として仰せ付けらる、の上は、下知を加えらるべきの由候なり。仍て執達件の如し。

（天文三脱）九月廿八日　　　　（茨木）長隆在判

木沢左京亮（長政）殿

半済を荘園領主が奪還するか、百姓が留保するか、はたまた守護権力が収公するか、現実には三者の力関係で決する。天文三年以降、洛外の政治情勢から、農民らの半済留保運動はひとまず挫折の局面に入り、荘園領主と守護権力（晴元政権）とのせめぎ合いに突入したのであった。

町衆、地子を払わず

では、次に京都の町衆が取り組んだ地子未進闘争を検討してみよう。この運動に関する史料は必ずしも多くないが、直接的にこれを物語る文書は、法制史家の井ヶ田良治氏が発見した次のようなものである（『鹿王院文書』）。

公方（義晴）様、桑実御座《ござ》以来日蓮宗の時、洛中地子銭沙汰致さざるに依《よっ》て、有名無実の由、申さる、歟《か》。この段は惣次《そうなみ》の地子はその分に候間、この方の儀も以て同前なり。所詮、天文六年以来は、諸本所へ元の如く知行せしむるの条、往古よりかの方知行分たらば、何ぞ清光院殿御知行無《な》からん哉《や》。この方へは証文の旨を以て他の妨《さまたげ》なく、地子銭速《すみやか》に知行仕《つかまつ》り来《きた》り候。

この文言は、山城十刹《じっさつ》（臨済禅宗で五山《ござん》の下）宝幢寺《ほうどうじ》（京都市右京区嵯峨北堀町）の開山塔である鹿《ろく》王院《おういん》なる寺院と清光院《せいこういん》とが、洛中四条綾小路《しじょうあやのこうじ》の屋地をめぐって争い、幕府の法廷に鹿王院が提出した二回目の書面（二答状）に書かれているものである。「公方様桑実御座」とは、将軍義晴が近江桑《くわ》実寺《みでら》（滋賀県近江八幡市）に滞在していた天文三年から五年にかけての期間を指す。この文章から双方の言い分を再現してみると、およそ次のようになろうか。

〔清光院側〕

貴院では件《くだん》の地（四条綾小路）をずっと知行していたようにおっしゃるが、天文三～五年の間は周知のように法華一揆の力が強く、町衆はまったく地子を諸本所（荘園領主＝町屋支配者）に納めていないのだ。一貫して当知行だなどと、どうして言えるか。

〔鹿王院〕

確かにその期間はこちらも地子を徴収できなかった。しかし例の地子不払いは、洛中惣次《そうなみ》に行なわれたもので、いわば非常時の、まったく例外的現象だ。法華一揆が終わった天文六年（一五三七）以降は、諸本所へちゃんと町衆は納入している。古来から貴院の支配地だったというのなら、どうして地子を徴収なさらないのか。当方はちゃんと証文も揃っているし、何の障害も受けずに今まで徴収実績がある。

双方の弁論をたどってみると、明らかに鹿王院側に有利な状況だが、天文三～五年の期間、洛中惣次に地子が納入されなかったという事実は双方共に認めている。

次に法華一揆の地子未進に関連すると思われるものに、次の幕府奉行人奉書がある。

洛中洛外の屋地・野畠地子銭の事、当知行の諸本主に至りては、先々の如くその沙汰を致すべし。若《も》し難渋の輩《ともがら》あらば、江州（六角定頼）の人数を以て催促を加えらるべきの条、更に遅怠あるべからざるの由、仰せ出さる丶所の状、件の如し。

天文十 十二月十三日　長俊（諏訪）（花押）

堯連（飯尾）（花押）

上下京中

（『上京文書』）

日付は天文十年（一五四一）末で、さきの鹿王院側のいう「天文六年以来」諸本所が知行を回復しているという主張とは食い違っているが、宛先に「上下京中」と洛中の町衆全体を対象とし、諸本所一般へ均しなみに地子納入を義務付けている趣旨は、明らかに天文三～五年の法華一揆による地子不払運動を意識しているといえよう。また、この奉書が天文十年末に出されている事実の背後には、地子不払運動が法華一揆の壊滅する天文六年以降もある程度続けられていたという事情がある。

さて問題は、町衆の地子未進という抗税闘争に、幕府、細川政権がどういう態度で臨んだかである。元来地子とは農村部での本年貢に相当する所得税系統の地代であり、都市住民が屋地所有者に支払うべきものである。したがって、地子不払運動は町衆と領主との関係であって、幕府は第三者の立場にすぎない。

段銭《たんせん》・地口《じぐち》・守護役などの資産税系統の臨時課役とは異なり、幕府には本来地子を免除する権限などは有り得ないのである。ただ、地子未進に関して荘園領主が幕府の法廷に訴え出た場合に限り、裁判権を行使して町衆に地子納入を命ずることはありうる。先述、天文十年末の幕府奉行人奉書の場合がそれである。現に鹿王院、清光院がともに洛中惣次の地子免除があったと認める天文二～五年の間、幕府は荘園領主の訴訟を受けて、幾度か洛中の住民に地子納入を命じている。そのうち、日野家領下京六角町の町衆に地子納入を指示した幕府の奉書を次に掲げてみる。

日野殿雑掌申す下京六角八町々の事、近年有名無実と云々。太《はなは》だ然るべからず。所詮、奉書を成さるゝの上は、早く地子銭、先々の如くその沙汰を致すべし。更に難渋あるべからざるの由、仰せ出さるゝ所の状、件の如し。

天文三
十月廿九日　　　　　　　　　　　　　　　　　　　　　　（諏訪）長俊在判
　　　　　　　　　　　　　　　　　　　　　　　　　　　（飯尾）貞広在判

当地上衆中

（『日野家領文書写』）

同様の裁決は天文二年九月、大徳寺《だいとくじ》領北小路大宮妙覚寺趾門前屋地の「地百姓」（洛中居住の農民）に宛てても出されている。このように、幕府は法華一揆の地子未進なるものを建前としては認めていなかったのである。

それでは、町衆の抗税闘争はどのようにして可能であったのか。わたくしはそれについて、幕府の実質的な軍事力を構成する細川晴元が、地子不払いを黙認した結果であろうと考える。晴元の発給した奉書は、天文二〜五年の期間、五〇通余も残っているが、その内に洛中住民に地子を納入せよと指示した内容のものは一通も見出せない。

前々章および前章で見てきたように、天文元〜二年の法華・一向両一揆対決は、晴元と本願寺の生死を賭した争いに、法華一揆がもっぱら晴元の爪牙となって八面六臂《はちめんろっぴ》の活躍をなしたことによるものである。法華一揆の軍事力がなければ、晴元政権は到底成立しえなかったことは客観的にも明らかである。法華一揆は晴元に巨大な貸しがあり、晴元としては町衆の地子未進運動を弾圧することなどは考えられず、力関係からいってもこれを黙許するほかなかったのである。法華一揆が壊滅したはるかのちの天文十年（一五四二）の段階ですら、晴元・幕府の軍事力だけで町衆の地子未進を排除することは不可能であり、「江州の人数を以て催促を加えらるべし」と、さきの奉書にうたっている事実からしても、右の事情は明ら

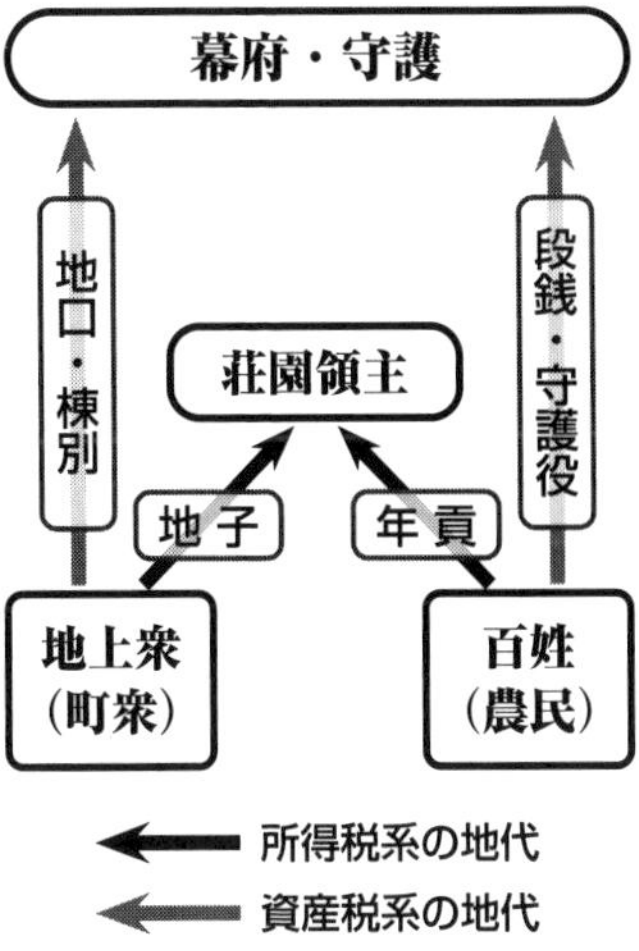

図８　税の納入概念図

かであろう。

西尾和美氏の研究によれば、幕府政所代（財政官庁政所の次官）蜷川親俊《になわちかとし》の日記天文八年八月三日の条に次のような記事がある。

　去る晦日、室町土御門三福寺《さんぷくじ》の地子銭未進催促のため、大館（高信）兵庫殿中間《ちゅうげん》罷《まか》り越《こ》し、立料《たちりょう》これを申し懸く。六十銭の事御法たるの間、一貫二百文取るべきの由と云々、存外なる申事、覚悟に及ばず、亭主これを申すと雖も、種々悪口《あっこう》、家具携《たづさ》え罷り出《い》ずるの間、その町人出《い》で合せ、打《ちょう》擲《ちゃく》仕り候。

この地は幕領で、大館氏の中間が徴収に出向いたところ、記述にある如く、町衆らの悪口・打擲を以て報いられ、到底徴収に至らなかった状況が記されている。また、幕府内談衆大館常興の日記天文九年七月二十一日条に、

　嵯峨鹿王院より言上、当院領三条面北頬室町屋地子の事、百姓難渋、仍《よっ》て御下知を成し懸け、請文を以てこれを申さる。

と、町衆の未進抵抗がなお根強く、諸本所が手を焼いている事実が示されている。下って天文十年（一五四一）四月にも、上京土御門万里小路の屋地において、地百姓らが「強縁を相語り地子銭以下無沙汰せしめ」たことが晴元の奉書中にみえている（『大徳寺文書』）。

城郭を構え、牢人を傭兵として抵抗した洛外の半済闘争の実態に比較し、町衆の地子未進闘争は史

料が少なく、不明の点が少なくない。しかし、乏少な史料からうかがえる限りでは、法華一揆が、晴元政権への軍事的貢献の果実として非合法的、実力行使的に地子不払運動を「洛中惣次」として起こし、晴元もそれを黙認していたことはおぼろげながら明らかになったと思う。かつ、この運動において、幕府・晴元政権は大した打撃を蒙らなかった代わりに、諸本所つまり公卿・寺社等の洛中地主（領主）は大きな被害を受けた。後年、

京の法花衆あまりに狼藉どもこれある間、（『細川両家記』）

とか、あるいは、

かの檀那寺法華宗あまりに侈《おご》り、（中略）かように狼藉どもあるは、（『足利季世記』）

と日蓮宗が世人の批難を受けた一半の原因は、この地子未進運動にあることは否定されないのである。

二、地下請の要請

山科攻めと大坂攻めという二つの軍事動員に巨大な力を発揮した法華一揆は、今や朝廷・公卿社会だけでなく、晴元政権ですら恐れ憚《はばか》る存在となった。地子不払運動だけに止まっておれば、京都の防衛者・警察的存在として認められた法華一揆への経済的譲歩として、まだしも人々は我慢したかもしれない。しかし、一向宗との厳しい対立下とはいえ、法華衆が唱門師村や洛外農村も焼き打ちした

ことは、公卿層を中心に激しい嫌忌の念を生んだ。

法華一揆の洛外焼き打ちの中で最大規模のものは、天文二年十二月に行なわれた。丹波の細川晴国・一向一揆連合軍が京都をうかがうという緊迫した状況下に、民衆相剋の悲劇は起こったのである。山科言継の日記、十二月二十五日条には、

日蓮衆今朝西辺土、西院《さい》・山ノ内・郡《こおり》・梅津・河端《かわばた》そのほか十一村放火すと云々。言語道断の事なり。

（『言継卿記』）

と書かれている。この村々は現在の京都市右京区西院西京極・梅津の一帯で、松尾《まつのお》社と西院をほぼ東西一直線に結ぶ四条街道の沿道村落を根こそぎ焼き払ったのである。この焼き打ちの背景は、本願寺の徹底抗戦派下間頼盛の一党と気脈を通ずる丹波の波多野秀忠《ひでただ》・細川晴国らの連合軍の存在であるが、本願寺と晴元とはすでに講和しているのであるから、日蓮宗徒の郷村焼き打ちは行き過ぎで、被害妄想的態度であったといえよう。法華一揆は六月の本願寺との和睦以後、洛外農村に宥和的態度に出るべきであるのに、逆に彼ら農民との対立をことさら煽動する偏狭な行動に出ているのだ。根底に宗教上の対立があるということは、かくも集団間の和を困難にするものなのであろうか。

郷村の放火は、公家層にとっては、「言語道断の事なり」と一応は慨嘆してみせるが、いわば対岸の火事であった。ところが、山城守護代・木沢長政と組んだ法華一揆は、直接公家の利益の重大な侵害となる政策を朝廷に迫っていた。天文三年（一五三四）三月十五日、内蔵頭山科言継の宅に、伝奏・

広橋兼秀から使者がきて、山科家の家領「山科七郷」の儀につき至急相談したいと伝えてきた。たまたま当日は言継の禁裏上番の日に当たっており、明日にしてくれと使者に伝えている。翌日四ツ（午前十時）時、早速言継は上京一条烏丸の広橋家（山科家の筋向いに当たる）を訪れたが、兼秀より聞かされた事実は、耳を疑わしめるものであった。

当時、将軍義晴は近江桑実寺に滞在中で、その桑実寺から同朋衆《どうぼうしゅう》・椿阿弥《ちんあみ》なる幕府近習が、広橋家縁故の大和内山永久寺《うちやまえいきゅうじ》・中院僧正に託して届けてきた情報であった。その情報とは、

日蓮衆、木沢《（長政）》に付て、六角《（定頼）》を以て宇治郡十一ケ郷、山科七郷、東山十郷散在一円申し請《う》くと云々。

（『言継卿記』）

というものである。法華一揆が山城守護代・木沢長政、近江守護六角定頼（晴元の舅）を通じて山科・東山一円の代官請負を申請しているというのだ。代官請とは、当該地域において法華一揆が徴税請負人として支配することをいう。要するに法華一揆の農村支配である。この重大な権益を、一揆は天文元年以来の洛中防衛の報酬として幕府に要求してきたのである。この法華一揆が請負を要請してきた諸地域は、醍醐寺・勧修寺・青蓮院・園城寺など多くの寺社の荘園が集中錯綜していたが、なかでも山科七郷は禁裏御料所《ごりょうしょ》（領家《りょうけ》は山科家）として平安末以来朝廷の一円支配が続いてきたところで、武士はおろか他者の支配を許したことがない聖域であった。言継が青天の霹靂《へきれき》と受けとったのも無理はない。

　山科言継は早速家司の沢路《さわじ》隼人佑《はやとのすけ》を召し寄せ、山科の郷民共にこういう動きがあるから周知させて充分警戒するよう指示を与えた。そして言継自身、翌三月十七日、朝飯をしたためるのももどかしく禁裏へ参内《さんだい》し、女官の長橋局《ながはしのつぼね》に法華一揆による山科郷地下請《じげうけ》のことを内奏した。折り返し後奈良天皇から御前へ参れとの指示があり、天皇の面前でことがらの重大性を直接訴えたのである。正午近くまで天皇との相談をくり返した結果、朝廷の命としての女房奉書を、頭弁《とうのべん》広橋兼秀と談合の上発給するようにとの内意を得た。言継は直ちに禁裏を退出、広橋邸を訪れて女房奉書の案文《あんもん》（下書き）作成にかかった。その案文を携えて言継が自邸に戻ると、雑掌の沢路隼人佑が山科より上洛して来た。隼人佑は「日蓮宗申し請《う》け候事、驚き入り候」という郷民らの反響を伝えてきた。この経過を見ても、今回の地下請の主体が、木沢長政や六角氏でなく、日蓮宗＝法華一揆であることがはっきりと認識されている。

　翌十八日早朝、言継は昨日広橋邸で作成した女房奉書の土代《どだい》（下書き）を禁裏に持参し、長橋局へ提出、次のような正式の奉書を交付されている。

　仰《おおせ》　天文三 三、十八

山科七郷の諸散在、申請け候輩《ともがら》ある由聞食《きこしめ》し及ばれ候。一定《いちじょう》にて候やらん。驚き覚《おぼ》し食《め》し候。一昨年《おととし》も申され候つれども、仰せ分けられ候て、守護不入の御下知を重ねて進《まいら》せられ候つる事にて候。殊にその郷民共は、北の門の役所を存知して、奉公懈怠《けたい》なき事にて候へば、堅く仰せ出

され候て、この程の如く別儀なき様に候らわば、目出度く喜び覚し食し候べき由、よく心得候て、
室町殿（足利義晴）へ申され候べく候由、申せとて候。かしく。
頭弁殿（広橋兼秀）へ（原文平仮名）

この奉書では、代官請を要求してきた主体が法華一揆であるとは明記していないが、山科七郷は守護不入の在所たること、郷民は禁裏門役を負担していること、の二点を主たる理由に、地下請の要求を拒否し、幕府へその旨伝えるよう指示している。

これで朝廷をあげて法華一揆の代官請を阻止する構えがとられたことになる。言継は直ちに伝奏・広橋兼秀へ幕府への示達を依頼する一方、家司・沢路隼人佑を呼んで七郷内へ法華一揆を入れないように厳命した。ともかくもこのような言継らの活躍で、以後若干の曲折はあったが、山科七郷の法華一揆による代官請は見送りとなり、天文三年十一月、宇治郡十一郷と山科七郷は守護代・木沢長政が請け負うことになった（『厳助往年記』）。言継の日記がこの年秋分、欠失しているので詳細は判明しないが、朝廷にとって最悪の事態は免れたようである。

宇治郡以外のほかの地域では、この動きはどうであろうか。あたかもこの天文三年三月八日、泉《せん》涌《にゅう》寺《じ》の出官（会計担当の僧）某は三条西実隆に宛てて書状を送ったが、その文中に次のような語句があった。

将又《はたまた》、内々申し入れ候本能寺へ御書の儀、御披露候哉《や》。近比《ちかごろ》御むつかしき事に候え共、当時（現今）の儀

に候間、自然《しぜん》の儀(万一の意)もと存じ候て申す事に候。同じくば御次《ついで》を以て貴殿として遣《つかわ》され候て給《たま》うべく候哉。御返事に依ってこれより申すべきと存じ候。更々《さらさら》何のあやまりも爰元《ここもと》事は御座無《な》く候らえ共、毎々何かと申す雑説《ぞうせつ》にて候間、申す事に候。然るべき様に御申し、仰《あお》ぐ所に候。

この文意から察すると、本能寺が何の過失もない泉涌寺に対し難題を吹きかけ、泉涌寺側が困惑している状況を訴えたものと思われる。時期から見ておそらく泉涌寺領（紀伊郡内に多かった）に対する法華一揆の地下請の要請ではあるまいか。日蓮宗寺院の一挙手一投足に各諸本所が恐れ、一喜一憂している状況が浮かび上がってくる。

こうして法華一揆は、無意識のうちに孤立化を深めていくのである。

三、洛中の警固を担う

一向一揆の残党、下間頼盛一派と細川晴国の連合軍が西岡・洛西に出没していた天文二年（一五三三）十二月、幕府は東寺に対して次のような奉書を出している。

丹波口より敵《かたき》出張の旨、注進到来す。早く諸寺法華衆に来《きた》り合せ、堅く洛中を相拘《あいかこ》い、忠節を抽《ぬき》んでらるべきの由、仰せ出され候なり。仍て執達件の如し。

天文二
十二月十日　　　　　　　　尭連(飯尾)（花押）

盛秀（松田）（花押）

東寺雑掌

この奉書は、東寺の堂衆や寺男など寺内で武装可能な者を挙げて法華一揆に連合させ、洛中を警固すべきを命じたもので、おそらくこの指令は東寺だけでなく洛中洛外の諸社寺に出されたものと思われる。諸寺社の武力をこぞって法華一揆の指揮下にくり入れようとしたもので、日蓮宗徒に洛中警固に関して軍事指揮権を委《ゆだ》ねていることが明白に看取される。法華一揆が洛西十一ヶ村を焼き払った（前述）のは、この半月あとのことで、この奉書によって付与された警固権を発動したものとみられる。それにしてもこの奉書が、東寺をして山城守護代・木沢長政や郡代・高畠長信らの指揮下ではなく、日蓮宗徒の配下に入れようとした事実は、幕府自身が法華一揆の武力を最も高く評価していたことを物語っていよう。この場合の洛中警固とは、上京と下京を堀と土塀で囲繞する「構《かまえ》」（図2参照）の内を防衛せよという意味である。

この洛中を取り囲む構（城壁）については高橋康夫氏の研究に詳しいが、〝京の七口〟と呼ばれる七ヶ所の出入口（関門・関所）が付属（城門に当たる）している。法華一揆にこの構の内側の防禦権を与えた以上、七口の警固をも付与したと見られることは当然であろう。ここに律令制下の左右京職《きょうしき》（京都市政を掌る役所）の系譜を引く京職領を知行していた中級公卿の前中納言・坊城俊名《ぼうじょうとしな》は、兼ねて家領として京の七口の関所から旅行者に〝雑務料《ぞうむりょう》〟を徴収する権益を保持していたが、天文二年末、これを陰陽師の土御門有春に譲渡した。このとき幕府は譲与安堵を申請してきた有春に安堵状を出す一方で、法華一揆に宛てて次のような奉書を発給している。

土御門中務大輔有春朝臣申す小河坊城家領洛中洛外諸口雑務料の事、かの坊城俊名契状の旨に任せ、領知を全《まっと》うすべきの段、奉書を成され訖《おわ》んぬ。自然《しぜん》(万一の意)の儀に於ては存知せられ、有春の代《だい》に合力せらるべきの由、仰せ出され候なり。仍て執達件の如し。

天文二
十二月五日　　　長俊判
　　　　　　　　貞兼判

諸法花(華)宗中

（『土御門家文書』）

このように、奉書の前段では雑務料徴収権を土御門家に保証しているが、後段ではその徴収に際して万一のときは土御門家に協力せよと法華一揆に命じている。自然の儀というのは関所破りが出た場合のことで、その武力発動を法華一揆に認めているのである。以上のように、七口の関所に関して、幕府はその警固権を日蓮宗中に委ねていることは明らかであろう。

さて、法華一揆が上下京の構＝城壁内の防衛権と七口の関所警固権を保持していた（幕府公認の）ことが明らかになったが、具体的に廿一箇寺の間でその分担はどのようになっていたのであろうか。乏少な史料からそれを推測するのは極めて難しいが、次の史料はその手掛かりを与えてくれるように思われる。

梅津長福寺雑掌申す当寺諸塔頭領・寺辺所々散在田畠等の事、違乱の族を退け、当知行の旨に任せ、弥《いよい》よ所務を全うせしむべきの段、奉書を成され畢《おわ》んぬ。宜《よろ》しく存知せらるべきの由、仰せ出され候なり。仍て執達件の如し。

天文四
九月廿七日

貞兼（治部）（花押）
貞広（飯尾）（花押）

五ヶ寺
法華宗中

（『長福寺文書』）

この幕府奉書も、前段で長福寺に寺辺散在所領（梅津の周辺と推定される。京都市右京区梅津）を安堵したものであるが、後段では「五ヶ寺法華宗中」に前段趣旨の周知方を示している。「五ヶ寺法華宗中」とは何を指すのであろうか。わたくしはそれを洛中廿一箇寺の五箇寺で京都坤《ひつじさる》方（西南方）の警固を担当した日蓮宗寺院ではなかったかと想像する。その警固寺院であるが故に、梅津周辺の寺領安堵の保障者、つまり万一のときは妨害を排除すべき存在として幕府から位置付けられていたと推測されるのである。五ヶ寺の名は明らかでないが、おそらく本能寺（下京六角油小路）、本国寺（堀川六条）あたりがそれに入っていたのではなかろうか。右の仮定がもし許されるならば、幕府は日蓮宗廿一箇寺を乾坤艮巽の四方に分け、それぞれ城壁関所の警固を管轄させると共に、本来守護代・郡代が担う通行権（裁判の代執行権）の一部をも代行させていたと考えられるのである。

日蓮宗徒の七口関所警固を具体的に物語る史料として、加藤康昭氏・杉山博氏らによって紹介された『座中天文記』という琵琶法師座の相論の記録がある。盲人の琵琶法師仲間で結成する〝当道座《とうどうざ》〟（本所は久我家《こが》）は、永正十六年（一五一九）秋より福一検校《けんぎょう》・松村某と等一検校・長松某との間に確執が起こり、それがきっかけで座中が本座と新座に分裂して争い、幕府・細川家へしばしば訴訟に及んだが、深刻な争いの末、天文六年（一五三七）七月にようやく和談が成立した。『座中天文記』は天文九年（一五四〇）三月、本座側の倫一検校・日円《にちえん》が、この騒動と抗争の顚末を回想的に記録したものである。したがって、先に掲げた堅田本福寺の『明宗跡書』と同様に、日記と同レベルの信憑性を与えることはできないが、何らかの裁判忘備録をもとに編纂されたものであることは確実で、その内容は高い記録性が認められる。

実はこの史料は、『日本盲人史』の大著がある中山太郎氏によって戦前「天文新儀事件」として早くに紹介されていたものの、中山氏は『座中天文記』は当時の史実を伝えたものでないとして、その信憑性に疑念を表明された。同様に東京大学史料編纂所でもこの『座中天文記』の記録性を疑い、当記が天文法華の乱の恰好の史料であるにもかかわらず『史料総覧』などでは一次史料としては扱われておらず、野史または雑史の類と見做されていた。これに対して、加藤康昭氏は昭和四十九年（一九七四）に『日本盲人社会研究』を世に問われ、その中で『座中天文記』を綿密に検討された結果、その信憑性・記録性を高く評価されたのである。『座中天文記』には本・新座間の訴訟に関する三十七点の訴陳状・裁許状などの文書が引用されており、その内には当道座の本所久我家に伝存する文書（ことに後奈良天皇綸旨など）とまったく一致するものがあり、幕府奉書・細川氏奉書なども様式・内容からみて偽文書とは考えられず、わたくしも加藤氏の見解を支持するものである。

それでは次に、『座中天文記』の関係部分を抜き出してみる。

一、（天文四年）その比《ころ》、京中に法花宗権柄を執る事あり。公方（義晴）・管領（晴元）の御成敗をもとに、洛中洛外の政道は、一向法花宗のまゝなり。然るに新座方の手《て》立《だて》に、夫婦孫子共一人づつ、手分《てわけ》をして、廿一ヶ所の寺々へ、師檀の契約をなし、肩を入れ、当座中（本座）を圧《お》し伏せんとす。然る間、法花僧を誘《かたら》い、伴小者《ばんこもの》共、五人十人づゝ、日々に大津・山中その外《ほか》口々へ番を出し、上下《のぼりくだり》の当道を理不事（尽）に引き捕《と》らうの条、本座方にも本《もと》より法花宗もあり。また俄《にわ》かに受法する輩少々これあり。然れば、双《なら》べて口々に番を居《す》うる間、上り当道一人あれば我が人々と奪い合い、度々《どど》に於て喧嘩に及ぶ。互いに贔屓偏頗《ひいきへんぱ》の沙汰なれ共、法華僧は一躰なれば、双方用捨のみにて、対様《たいよう》にて年月を送る。

一、新座方の計略歟《か》。但し日々人数を以て番を居《す》うる事退屈《たいくつ》するか。法花宗の諸旦（檀）方に衆会の衆とて、別して権柄を取る輩これあり。彼等ならびに闔閣（開闔）《かいこう》を頼み、両座中に付きて、度々喧嘩に及ぶ事然るべからざる次第なり。所詮、双方の番を挙《あ》げらるべき歟の由、懇望の条、かの両所として口入《くにゅう》の間、先《ま》づ以て双方共に番を揚《あ》ぐる処に、新座方より又《また》法花僧を憑《たの》み、大津・山中へ出し、上《のぼり》当道を引き捕うの由、その聞《きこ》えあるの間、本座方より謀《はかりごと》に、当道を一人、田舎上りの如く化《ばけ》て通らする所に、案の如く田舎上りぞと心得て引き入れ、種々の異見《いけん》を加え、情をかけなどする間、先《ま》づ同心して、かの番衆の名を問えば、本能寺営林坊・同実常坊と答う。能々《よくよく》かの手立を問いすまして帰る。（下略）

以上の記録から、次の諸点を指摘できるであろう。

（一）将軍・京兆（細川氏）・侍所開闔と幕府の諸機構があるにもかかわらず、京都市政は法華一揆が牛耳っているという認識が当時一般的であったこと。

（二）日蓮宗廿一箇寺と〝師檀の契約〟をした俗人（すなわち法華一揆）が大津山中（志賀越・今道《いまみち》口）など七口の関所に番人を据えていたこと。

（三）法華宗諸檀方のうち「衆会《集カ》の衆」と称される幹部がおり、彼らが一揆の上層部であり市政権を動かしていたこと。

（四）法華一揆の中核は〝檀方〟と称される俗人のみでなく、「法華僧」と呼ばれる僧侶、本能寺営林坊、実常坊などの僧侶が関の警固に深くかかわっていたこと。

この『座中天文記』で注目されるのは、法華一揆の中核的部分が「衆会《集カ》の衆」として表現されていることである。集会の衆とは何者か。おそらく富裕の町衆で、土蔵・酒屋などの金融を営む人々であろうか。また、今道口関の警固衆として本能寺営林坊・実常坊の二人の名が見えていることも目をひく。従来引用してきた公卿の日記では、ほとんどが「法華衆」という包括的表現だけで、一揆構成員の具体的人名を記したものはなかったのである。
それにしても、本座・新座の双方とも、訴訟に勝ちたいばかりに廿一ヶ寺へ手分けして争って師檀の契約をなしたという事実は、法華一揆の影響力がいかに強かったかを雄弁に物語っている。ところで、法華一揆の上層部を指す言葉としての「法華宗諸檀方」は、『土御門文書』に収められる天文三年（一五三四）十二月の幕府奉行人奉書にも見えている。それは次のような内容である。

土御門修理大夫有春朝臣申す雑務料の事、年中二季、日数を限り、自余に混《こん》ぜられず古今相違なきの処、新関の類と号し違犯すと云々。太だ然るべからず。所詮、重ねて御成敗の上は、先々の如くその沙汰を致すべし。更に遅怠あるべからざるの由、仰せ出さるゝ所の状、件の如し。

（天文三）十二月五日　（諏訪）長俊（花押）
（治部）貞兼（花押）

諸法華衆諸檀方中

この奉書の問題点についてはすでに検討したことがあるが、簡単に要約すれば、関所警固者の法華一揆自身が、土御門家の雑務料徴収に対して「新関の類」と唱《とな》えて妨害に出たことである。なぜ法華一揆が雑務料の徴収に異議を唱えたのか。それは雑務料が旅行者の負担になることはもちろんだが、流通を阻害し、洛中の経済・物価への悪影響を恐れたためであろう。そのような発想はいうまでもなく町衆のものであって、法華一揆の主要構成員が京都の経済力を握る有力市民であろうという推定を、ここでも裏付けるものといえよう。この雑務料徴収妨害は、地子未進闘争とならんで、法華一揆の打ち出した政策（あるいは運動というべきか）のなかでも市民の経済合理性を主張したものとして最も評価し得るものである。

＊　＊　＊

法華一揆は、将軍が近江に亡命、細川晴元もまた摂津池田・芥川両城に滞在して武家の権力者が京都に不在という状況下、京都の防衛権を幕府により合法的に付与され、おそらくわが国の歴史始まって以来の、市民自治という壮大な試みに着手し、地子銭不払・新関反対という二つの点で注目すべき成果と運動を残したのである。

しかし、その自治は反面で一向一揆との厳しい対立という環境に規定され、真宗僧侶の処刑、周辺郷村の焼き打ちというおぞましい結果をも残した。しかも後者は、一向・法華両一揆の争いに終始中立的立場をとってきた公家社会の最も嫌悪するやり方で行なわれた。さらに地下請の要求は公家層の生存基盤を掘り崩すものであった。日蓮宗という戦闘的教義の中から必然的に惹起された行動であったとはいえ、諸本所が法華一揆から離反し、日蓮宗全般を擯斥《ひんせき》していこうとする傾向は避けられなくなったのである。

第六章　決戦・天文法華の乱

一、法華弾圧へ

天文二年（一五三三）六月、本願寺と細川晴元政権との和議が整って以降、法華一揆はすべて洛中に引き揚げ、以後、山城国外へその兵力を動かした事実はない。和議よりのち、下間頼盛などの抗戦派の一向一揆が摂津方面で蠢動したものの、これに法華一揆が攻撃を加えた形跡はまったくないのである。ただこの間、晴元政権の丹波への浸透が弱く、一向一揆抗戦派と同盟した細川晴国が八上城主波多野秀忠の援助で洛西方面にしきりに兵を動かしていた。幕府から洛中の警固権を付与された法華一揆は、天文二年の秋から冬にかけてこの方面の防備を担当し、その過程で四条街道沿いの十一ヶ村を焼き打ちした事実は前章で触れたとおりである。細川晴国は同年十二月七日、上京の西方、内野大《うちのおお》宮《みや》（京都市中京区西ノ京付近）まで進出した（『言継卿記』）が、法華一揆の堅い守りにあって洛中へは侵入できず、以後も決定的な勝機を見出せないで丹波に撤退している。

天文三・四年（一五三四・三五）は京都周辺は比較的平穏に過ぎ、法華一揆が地子未進闘争を行なうかたわら洛中警固権、さらには洛外の遵行《じゅんぎょう》権の一部を行使していたことはすでに見た通りだが、将軍は依然近江に居座り、細川晴元も芥川城に駐まったままであった。幕府の主脳が京都に戻らなかったのは、なお形勢を観望し、政情が落ち着くのを待っていたことによる。かくする内に天文五年（一五三六）に入り、二月になって本書冒頭に掲げたような〝松本問答〟の事件が勃発するのである。

ところで、一条観音堂で叡山の華王房が東国上総から都見物に出てきた一俗人（松本久吉《ひさよし》）に言い負かされたという噂は、当時すぐには京都でひろまったわけではない。前述のように、内蔵頭・山科言継の邸宅は観音堂のはす向かい（一条烏丸東南）で、しかも天文五年（一五三六）二月は言継の日記が現存している。ところがその日記のどこを見ても、二月十一日の法談のことは記されていない。ということは、当初この法談と問答が、ありふれたもので特に言継が日記に書かねばならぬほどの事件とは認識されていなかったことを物語っている。町衆や公卿の間でも取り立てて噂にはなっていなかったといえよう。

『天文法乱松本問答記』に見える以後の経過は、次の通りである。

満座の中、いいようのない屈辱を味あわされた華王房は、問答の日より洛東黒谷の真如堂（真正極楽寺）へ退いて切歯していたが、考えれば考えるほど久吉への憎悪がつのり、寺男に頼んで久吉の行方を捜させ、今一度問答を、と望んだが、久吉は同行人能勢甚吉と共に河内へ出立したあとで、錦小路の旅籠《はたご》はもぬけの殻《から》であった。

この寺男を通じて久吉の行方を尋ねさせたことが、問答の噂を叡山へ流すきっかけになったらしい。

問答九日後の二月二十日頃には、山門関係者のうちで観音堂での法談の顛末が知れわたるようになった。

二月二十二日、大坂石山の本願寺光教は、所用があって坊官の横田出雲守を上京させ、粟田口の青蓮院を訪問させた。天文二年の幕府との和睦後、本願寺は諸権門との和平を旨とし、盆暮《ぼんくれ》のつけ届けなど、おさおさ怠りなかったが、たまたま青蓮院への正月の音物《いんもつ》届けが遅れていたので、横田を派遣したのである。ところが、横田が大坂へ空しく戻ってきての返事に、

軈《やが》て当春、早々申し入るべき処、日蓮宗雑説の儀に就《つい》て、延引せしめ候なり。

と、届けが延期されたことを伝えている（『石山本願寺日記』）。法華一揆のことで山門が騒動し、日蓮宗に対して事を構えようとしているという情報である。華王房の不首尾に怒った山門大衆の面々が、法華一宗をこらしめようと決起したのである。

本書付章の問答を見ていただければ知られるように、松本久吉の弁論は必ずしも天台山門への批判ではなくむしろその逆で、天台の禄を食みながら真言や浄土念仏を認める華王房の兼学的・折衷的教説を鋭く衝いたものである。しかも久吉の議論にも、相当の強弁と詭弁があることは付章に見られる通りである。しかし、かねてより法華一揆の跳梁を苦々しく感じている山門大衆の耳目には、冷静な判断を求めることは無理であった。彼らは華王房の敗北を「一山の恥辱」と受け止め、切歯して復讐を誓ったのある。大衆の一部は二月二十八日、一味を募って洛中の旅宿を片っ端から捜索し、松本久

吉がまだ滞在してはいまいかと尋ね回ったが、もとより徒労に終わった。
目当ての敵が逃亡したことによって、彼らの憤懣は倍加した。延暦寺三塔の大衆は評議して、
この上は、日蓮が一派へ何ぞ恥を与えたし。殊更《ことさら》、我が山は累代天台法華の勅願所にして、誰か誹法するものなし。然るに阿鼻の業因たる念仏真言雑乱の山と謗《そし》り、また諸宗無得道と云《い》う。法華宗号を盗みて己《おの》が宗号とす。この義を将軍へ訴え停止《ちょうじ》し、一山の恥辱を雪《そそ》がん。
と獅子吼《ししく》し、衆議の輪番金輪院《こんりんいん》なる僧を使者として翌月南禅寺を仮御所としていた将軍義晴へ訴え出た。訴訟の名目は、日蓮宗一派が称している法華宗の宗号謂《いわ》れなしというのである。将軍は妙顕寺の住持日広を召喚して、法華宗の宗号を止め、以後は日蓮宗と称するようにと示達したところ、日広は、
山門が天台法華宗は延暦寺の宗号なりと主張することは、慈覚《じかく》大師以前なればさもあるべきと思われます。しかしながら慈覚より以来、山門の祖師伝教《でんきょう》大師の教えに背き、今は真言念仏雑乱の山と成り果てております。山門には法華の名目あれども実はございませぬ。そもそも、法華の宗号は法華経の行者に与えられるものであります。この故に、後醍醐《ごだいご》のみかどより日蓮一派へ法華宗号の綸旨を給《たま》わり、わが一山（日蓮宗）に所持仕《つかまつ》っております。したがいまして宗号を改めよとの儀は受用《じゅよう》仕ることは叶《かな》いませぬ。
と申し披《ひら》き、持参した後醍醐の綸旨を奉行人らが居並ぶ前に誇らしげに開示した。宗号の綸旨を証拠とされては幕府も否《いな》やはない。後日、将軍は金輪院を呼び出し、京都日蓮党の宗号変更は不可能であ

る旨を通告した。

最初、天台山門の肩をもつかの如く、延暦寺大衆の願書を受理し、後醍醐の綸旨を見せられるや否や、手のひらを返して法華宗側に軍配をあげた幕府の裁判方針は興味がある。この審理と裁決は当然、摂津芥川城に滞在中の細川晴元と打ち合わせの上で行なわれたことは想像に難くない。宗号変更を法華一揆側に押し付ければ、山門の鬱憤は収まり、天台・日蓮両宗門の抗争は激発せずに済むであろう。しかしそれは、幕府や晴元政権上層部の望むところではなかったのである。

一向一揆と幕府との全面的な対立は、もはや収束しており、晴元は入京の機をうかがっている。この状況下に、法華一揆の存在はもはや幕府・晴元にとって障害であり、まして地子未進闘争や法華一揆の地下請は諸権門にとって百害あって一利無しである。できることなら法華一揆を葬ってしまいたいが、なにしろ一向一揆との戦争で晴元側には巨大な借りがあり、法華一揆を討つ名目がない。それを延暦寺側でやっつけてくれればそれに越したことはない。晴元が松本問答を奇貨として、山門大衆をわざと挑発させる裁許を幕府に出させた――という推理は決して不自然ではないのである。まことに細川晴元は、政治的危機を宗門の対立を利用することにより乗り切り、強化してきた老獪な（実年齢は若いが）武将というほかかない。

実は、以上に述べた宗号一件を、宗門側の見解（『日蓮教団全史』）では松本問答以前、天文四年（一五三五）のこととするが、わたくしは『天文法乱松本問答記』の叙する如く、問答以後に起こったと推定するものである。その理由は、二月十一日の松本問答から、以下に述べるように山門の日蓮宗攻撃の表面化する五月下旬まで、日時があきすぎているからである。この三ヶ月余という長さは、宗号一件で山門側が幕府と法華一揆の出方を見守っていた期間、と解するほか考えに苦しむものといえる。問答に敗れた華王房は、天台一山の名折れと指弾されてすでに山上を追い払われていたが、山門は今また宗号訴訟にも敗れ、いよいよ大衆の屈辱感のやり場がなくなり、〝日蓮宗討伐〟の企てへと暴走していくのである。

五月も二十日頃になると、比叡山の荒法師どもが京都の日蓮宗寺院に対して喧嘩を仕掛けてくるらしいという噂は、洛中にひろまっていた。相国寺塔頭鹿苑院《ろくおんいん》といえば、五山禅林の人事を統轄する〝僧録司《そうろくし》〟という役職が置かれた重要な寺院であるが、その院主、梅叔法霖《ばいしゅくほうりん》の日記『鹿苑日録《ろくおんにちろく》』の五月二十三日条に、

山門と法華衆との儀に、法華衆当寺に陣を取るべきの由、風聞これあり。

と記されている。山門大衆らの攻撃に備えるべく、法華一揆が相国寺を占拠して陣を据《す》えるという噂があるというのである。相国寺は上京の東北隅の一角にあり、山門からの攻撃の場合、まっ先に予想される侵入路にあたる。当時の京都は上京と下京に分かれていたが、京都を一体として防衛する場合、東北方面からの攻撃に対しては相国寺は最大最重要の要衝であろう。軍事的には当然予想される防禦策といえようが、なにせ相国寺は禅宗で、幕府直轄寺院（官寺）である。本来なら他宗派の寺院が相

国寺を接収することなどできるはずはないが、法華一揆ならばやりかねない、というのが公武上層の人々の見方であったろう。

梅叔法霖はこの日、朝の勤行《ごんぎょう》を終えて塔頭の蔭凉軒《いんりょうけん》（鹿苑院主を補佐して僧録の事務を掌る蔭凉軒主がいる）に行き、そこで右の風聞を耳にして驚き、午後、蔭凉軒主の僧と同道して、将軍御座所のある南禅寺塔頭聴松軒《ちょうしょうけん》に出向いた。そこで梅叔は幕府内談衆大館尚氏に面会し、相国寺の警固を武家に依頼したのである。梅叔としては、法華一揆の軍勢が寺中を占拠してしまわない内に、何としても幕府によって、相国寺内立入禁止のお墨付きを受ける必要があったのだ。

京都の町は早くも騒然とした雰囲気につつまれてきた。山門と日蓮宗との合戦が近いというので、家財道具の目ぼしいものを郊外へ運び出す富豪らがいる。相国寺では五月二十四日、寺の南側を流れる今出川にかかる橋を修理させたりしている。戦争の当事者でない禅宗の寺院でもこのような準備をしているのだ。記録は残っていないが、日蓮宗寺院では大変な騒動であったろう。

さて、上京土御門高倉にある内裏では、さすがに情報は相国寺より早く入っていた。天文五年はたまたま後奈良天皇の日記が残存しているが、その五月二十一日の条に、

山上と法華衆と取合《とりあい》す。雑説あり。以ての外の事なり。

と書かれている。このように禁裏へ情報が早かったのは、山門の里坊青蓮院が戦火に逢うのを恐れた知恩院が、この日朝廷に重書（重要書類）入りの箱一合を預託してきたからである。山門も日蓮宗も

ともに相当の武力を保有していることは誰の目にも明らかである。知恩院が恐怖したのも無理はない。天皇の日記、五月二十八日の条を見ると、

　叡山衆徒、日蓮衆退治の事、一定《いちじょう》と云々。

と記されている。実は、延暦寺衆徒の決戦合議は六月に入って行なわれるのだが、主戦派強硬派の意見が大勢を制しそうだという極秘情報を、天皇は一族の尊鎮法親王（青蓮院門跡）の筋から得ていたのである。天文法乱に関するこの『後奈良天皇宸記』の価値は高い。

和平調停の動き

　ここで再び梅叔の日記に戻ろう。五月二十八日は、革堂《こうどう》の早鐘が撞《つ》き鳴らされたことが見えている。おそらく町衆の合議が行なわれ、山門に対して防禦の方針が話し合われたものと思われる。続いて翌二十九日は、六角堂頂法寺の早鐘が打たれた。これで上・下京が揃って山門の京都攻撃を迎撃する体制が緒についたのである。相国寺ではこの日、戦乱による掠奪を恐れて境内の外周に〝溝《みぞ》〟を掘りはじめている。山門大衆と法華一揆は各々持てる力を最大限に発揮して対決しようとしていた。京都の市街戦が当然予想されるだけに、当事者以外に類焼・余災が及ぶのは避けられない。洛中に位置する諸寺院もまた、必死に火の粉がふりかかるのを防がねばならなかった。

　五月三十日、相国寺の常住の長老衆から客頭の行者《あんじゃ》が使者として鹿苑院主梅叔法霖に、法華一揆が

相国寺東門前に〝陣符〟を打ったことを知らせてきた。陣符とは陣札《じんさつ》の意で、兵士の乱妨狼藉（掠奪行為）を規制する臨時的な立て札（制札）のことである。一般に陣札は寺社の側から礼銭を支払って軍隊に対し交付を請願するのだが、法華一揆は自己規制としての陣札を請求もしない社寺に交付してきたのである。これはおそらく二十八日の革堂の町寄合で決定された事項であろう。山門に対する迎撃体制を整えるには、一般市民はもとより大社寺や公家の協力も不可欠であるとの認識によるものであろう。

松本問答以来、四囲の状勢は一直線に天台・日蓮両宗の対決へと突っ走っているように見えるが、山門と町衆の間を調停しようという動きも皆無ではなかった。延暦寺をその分国内に擁する近江南半国の戦国大名六角定頼は、山門と京都との戦争で志賀郡（現大津市域）が荒廃するのを恐れ、五月二十九日、被官九里《くのり》源兵衛を上京させ、「叡山と法華堂《（日蓮宗寺院）》と怱劇無為《そうげきぶい》の調法」つまり山門と法華一揆の間の和平調停を試みている。この情報は梅叔の日記に見えるだけで、その詳細は明らかではないが、おそらく源兵衛は山門が要求する法華宗号の変更を京都側に打診するのが目的で入洛したのであろうと思われる。

しかし、このような和平への努力にもかかわらず、肝心の山門大衆は、もはやとどめられぬ勢いで戦争突入へと動いていた。九里が入京した翌々日の六月一日、延暦寺では大講堂に三院（西塔・東塔・横川の三塔）大衆の大集会を開催し、ついに京都日蓮党の討伐を正式に決定した。源兵衛の斡旋は不調に終わったのである。山上三院の集会《じょうえ》は、京都東寺の執行《しぎょう》（事務長）である阿刀《あと》氏の家に伝来する「天文五年山徒集会議」（決議文書）によって知られるが、全文は十五箇条からなり、第一条に日蓮党を弾圧せねばならない理由、大義名分をうたっている。その部分を次に掲げる。

今般日蓮党、京都に充満し悪逆を致すこと言語道断の次第なり。風聞の如くんば、洛中所々に堀を掘り、恣《ほしいまま》に公事を裁許し、下人《げにん》らをその党に引き入れ、諸宗に対して狼藉す。是《こ》れ公武の恥辱・山門の瑕瑾《かきん》たり。成敗を加えざるべからず。所詮、末寺諸山に触れて、不日発向すべき事。

まず、山門は退治の名分として日蓮党の〝悪逆〟を掲げているが、その内容はといえば、

①環濠（防御施設）の構築
②洛中裁判権の行使
③宗徒・一揆構成員の拡張
④他宗門への攻撃

の四点である。本書第五章で見たような、地子未進や地下請などの法華一揆が敢行した経済闘争がまったく問題とされていないことが注目される。山門が地子未進問題を持ち出さなかった事実は、未進による実質的被害がほとんどない（少なくとも当時、延暦寺は洛中における大領主ではなかった）という理由も考えられるが、やはり未進・地下請は武家＝細川政権から与えられた軍事的恩賞の性格が濃厚で、これを指弾するとなると、晴元への批判につながるという事情があったのではなかろうか。町衆を軍隊にかり出すときは地子免除を見返りとするという、永正元年（一五〇四）以来のあの慣行は、やは

り一般に広く認識されていたのである。

次に、山徒集会議が非を鳴らす「恣に公事を許し」という一項（公事は民事裁判権の意）は微妙な問題である。すでに見てきたように、少なくとも法華一揆は洛中の刑事裁判権（当時の用語で検断《けんだん》という）は合法的に行使しているが、制度的に民事裁判権を掌握したという史料はない。それは天文元～五年の期間中に、日蓮宗寺院が発給した裁許状に相当する古文書がまったく残存していない事実、この期間の武家裁許状はすべて幕府奉行人奉書か、または細川氏奉書の形式で出されている事実が明白にこのことを物語っている。

ここで、本書第五章で紹介した「盲目法師座」の争論の顛末を記した『座中天文記』を再びふり返ってみたい。同書も前述のように「法華宗権柄を執り」「洛中洛外の政道は一向法華宗のまゝなり」と、あたかも山門衆議を裏付けるような指摘を行なっている。しかし、同書が引用する当道座争論にかかる裁判関係文書はすべて幕府の奉書か芥川城主・細川晴元の奉書であって、日蓮宗寺院が文書を用いてこの争論に介入した形跡はまったくない。同書が一方で「公方管領の御成敗をもとに洛中洛外の政道は」と書くように、法華一揆の政務介入はよしあったとしても幕府・細川氏の裁許を前提とする性格のものであり、民事裁判で日蓮宗寺院が表面に出ることは少なくともなかったのである。

それでは、『座中天文記』の著者をして「法華宗権柄を執り」と書かせたり、山徒に「恣に公事を裁許し」と言わせたりする原因はどこにあるのだろうか。それは第五章でも触れたが、法華一揆の洛中遵行権であろうと思われる。天文四年（一五三五）十一月、当道座中の争いで、本座と新座の間にどちらが積塔《しゃくとう》（当道座の年中行事の一つ）を行なうか未決着であったにもかかわらず、新座がこれを強行しようとしたのに対し、晴元の奉行茨木長隆は「上京下京地下中」に対し、新座の積塔遂行を阻止するよう奉書を出している（『座中天文記』）。この上京下京地下中というのは、事実上は法華一揆を指すとみてよかろう。

幕府・晴元は下知は出せども洛中に行使すべき有効な武力を持たず、余儀なく民事裁判権の少なくとも一部は）執行を法華一揆に委ねていたのである。このような諸事象が積もり積もると、一般の目には「恣に公事裁許」と映るのも止むを得ないであろう。ただ日蓮宗側に言わせると、この山門の主張は、ためにする言いがかりということになるであろう。なぜなら、法華宗徒は合法的に幕府から委譲されて右の諸権限を行使しているのであり、決して山徒の言うような我儘勝手な狼藉ではないという認識に立っていたからである。

法華一揆への非難

山門から言えば、あくまで天台宗派から分かれた別派である日蓮宗門を処罰するという純宗教的争いにもっていきたい。本来、京都の町衆を敵とすることは本意でなかったはずである。しかしながら、松本問答という純粋宗教上の争いですでに敗北している山門が、武力に訴えてでも日蓮宗派を圧伏させようというのは、そもそも大きな矛盾である。環濠の構築を非難したり、宗派の拡張（折伏）、他宗への攻撃はいかんと怒号しているが、それは今まで山門自身もやってきたことであり、いかにも顧みて他を言う傾きがある。しかし重要なことは、このような被害妄想に近い日蓮宗への誇張された非難が、当時の宗教界一般に受け入れられかねぬ素地があったことだ。それほど法華宗門の教理と行動は戦闘的であり、京都の町は孤立していたのである。

第一条で日蓮党の〝悪逆〟を述べたてた山徒集会議は、第二条以下で法華一揆攻撃の具体的な方策に言及する。まず、手続きとして幕府・細川氏および分国の守護六角氏に届け出を行ない、末寺の天台宗寺院はもとより南都、三井など顕密の、およそ大衆・堂衆など武力組織を擁している寺院へ残らず檄文を飛ばす（以上二・三条）としている。攻撃をしかける発向日は六月十四日の祇園会以降二十日以内とし、あわせて攻撃対象はあくまで日蓮一宗にすぎず、法華一揆と無関係の庶民・他宗に掠奪暴行などを働くなと戒めている。さらに合戦を準備する山門側の体制として、すべてを日蓮衆徒退治に集中するため、山門・寺門の抗争はもとより、山上・山下の諍論など、天台宗門内の内訌を厳に戒飭し、三院の口々には警固を置いて日蓮宗側から密偵が入るのを防ぐとしている。また、院々谷々の顕密の高僧に戦勝の祈禱、法華一揆への調伏を依頼する一方、延暦寺の勢力圏である志賀郡の在々所々山門領より兵士を徴発することもあわせて決議した。

しかし、十五ヶ条に及ぶ六月一日の山徒集会議のなかで最も注目されるのは、第五条の、京よりの馬、商売米を停止し、京の七口を抑えて京都への入米を止むべき事という一項であろう。京都の町を兵糧攻めにしようとする策であるが、なぜ延暦寺なる一寺院が中心都市の経済封鎖を行ないうるのかといえば、京都の米穀卸売市場である三条の米場《こめば》に搬入される米麦の大半が、山門の影響下にある坂本の米市を経由してくるからであった。さらに、東海道粟田口から洛中に入る米の運搬業者である馬借《ばしゃく》も大津・坂本の業者が多く、彼らのかなりの部分が山門を本所とする座を結成していた。もちろん山門と無関係の米穀搬入ルートも存在するが、東海道を大津・坂本で抑える山門経済の影響力は大きく、これはかなり強力な効果が期待しうる作戦であった。

山門がまさか一山を傾けてまで法華つぶしにここまで狂奔しようとは、日蓮宗側でも予想していなかったのではないか。七口の糧道の大きな部分を断たれることになったのは、法華一揆の誤算の尤《ゆう》なるものであろう。

延暦寺大衆は右の決議に基づき、翌日、別当代・西塔執行代・本院執行代の寺僧三役に青蓮院庁務宛の書状を書かせ、天台座主覚胤《てんだいざすかくいん》法親王を通じて後奈良天皇への奏聞を依頼している（『京都御所東山御文庫記録』）。同時に幕府へも出兵近しの届出を行ない、侍所開闔（事務長）による一般寺社警固を依頼している。これは要するに幕府に対し中立を要請したもので、市街戦による日蓮宗以外の寺社へ戦火が及んだ場合にのみ、幕府による防御を期待したのである。このように、朝廷・幕府に出兵の届出（山門はこれによって出兵許可を得たつもりでいる）を出しておいて、同じ六月二日、園城寺以下顕密の寺社末寺に檄文を発した。この日、山門三院の名で出された軍勢催促状（檄文）は辻善之助博士が大著『日本仏教史』の中で網羅的に紹介されている。まず援軍を求めた相手方は次のようである。

（三井）園城寺
（東寺）教王護国寺
（栂尾）高山寺
越前平泉寺
越前朝倉氏
祇園社
興福寺
粉河寺
（根来寺）高野山大伝法院
本願寺
下野（日光山）中禅寺

このように、檄文の宛先は現存しているものだけでも九寺一社、一戦国大名に及んでおり、その範囲は畿内だけでなく北陸、はては遠く関東にわたっているのであるから、相当広汎に網を張ったことがうかがわれる。右の寺社中、山門の末寺社は平泉寺・祇園社・日光山にすぎず、ほかは真言以下の別宗派である。しかも、園城寺の如きは同じ天台宗ながら犬猿の仲で知られていた。今回の山門がまさに旧怨を捨て、日蓮宗以外の全宗派を糾合して法華弾圧を強行しようとしていた決意のほどが知られよう。

山徒の獅子吼

次に、山門が檄文の中で法華一揆の行状をどのように表現しているか、もちろん悪意の誇張を含んだ文章であるが、当時、顕密寺社が日蓮宗をいかなる目で眺めていたかがうかがえるので、左に掲げてみる。

A　近曾、一多の凶族あり。杖木を握り邪論を企て、瓦石を投げ法席を妨ぐ。悪行《あくぎょう》長安に充ち、狼藉洛陽に覃《およ》ぶ。王命を軽《かろ》んじ武命を亡《ほろ》ぼす。道徳既に隠れ礼誼《れいぎ》また廃《すた》る。乱逆紀《のり》無し。これを能《よ》く正《ただ》す莫《な》くんば、仏法の破滅・王法の陵夷《りょうい》たり。〔朝廷への奏達〕

B　今般日蓮党類、三宝を誹謗し、日々邪道を興す。諸宗を罵詈《ばり》し、時々《じじ》正法滅《めっ》す。剰《あまつさ》え円融妙典を講ずるの象牙、杖刀を帯《お》び推参す。弥陀《みだ》の恩徳を讃《たた》うるの竜鱗、凶賊を率い乱入す。洛中の喧嘩、洛外の闘争、皆悉《ことごと》く凶徒の悪行なり。仏家を逆《さかしま》にするの讎敵、王法に違《たが》うの朝敵なり。〔幕府への届出〕

C　花洛の躰《てい》たらく、五邪命の骨肉、真言亡国の拙言を喧《かまびすし》うし、道俗の男女・正法を誹謗す

るの邪道に入る。五大賊の蒼生、念仏無間の僻見《へきけん》を専らにし、王侯卿相、極悪不善の邪経に趣《おもむ》く。〔園城寺への檄〕

D　日蓮党類、正法を誇《そし》り、真言亡国律国賊を唱う。邪執《じゃしゅう》を恣《ほしいまま》にし、念仏無間禅天魔を述ぶ。剰《あまつさ》え日蓮曼陀を以て念仏門に印し、仏法帰依を改めて俄に邪見の類を誘《いざな》う。（中略）然るに凶徒神明仏陀の威光を軽蔑し、霊仏霊社の参詣を停止す。形は出家に似ると雖も、志は畜生よりも劣る（中略）。既に是れ仏法破滅の怨敵、王法零落の国賊なり。〔東寺への檄〕

E　今般日蓮党類の働き、悪逆頗る前徒に超ゆ。その間或は公武御願の寺塔を断絶せしめ、或は押して有主の田畠を掘破る。或は非分の土貢を没収し、或は専ら人を殴り闘殺す。士檀の雑人等《ら》相談し、恣に畿内の諸公事を評判す。〔公武諸宗への触達〕

F　当時《（現今）》日蓮党類の狼藉極盛の段、言語に絶する躰《てい》たらくに候。今の如くんば、仏法破滅、眼前の事に候。〔高山寺への檄〕

G　京都日蓮末類、当時非分の働き、諸宗既に断絶の躰《てい》に及び候。〔朝倉氏への檄〕

H　今般日蓮衆余類、洛中に於て徒党を結び、神社仏事に違背し、仁法を恣にし寒慮を狼《ろう》するの間、既に諸宗の廃亡眼を遮《さえぎ》る。〔援兵を諾する興福寺の返牒〕

I　近年日蓮衆僧俗一揆せしめ、都鄙劇乱に及び、剰え狼藉致すの段、曲節極《きわ》まりなく候。〔根来寺の返牒〕

いずれもとりどりに法華一揆の動向を罵倒しているが、最も注目されるのはEの公武諸宗派への触達を請《こ》うた六月一日の集会議の事書《ことがき》（議決文）である。これは既述のように、六月二日に青蓮院や幕府へ書状で届出が行なわれた際、添付して送られた文書であって、「押して有主の田畠を掘破り、非分の土貢を没収す」と、ここで初めて法華一揆の地下請と地子未進とが指弾されているのである。京都町衆の抗税闘争に困惑する荘園領主らの本音を巧みにくすぐる山門の老獪な戦術で、その次に書かれた「恣に畿内の諸公事を評判《（裁許）》す」の一句も、幕府を刺激するに充分なものであろう。要するに、日蓮宗寺院が宗門の枠をはみ出して抗税運動を行ない、京都の市政権を奪取している状況を鋭く衝いたもので、このEの六月一日山徒集会議は、誇張を割り引いて見れば天文元年以来の法華一揆の動きを最も端的に総括しているといえよう。ただ、ほかの諸社寺に対しては、右のような一揆の世俗的側面には触れず、もっぱら宗教的次元に絞って聖職者の潔癖心に訴える手法をとっているのである。それでも、危機感をあおり立てようと「諸宗断絶」「諸宗滅亡」などと最大限に過激な言辞を弄している。

読者はこの表現がかつて四年前にも用いられたことを記憶しておられよう。天文元年（一五三二）八月、一向一揆の大蜂起に際して細川晴元の参謀、茨木長隆が諸社寺への檄文の中でこの語句を使っている（『開口神社文書』）。当時、法華一揆は晴元側に立っていたのだ。今度は諸社寺が同じ言句を日蓮宗寺院に投げつけているのである。歴史の皮肉とはこのことであろう。

このようにして山門より檄文は四方にばらまかれたが、延暦寺側でも檄文を送った諸社寺がすべて援兵を派してくれようとは期待していなかったに違いない。その中で最も山門が頼みとしたのは、天台管下諸末寺社の兵力である。祇園社へは六月八日に軍勢催促状が出されたが、それを次に掲げてみよう。

日蓮宗退治について、諸末寺諸末社中、あい催され候。当社別して入魂《じっこん》肝要の趣、窃《ひそ》かにあい触れらるべきの由、衆議し候。仍て折紙件《くだん》の如し。

天文五年
六月八日

別当代（花押）
西
執行代（花押）
執行代（花押）

祇園社執行御房

これらの檄文が届いた諸社寺は、どのように反応したであろうか。結論を先に言うと、遠く日光まで送られた援軍要請は、ほとんど実質的効果をあげなかったのである。南都北嶺と並称され、最も多くの「僧兵」を抱えて山門が出兵を期待した奈良の興福寺では、六月八日に山門の檄が到来した（『興福寺略年代記』）にもかかわらず、これを一ヶ月余も放置しておいて、七月十三日になってやっと次のようなおざなりの書状を返送した。

今般日蓮党類（中略）叡山蜂起を以て刑罰を加えらるべきの由、衆達一紙の趣、詳《つまびらか》に披覧せしめ候《そうら》い訖《おわ》んぬ。（中略）寺門聊《いささ》か疎意あるべからず候。早々牒送の趣、先《ま》づ上聞に達せしめ、

御裁許遅滞せば、重ねて僉議《せんぎ》すべく候の由、学侶群議候なり。恐々謹言

七月十三日　　　供日代盛祐（興福寺）

山門別当代

これによると、興福寺では、山門の蜂起の趣旨は大いに結構と讃《ほ》めておきながら、自身出兵するとは一言もいわず、上聞（幕府か朝廷か）の裁許が下ってから行動するとしている。体《てい》のよい出兵拒絶とみてよかろう。また紀伊の粉河寺《こかわでら》・根来寺《ねごろでら》では、いずれも叡山に対し「疎意を存ずべからず」「別心を存ずべからず」と同意を表明しておきながら、その実「満寺の評定」「三ヶ寺の申談」を待ってから出兵を考えましょうと、冷淡な態度を表明している。その旨の返牒を山門に送ったのが七月六日、七日のことだから、山門の設定した出兵予定日の祇園会二十日後を過ぎてしまっており、これでは暗黙の出兵拒否といえそうだ。事実、粉河・根来寺は結局「日蓮党退治」には参加しなかったようである。

形勢傍観の諸勢力

さて、四年前には諸宗の攻撃を受けて山科坊舎滅亡の憂き目にあった本願寺はどういう態度をとったか。積年の遺恨である法華一揆に報復を加える絶好の機会であるのに、本願寺は傍観の構えを変えなかった。さきに天文二年六月、大坂の役で晴元・法華一揆連合軍と本願寺が和睦したことは触れたが、正式に幕府上層部（将軍義晴）との講和はまだ結ばれておらず、本願寺としてはこの幕府との全

面講和が緊急焦眉の課題であった。したがって、山門の援兵要請などかかわっておられる立場にはなかったのである。しかも証如は、かつて手を切った坊官下間頼盛らの徹底抗戦派の動きに手を焼いていたから、畿内では兵を動かすまいと堅く決心していた。

山門が檄文を送ってきた六月は、「上意《（足利義晴）》御赦免の儀」すなわち本願寺と幕府との和議が進行の最中であった。証如光教は、山門へは六月九日、「今度日蓮宗と取合に及ぶの儀に就て、心元なき由」とおざなりなあいさつを送っておいて、一方で将軍の愛妾である佐《さ》子《こ》上臈《じょうろう》の局《つぼね》につてを頼って和議促進を働きかけていた。近江守護六角定頼は将軍を朽木、桑実寺と庇護してきた立場上、本願寺との和睦の相談に与《あずか》っていたが、六月二十日頃、「その儀は、山門と法華一揆との争いが結着して以後、手続きを進めてください」と幕府に申し入れていた（『証如上人日記』）。これによって和議延引は確実となった。同時に、この定頼の意志表示は、六角氏が山門に加担して法華一揆と戦うという決意表明でもあった。

既述のように、はじめ六角氏は九里某を遣わして和平調停を試みたが、不調と見るや、ついに日蓮討伐に回ったのである。南都以下、遠隔地の諸社寺がこの戦争からおりることは確定的となったが、法華一揆は戦国大名六角氏という容易ならぬ敵を相手とすることになったのである。しかも、天文元年（一五三二）八月の山科攻めには、法華一揆がこの六角氏と連合して本願寺を焼いているのだ。

しかし、今となっては他宗派でも援軍が欲しい山門は、六月十七日、再び本願寺に対して「日蓮宗退治の儀について合力《ごうりき》の事」つまり援軍派兵を要請してきた。今や顕密諸宗との融和を旨とする証如光教は、結局七月十七日の土壇場になって、坊官横田出雲守を山上へ遣わし、三万疋（三〇〇貫文）の銭を山門へ贈与している。しかし、一向一揆の軍兵は一人も出さなかった。

最後に、この戦争に臨む幕府の態度を検討しておかねばならない。山門が幕府に要求したところのものは、幕府の局外中立と京中の寺社警固とであったが、前者の条件はともかく山門の期待通りになった。元来からいえば、一向一揆の大蜂起によって危急存亡に陥った幕府・晴元政権を救ったのは法華一揆であることは誰の目にも明らかなのであるから、山門に対し幕府は少なくとも日蓮宗攻撃の禁圧ぐらいは命令できたはずである。しかし、南禅寺に滞在する将軍義晴も、芥川城に駐《とど》まる細川晴元も、拱手傍観を決め込んだ。晴元の如きは内心ほくそ笑んでいたに違いない。したがってこのたびの合戦は、明らかに幕府黙許の日蓮宗弾圧であったということができる。幕府は傍観することによって、山門に対し「存分に法華一揆を始末してくれ」と言ったのと同じ効果をもたらしたのである。

細川政権の中で、一時は法華一揆の大軍を指揮し、大坂と京都の間を奔走するなど法華一揆と最も関係の深い有力被官、山城兼河内守護代・木沢長政は、山門の日蓮党攻めにどういう態度をとったであろうか。洛中が山門の攻撃に対する防御にごった返している六月十九日、木沢長政から法華一揆へ次のような書状が届いた（『座中天文記』）。

態《わざ》と啓せしめ候。仍《よっ》て当道中申す事、出来《しゅったい》之由候。始末如何様《いかさま》の儀に候哉。諸事御旦方の検校衆、数多《あまた》右の由に候。何《いず》れも時分柄の儀候間、御分別成され、御異見《いけん》を以て、先づ無事の御調《おんととの》え然るべきと存じ候。相応の儀に於ては、この方手前隙《ひま》を得ず候。疎意を存ずべからず候。爰許《ここもと》の儀、弥《いよい》よ本意に属し候条、参洛せしめ、猶《な》お申し入るべく候。恐々謹言。

六月十九日　　木沢左京亮 長政

諸法華衆 諸寺御中

この書状は、例のえんえんと続行中の当道座の争論で、新座側から長政に働きかけてきたのに対し、長政が法華一揆に対し、両座の争いを調停するよう依頼したものである。この中で「時分柄の儀」と言っているのが、山門と一揆の対立を示唆しており、「この方手前隙《ひま》を得ず候」という句に長政が当面洛中のことに係わっておれないという事情が込められている。事実、この頃長政は河内・大和方面の軍事に忙殺され、六月二十六日、大和信貴山《しぎさん》に築城し、飯盛城より移っている（『証如上人日記』）。おそらく長政は、洛中の公事裁許には関与しえない事情をほのめかしたのであろう。書状の末尾で「本意に属し候条、参洛せしめ」と、河内方面の軍事が片付き次第、上洛すべきを報じているのもそのためであろう。

しかし木沢長政は、法華一揆の運命について、まったく見放《みはな》ったというわけではなかった。信貴山入城が一段落した七月九日、内者《ないじゃ》の若井《わかい》出雲守を上洛させ、六角氏の家臣進藤・永原両氏と折衝に当たらせている。七月十日の本願寺証如の日記によれば、六角氏側は時期が切迫しているため、即時に和議が整うように宇《う》治《じ》槇嶋《まきしま》城（京都府宇治市槇島）か醍醐寺に場所を設け、若井出雲守と進藤・永原両氏を直談させようとしたと報じている（『証如上人日記』）。証如の日記には以後の動静を伝えていないが、醍醐理性院厳助の日記によると、進藤と木沢方の会談は七月十一日、醍醐寺で行なわれた。

会談には幕府から近習朽木某が将軍の御使として来席し、立ち合った。厳助は場所の提供、宿舎の手配など奔走している（『厳助往年記』）。この醍醐寺・本願寺側の情報であると、木沢長政が法華一揆側の利害を代弁し、六角定頼が山門を代表して談判したことになるが、当事者同士の折衝ではないから、和議不成功は目に見えていた。何より幕府は、細川晴元に停戦の意志がなかったのであるから、若井某の奔走も徒労であった。長政の調停工作の真意は、はかり難いが、あるいはかつての〝戦友〟、法華一揆に後ろめたさを感じていたのかもしれぬ。七月十七日、本願寺が坊官横田出雲に三万疋の銭を山門へ届けさせているのは、調停不調を見越してのものと推定される。こうして開戦は必至の情勢となったのである。

一方、攻め込む側の山門内においても、一山総てが日蓮退治で一致していたわけではない。ここで話は少しさかのぼるが、六月四日、三千院門跡（梶井宮《かじいのみや》）の彦胤《げんいん》法親王は朝廷へ使者を出して「山上蜂起治定《ちじょう》の由」つまり日蓮退治決行を報じ、六月十五日は天台座主妙法院門跡覚胤法親王の許より山門三院の使者が禁裏へ派遣され、「御会の事書、日蓮衆退治の事」を伝えてきた（以上『後奈良天皇宸記』）。これは既述の六月一日付山徒集会議と朝廷への届出を指す。山徒の決議と届出は六月一日に起草されていたが、座主覚胤は、容易ならぬ問題として慎重に構え、天皇への奏上を留保していたのである。

後奈良天皇は六月十五日、「御心得の由」（了承の意）を座主宮《ざすのみや》覚胤に返答している。天皇の日記のその日の条は、「御心得の由」に至る公卿の合議そのほかをまったく伝えていないので、天皇の意志が奈辺にあったのか判断しがたい。しかし、一方で天皇は五月二十一日の日記では山門の日蓮追討についてて「以ての外の事なり」と批判しているのであるから、合戦突入は天皇の本意ではなかったとみられる。十五日の「御心得」は、山門・天台座主の決定を「聞きおく」というほどの意で、朝廷として公式に日蓮退治を承認したということには必ずしもなるまい。この問題については、幕府に全権があるのを承知の朝廷としては、おそらく伝奏を通じて幕府、晴元政権の内意を確認した上でのことであったろうと思われる。

梶井宮から山上蜂起治定を朝廷に伝えてきた翌日の六月五日、山上三院の一つ、西塔院の政所から横川楞厳院《りょうごんいん》の「若輩中」へ宛てて、次のような警告が発せられた。

日蓮党退治の儀（中略）御院内に於て別心を存ぜられ、彼等の悪逆に贔負《ひいき》せしめ、便宜等を語らい、退治の儀を相訪《あいとぶら》い、口入《くにゅう》せしむべきの手立《てだて》。希代の所行《しょぎょう》、言語に絶する処なり。（中略）惣山の瑕瑾を顧みず、仏法破滅を厭《いと》わざる儀、歎きて余りあるもの歟《か》。

叡山三千衆徒の中にも、やはり一時の怒りに任せての法華一揆討伐は大人げなく、望ましくないとする良識があった。しかし如何せむ衆寡敵せず、満山の好戦的大衆の前に、それらの声はかき消されてしまった。ただ、七月四日にも西塔院の政所集会において、改めて横川と西塔の間に「隔心を存ぜざること」を誓い合っている（「天文五年山徒集会議」）から、依然として山内に一部不戦論がくすぶっていたことがうかがわれる。しかしすでにサイは投げられた。七月中旬に入って、六角定頼の参戦は決定的となり、ここに破局は避けられなくなったのである。

二、洛中焼亡

未曾有の危機を目前にして、京都の町衆の狼狽と防戦ぶりはどのようなものであったろうか。残念なことに町衆側の史料（記録、古文書）がほとんど残っていないため、市民の動きを詳しく知ることはできない。その中にあって相国寺鹿苑院主の梅叔法霖の日記は、わずかながらその消息を伝えていると思われるので、憶測もまじえながら、京都側の状況を復元してみよう。

六月二日、山門の京攻めが明らかとなったので、法霖は洛中の五山を代表して南禅寺の幕府へ使者を派し、政所執事伊勢貞孝《さだたか》に「忽劇について諸篇憑《たの》み奉《たてまつ》る」と言わせた。要するに、寺中境内の警固を頼みますとの依頼である。しかし、法霖が期待していた境内環濠のことは、幕府としては手が回らぬ、寺側で措置されよ、というつれない返事であった（『鹿苑日録』）。

六月四日、相国寺では沙弥《しゃみ》・喝食《かつじき》ら大衆が決議して、山門、日蓮衆いずれが乱入しようとも寺家として防御すべし、と宣言している。これより同寺は、寺僧あげて土木工事にかり出され、仏事もそっちのけで境内をとりまく堀と土塁を昼夜兼行で築きはじめた。六月十六日、ようやく東門側の堀と構《かまえ》（櫓等の防御施設）ができあった。この前後、蒸し風呂のような京の夏の炎暑の中を鹿苑院でも連日のように普請のため竹木を切り倒し、人夫を傭っている。

相国寺で起こった以上の普請騒動は、ほかの洛中洛外の諸寺社でも同様の事態であったと推測される。岡崎の真正極楽寺（真如堂）といえば、松本問答で敗れた華王房が一時遁れていた寺院だが、六月九日、本尊の仏像数躰を牛車《ぎっしゃ》で運び出し、東山の日ノ岡を越えてはるばる醍醐の理性院まで避難させている（『厳助往年記』）。志賀越から今道の下口へかかる近傍に位置する真如堂では、山門と法華一揆の戦火が及ぶのは必至と見て、秘仏だけでも避難させたのである。相国寺のように大衆を擁する大寺院でもなく、経済力もない寺社では、堂宇の炎上は見殺しにしても、本尊什器だけでも持ち出そうとするのは止むをえなかった。中小寺社の悲哀である。

寺廻りの修繕等が一段落した相国寺に、六月二十三日、嵯峨天竜寺から塔頭三会院《さんねいん》の侍真寮《じしんりょう》の僧が「世上忽劇」の見舞いと称して訪問に来た。この日も相国寺では昭堂の修補に終日番匠《ばんじょう》（大工）らの声と作事《さくじ》の音で喧しい。この修補とはおそらく堂舎内へ暴徒が入るのを妨げるため、角材その他で扉や窓を打ちつけたものと思われる。七月四日にも、梅叔和尚は番匠を指図して南側の釘貫《くぎぬき》（木戸門）

を修補させている。すでに叡山が出陣を予告した祇園会以後二十日の日限を過ぎているが、依然として山門の出兵決行の噂は伝えられず、京都と近江の間には奇妙な嵐の前の静寂が支配していた。

木沢長政の使者が醍醐へ向かった七月十日、相国寺では不穏な蜚語《ひご》が寺中に流れ、長老らは恐慌をきたしていた。相国寺が山門と同盟して法華一揆に敵対しているようだと、日蓮宗寺院が疑っているというのである。光岳《こうがく》西堂からこの情報を伝達されて驚愕した梅叔は、すぐ南禅寺へ人をやって幕府に善処方を促したが、同日夕刻には、山門を引き汲《く》んで（内通して）いる相国寺に対し、法華一揆が取り懸かる（襲撃をかける）模様であると寺僧が報じてきた。深夜に及んで、政所執事伊勢貞孝からも、法華一揆相国寺襲撃の噂があるから警戒されよとの伝言があった。恐怖にかられた法霖は、夜中にもかかわらず、一山の僧中に触れを廻《めぐ》らして徹宵《てっしょう》警戒に当たらせた。

翌十一日は、醍醐理性院で木沢長政と六角被官・進藤某の和平調停が行なわれていたが、伊勢貞孝は内者横川某を相国寺へ派して、山門西塔院が相国寺を陣所に借り受けたい旨を要望していると伝えさせた。相国寺の戦略的位置に垂涎した延暦寺大衆は、内々伊勢氏を通じて相国寺での陣地使用を打診してきたのである。この情報がいずこからか漏洩して、山門・相国寺同盟説という流言に転化したものらしい。相国寺側は、山門側・日蓮宗側の如何を問わず、「一切の陣、叶《かの》うべからず」と拒絶の意向を幕府に伝えた。相国寺の頑強な意志を諒とした伊勢貞孝は、山門にその旨を伝えると請け合っている。

法華一揆からの懐疑は何とか晴らしたものの、決戦が近づいた七月中旬は、梅叔法霖ら相国寺の長老は戦火が及ぶ懸念で仏事も手につかぬ有様であった。七月十九日には東門と南門沿いの壁をぬりかえ、櫓を構築していやが上にも防禦体制を整えた。翌二十日には、塔頭勝定院《しょうじょういん》・長得軒《ちょうとくけん》に構《かまえ》（防禦施設）を築いている。

相国寺のような合戦の非当事者で、戦火の波及を恐れる寺社では、双方の軍士の乱暴掠奪行為を遁れる方法として、前述のような陣札（禁制）を各司令官から取得しておくというのがある。法華一揆側からは五月末にすでに陣札を得ていたので、残るは山門と六角氏の制札を確保しておかねばならぬ。相国寺が申請した六角定頼の制札は、ようやく七月二十日になって寺家へ届いた。紫野の大徳寺もやはり戦火と掠奪を恐れて、山門・六角氏へ制札交付を要請していた。七月十九日付で定頼が出した陣札は次のようである。

禁制　　紫野大徳寺、同門前

一、当手軍勢甲乙人等、濫妨狼藉の事、
一、寺内の竹木を伐採するの事、
一、当手の勢衆、陣取りの事、
右条々、堅く停止《ちょうじ》せられ訖《おわ》んぬ。若し違犯の族《やから》に於ては、速《すみや》かに厳科に処すべきものなり。
仍《よっ》て下知件《くだん》の如し。

天文五年七月十九日

弾正少弼（六角定頼）（花押）

近江観音寺城から制札を持ち帰った相国寺の僧は、六角氏側の情報として、出陣は七月二十三日に決定したこと、指揮は総大将として定頼の嫡子中務大輔義賢《よしかた》、参加の武将は後藤《ごとう》・三雲《みくも》・蒲生・青地《あおち》・進藤・永原の諸氏、さらに近江上郡（神崎・蒲生郡）の国人と観音寺城の旗本馬廻数名が参陣すると伝えてきた（『鹿苑日録』）。山門・六角連合軍の京都攻め七月二十三日に決すとの報は、稲妻のように京都の上下をかけ廻《めぐ》った。

南禅寺仮御所の足利義晴は、京都の寺社を警固させるため、七月二日付で次のような御内書を越前の朝倉孝景《たかかげ》、若狭の武田元光《もとみつ》の両名に発している（『後鑑所収御内書案』）。

山門と日蓮宗と鉾楯《むじゅん》の儀に就《つい》て警固の事、これを差《さ》し上《のぼ》さば、尤も肝要たるべく候。委細は貞孝（伊勢）申すべく候なり。

七月二日

朝倉弾正左衛門入道殿（孝景）

しかし、武田氏も朝倉氏も京都に派兵した形跡はない。そのためであろう、二十日になって将軍義晴が恐怖にかられ、南禅寺から八瀬《やせ》（叡山西塔の西麓）に没落したとの噂が内裏で行なわれている（『後奈良天皇宸記』）。皇子方仁《みちひと》親王（後の正親町天皇）は里内裏から二十日、急遽、土御門内裏に避難を余儀なくされている。

最後の打廻り

七月二十二日寅の刻（午前四時）、二条妙覚寺を発した法華一揆の打廻りの声によって、晩夏の京の町は眠りを覚まされた。法螺貝と題目の音声《おんじょう》は、土御門内裏の後奈良天皇も、相国寺の梅叔法霖も聞いた。天文二年以来、ひさびさの大がかりな打廻りである。決戦の日を目前にして、一揆の頭領はじめ参加者の顔は悲壮感が溢れている。この日は常《つね》の打廻りのように京内巡行はせず、鞍馬口から北上して愛宕郡の松ヶ崎《まつがさき》（京都市左京区松ヶ崎）に向かった。愛宕郡には上高野に山門系の蓮養坊、一乗寺・田中に渡辺氏、岩倉に山本氏という有力な三名の土豪が蟠踞している。叡山と上京の間のいわば緩衝地帯となっているこの地域は双方にとって重要な戦略地であり、元来が山門へつくこと明らかである蓮養坊を除いて、山本・渡辺両氏の許へは山門・法華一揆双方から誘いの手がのびていた。六月以来、形勢を観望していた両氏は、七月二十日ごろ、山門の出兵決定を聞いてついに延暦寺側に加担したのである。梅叔の日記によると、

岩蔵の山本・田中の渡辺裏返《うらがえ》ると云々。

と書いているから、当初は法華一揆に款を通じていたのかもしれない。最悪でも好意的中立を彼らに期待していた法華一揆にとって、両氏の山門内通は大変な脅威であり衝撃であった。座して敗北を待

つよりも、敵の出鼻をくじかんものと、この日の打廻り・出兵になったのである。しかし、一揆の幹部に成算はおそらくなかったであろう。山本・渡辺両氏の敵方内応で、法華宗の諸檀方「衆会の衆」は敗戦を覚悟したのではあるまいか。しかし、ここまでくればもはや後へは引けない。こうして日蓮宗側は半ば自棄的な先制攻撃に打って出たのである。

七月二十二日卯の刻（午前六時）、打廻りの衆は松ヶ崎東山（標高一八六メートルの低山）の南山麓に達し、ここで蓮養坊の軍兵と小ぜり合いになったが、大きな戦闘には至らず松ヶ崎城を占拠した。ここを山本氏に奪われれば、上京は危機に陥ることになる。若干の手兵を留めて一揆軍は東へ高野河原を越え、一乗寺から南下して渡辺氏の出城、田中構《がまえ》（京都市左京区田中神社の付近）へ向かった。この日、前関白近衛尚通は吉田神楽岡で法華一揆の打廻りを見物しているが、一揆の総勢は「三万人計《ばかり》」と記している。戦況は刻々不利に傾いているとはいえ、町衆の旺盛な戦意は依然失なわれてはいない。

法華一揆は午の刻（正午ごろ）に田中構を焼き打ちし、ついで弥勒堂（現在地未詳）・川崎観音堂（京都市上京区河原町荒神口付近）など山門が占拠しそうな社寺の堂宇を焼き払った（『後法成寺尚通公記』）。この時点で、一揆は賀茂川を防衛線として戦うことに決めたようだ。

その頃、上京の相国寺ではまたぞろ、法華一揆が同寺を襲撃するという噂が流れ、法霖ら長老衆を憂慮させていた。しかし午後、伊勢貞孝の被官横川・野依《のより》の両氏が手兵をつれて鹿苑院を訪れ、法華一揆の幹部である「妙覚寺の役者」が、相国寺同鹿苑に打ち入るべきの風聞は虚説、その儀なし。

との誓約を幕府に行なった旨を報じ、ようやく梅叔らは愁眉を開いた。

七月二十三日の夜が開けた。早朝から法華一揆の大軍は手分けして続々と陣地についた。立本寺の一揆衆は寅の刻、北小路烏丸の伊勢貞孝邸（現、同志社大学本部の付近、京都市上京区）の南側に陣を構えた。妙見寺の一揆衆は鞍馬口に近い上御霊社の森に陣を敷いた。ここは応仁の乱の初戦に畠山政長が布陣した因縁の地である。梅叔法霖の日記によると、法華一揆が相国寺東門前に陣を構えたので、人質と陣所について長老たちが合議を行なったことがみえている。寺地を陣地に貸すかわりに、法華一揆から人質を取ろうというのであろうか。しかし一揆と交渉の結果、結局人質も取らず、陣も貸さないことに決まった。東門前にはこの日、終夜篝火がたかれている。

山門大衆の出陣は法華一揆の布陣よりかなり遅れ、一山の僧兵が雲母坂《きららざか》（叡山から一乗寺に下る道）を下りはじめたのは、二十三日の夕刻であった。山門軍の松明《たいまつ》と篝火は京都の町からも流星群のように望見された。梅叔法霖は「炬火山に満《み》つ」と記している。また、内裏御湯殿の女官は、

山よりの勢ども、近江衆、東《ひんがし》より出《い》づる。夥《おびた》だしき事なり。（原文平仮名）

と書いている（『御湯殿上日記』）。一方、六角氏諸軍の着陣は山門より早く、午後には大原中務大輔・進藤新介・永原太郎左衛門尉・三雲新左衛門尉など十六人の将が東山山麓一帯に布陣、展開した（『後法成寺尚通公記』）。近衛尚通は彼らの陣に使者を出して酒樽を持たせ、労をねぎらわせている。一体

尚通は一揆側か山門側か、どちらに加担しているのか。近衛家は日蓮宗本満寺の檀家であると同時に、将軍義晴の舅でもある。六角氏はかくれもない将軍家の後見人であってみれば、近衛家としては六角氏の顔も立てなければならぬ理屈であった。このような日和見主義は、近衛氏に限らず室町時代の公卿の習性のようなものである。尚通はこのたびの戦争で七月二十二日から二十七日まで、連日のように神楽岡に出向いて合戦を見物している。師檀本満寺の敗北にも人ごとのような傍観者的態度で一貫しており、どちらか一方に肩入れしているようには見えない。ただ、自邸に戦火の及ぶのを懸念してか、『御堂関白記《みどうかんぱくき》』をはじめ家伝の古記録を収納した唐櫃五合だけは、いち早く七月十三日に上乗院に疎開させている。

戦闘の経過

さて、この日賀茂川を挟んで布陣した双方の兵数を、古記録により列挙してみると、

〔山門〕

一五万人（祐園記抄）　六万（厳助往年記）　三・三万（本末寺三万、園城寺三〇〇〇・二条寺主家記抜萃）

〔六角氏〕

三万（二条寺主家記抜萃）

〔法華一揆〕

三万（後奈良天皇宸記）　二一〜三〇〇〇（後法成寺尚通公記）　二万（祐園記抄）

記録によって兵数に大きな懸隔があるが、おそらく山門・六角連合軍二一〜三万、法華一揆二一〜三〇〇〇というところが真相に近いのではあるまいか。要するに兵数の差は初めから明白であった。あとは法華一揆側が旺盛な闘志と地の利でいかに善戦するかであるが、なにしろ京都は南北朝の合戦以来、守るに難く攻め易い都市として実証済みであり、この勝負は戦う前からついていたようなものであった。しかも天文元年夏以来、歴戦の法華一揆であるが、今までは攻める一方の戦争ばかりで、本格的な守る戦争は経験していないのである。

七月二十四日は、鞍馬口、大原口、今道口、粟田口などから法華一揆が打って出て、数ヶ所で小競り合いがあったが山門・六角側は固守して動かず、日没に至った。翌二十五日、卯の刻より未《ひつじ》の刻（午後二時）まで初めて本格的な戦闘が東河原（内裏東方の河原）で行なわれた。後奈良天皇の日記は山門の戦死十六人、法華一揆の戦死四、五〇人と伝え、近衛尚通の記録では山門側が敗走し、戦死五〇人とある。梅叔の日記にも「法華宗之頸前後十取ると云々」とあるから、この日は一揆側が優勢であったようである。また梅叔の日記には、六角被官の坂本鴨取氏の勢三〇騎が相国寺東門前まで攻め寄せたと記録されている。この合戦で東門前の塔頭と鐘楼が炎上した（『後奈良天皇宸記』）。このような激戦のさなかにも、近衛尚通は弁当に酒まで持たせ、神楽岡の高みへ登って悠々と見物しているのであった。

合戦四日目、二十六日の夜が明けた。この日は戦闘らしいものはなく、各所で小当たりに野伏《のぶし》（野戦）があった程度だが、権大納言兼陸奥出羽按察使《あぜち》の三条西公条は、参内して巷間の噂を天皇に伝えた。その内容は、

山徒と日蓮衆と、終《つい》には和睦すべきの由、近江の六角その分なり。

というもので、定頼の調停で山門と一揆が和議を結ぶであろうという。しかしこの噂は、意識的に六角氏側が、法華一揆を油断させるために流した明らかなデマであった（天文元年の山科攻めのときも、直前に和睦の噂が流れている）。その翌日、果然《かぜん》、総攻撃の火蓋が切って落とされたのである。

運命の二十七日を迎えた京の朝は静まり返っていた。前日までの各所の野伏では、六角軍は本気で戦っていたのではなく、一揆側の内情をさぐるため小当たりに当たっていたにすぎないのだが、町衆側は六角氏に戦意なしと見てとり、すっかり和議の流言を信じてしまった。静寂《しじま》を破って鞍馬口から栗田口、四条大橋に至る七口に接近した山門・六角軍は、畳みかけるように総攻撃に移った。当日の戦況は諸書により相当差異があるので諸記録を比較してみよう。

A　四条辺・御霊口・河原三条布屋《きぬや》、この口破れて下京悉く一時に焼失す。〔後奈良天皇宸記〕

B　四の時分（午前十時）に三条の絹屋破れて下京悉く焼く。東よりも出て、唱聞師村焼きて、報恩寺に陣取る衆逃げ失《う》せて皆討たるゝ。〔御湯殿上日記〕

C　四条口に於て鑓《やり》あり。三雲・蒲生衆と云々。即ち打ち入り火を付く。軍勢乱入す。京都衆没

落せしめ、下京大略焼け了んぬ。〔後法成寺尚通公記〕

D　諸陣同時に責め落とす。〔鹿苑日録〕

E　京都日蓮衆昨日より大責《おおぜめ》、今日あい果て候。然れども六条本国寺計《ばかり》未だあい拘《かこ》い候。〔証如上人日記〕

F　山門諸勢切り入る。京中日蓮衆廿一ヶ寺、その外下京悉く放火、上京過半炎上。〔厳助往年記〕

G　暁《あかつき》日蓮衆没落、三条口より初めて下京は悉く以て焼失、上京三分一程焼け了んぬ。〔二条寺主家記抜萃〕

H　東寺口より焼け入りに責め上り、下京一宇を残さず、皆放火せらる。剰《あまつさ》え自宗他宗を撰ばず、老少多く捋切《なでぎり》に切る。〔座中天文記〕

以上のうち、Hの『座中天文記』は後日の回想記でもあり、東寺口から攻めたというのは六角氏の布陣からして考え難い。ABCGの記すように鞍馬口《(御霊口)》、粟田口《(三条口)》、四条口の三ヶ所から一斉に攻め入ったとするのが妥当であろう。ABの記す三条絹屋というのは現在の三条堺町付近、富商絹屋庄右衛門が住んでいたのでこの町名があるという（『京都坊目誌』）。絹屋町通は現在の堺町通だが、開通は天正末年といわれる。しかし既述のように、天文元年八月、鳥居大路経厚の日記に三条絹屋町に粟田口惣庄から折紙を遣わしたとあるように、町名は天文以前からあった。おそらく繊維関係の商人が集住していたと思われる。要するにこの三条口と四条口がほぼ同時に破れて、六角氏の軍勢が波濤のように下京の町になだれ込んだのである。上京でも御霊口を突破した山門勢が南下して、相国寺東門前の法華一揆の陣を急襲した。Ｂに唱聞師村、報恩寺を襲ったとあるから、一条の今道口（現在の荒神口）からも攻め入ったのかもしれない。戦火は内裏近辺にまで迫ったのである。

京都炎上す

法華一揆はほとんど英雄的といってよいほどよく防戦したが、油断をつかれたこともあり、衆寡敵せず、所々で追い立てられて、残兵が六条本国寺に集結した。後世に成った伝承では、町衆軍の頭目として、後藤・本阿弥《ほんあみ》・茶屋《ちゃや》・野本《のもと》らの名が見えている。いずれも近世初期に富豪となる家だが、信憑性は疑わしい。この日の犠牲者は、一万人（『快元僧都記』）、三〇〇〇人（『厳助往年記』）、数千人（「東寺過去帳」）、法華一揆の戦闘員だけでも一〇〇〇人（『足利季世記』）といわれた。上京の相国寺東門、および報恩寺の法華一揆の陣が破れたとき、数千人の市民が土御門内裏へ逃げ入ったが、そこでは、

女童部《めのわらわ》押し殺され、又は水に渇《かつ》えて死す。四方の築地の外へ投げ出し〳〵する間、内程の廻《まわり》、死人数百人あり。〔祐園記抄〕

という惨状を呈した。天皇の日記にも、一揆の負傷者が内裏に逃げ込もうとして徘徊し、番衆が追い払ったと書かれている。Ｈの記録にあるように六角軍は、僧侶と見ると殺戮を加えた。日蓮宗僧と他の僧の区別がつかないからである。本座と新座との間で長い訴訟を続けていた琵琶法師仲間の当道座

でも、

本座・新座の間に上衆三人、その外衆分、伴共《とも》に至るまで頸を取らるゝ者、十七人なり。

〔座中天文記〕

という犠牲者を出した。一揆にまったく無関係の一般市民にも被害が相当及んだことはこれでも知られる。公卿では神祇大副で平野《ひらの》社預《あずかり》（神官）の正三位卜部《うらべ》兼永《かねなが》、右近衛権中将の従四位小倉公右《おぐらきんみぎ》の両名が、僧中では一乗寺日耀、妙覚寺日兆、妙顕寺日将、妙蓮寺日漢らが乱兵に殺害された。花の都が一瞬にして修羅場と化したのである。

それでも、なお山門・六角氏の凶刃から逃れた一揆衆の一部は、炎上する上京の町を迂回して六条の本国寺を目指した。当時の下京の南端は五条通で、本国寺のみは洛外にあったから、六角軍の攻撃の手が遅れ、ともかくも二十七日の深夜までは近江軍に占拠されずに健在であった。本国寺は結局、翌二十八日に六角軍に攻め落とされている。この日の勝敗は午前中に決着がついていた。未《ひつじ》の刻（午後二時）、南禅寺御所の将軍義晴の許から、奉公衆・朽木稙綱《たねつな》と参議・高倉永家《たかくらながいえ》（公卿であるが将軍家の家司の格であった）を使者として、内裏へ次のような口上が届けられた。

日蓮衆退治落居、珍重。

法華一揆側の戦況が不利となるや、手のひらを返すように「日蓮衆退治」などと一揆を逆賊扱いにする幕府の態度は、この戦争を武家がどういう目で見ていたかを示して余りある。

天文法難殉教碑　現在、京都市上京区堀川寺ノ内東入の妙覚寺境内の一角にある。3000 人といわれる天文法華の乱の受難者を慰霊する目的で昭和 6 年（1931）、宗門の有志を募って建立された

上京では、一条通から小川通にかけてが焼き払われた。天皇の日記では二十七日に一条室町の大納言甘露寺邸周辺十間余が焼亡したとある。陣取っていた法華一揆が逃亡にさいして自焼《じやき》したらしい（『後奈良天皇宸記』）。

その余燼は翌日に及び、小川通から北へ向かって燃え続け、革堂《こうどう》、誓願寺、百万遍《ひゃくまんべん》という名刹《めいさつ》が炎上している。下京の市街地は二十七日の深夜まで燃え続けた。京都の広範囲な街衢《がいく》がかくも短時間に焼亡したのは、応仁の乱にもなかった未曾有のことで、夜の闇に浮ぶ炎はこの世のものとも思われぬ美しさであった。

終章　法華一揆の終焉

――さしも甍《いらか》を並べし一宗の仏閣、僅か七日の中に灰燼となる。二十一ヶ寺の諸本寺、各《おのおの》本尊を懐《いだ》き聖教《しょうぎょう》を負《おい》て、皆帝都を去て泉州堺に蟄居す。ここに因《よっ》て前後七ヶ年の間、京都法華宗退転に及びけり。（『天文法乱松本問答記』）

二昼夜にわたって京都を嘗《な》め尽くした猛火の炎は、下京全域と上京の三分の一を焼き尽くしてようやく七月二十九日に鎮火した。敗北した日蓮宗に待ち受けていたものは、厳しい〝冬の時代〟であった。山門・六角氏による残党狩りは、早くも七月二十七日午後に始まった。相国寺長老梅叔の許には、山門衆と六角被官が訪問して、「落人《おちうど》捜すべき事」を厳命している（『鹿苑日録』）。この残党捜索に名を借りた六角軍の掠奪と狼藉は、上京の公武邸宅密集地（北小路から一条の間）でも荒れ狂い、後奈良天皇も「近江衆種々物悤あり」「近江衆近辺狼藉是非なし」と記しているほどで、少しでも日蓮宗と関係している者は追及を免れなかったようである。七月三十日、見かねた天皇は、万里小路惟房《これふさ》と浄華院長老を伊勢貞孝邸に派遣して、近江軍の狼藉を厳禁するよう申し入れさせている。

日蓮宗僧侶の大半は和泉堺に逃れた。ここは周知のように世俗権力の及ばない富商の運営する貿易都市で、会合衆《えごうしゅう》らまた多く日蓮の檀徒であったから、京下りの落人を温かく迎え、かくまった。廿一箇寺のほとんどは末寺を頼って堺に逃れ、前後十年近く雌伏を余儀なくされたのである。

下京の町における六角軍の掠奪を物語るエピソードとして、長刀鉾の刀身が有名である。天文法乱以降に使用されている長刀鉾の上に取り付ける刀身の銘には、次のように年代の異なる年号と文が刻まれている。

平安住三条　宗近作□（摩滅）
　天永二年（一一一一）六月三日
去年日蓮衆退治の時、分捕《ぶんどり》に仕《つかまつ》り候を買い留め申し、感神院（祇園社）ゑ寄せ奉る所なり。願主石塔寺の麓、
鍛冶左衛門太郎助長敬白
　天文丁酉（六年）六月七日

平安末期の有名な刀工、三条小鍛冶宗近《むねちか》作の長刀が、天文法華の乱の騒動で六角氏の被官の手に入った。おそらく石塔寺《いしとうじ》（滋賀県東近江市蒲生町）在の鍛冶師助長《すけなが》が買い取り、あまりの名作に翌年、八坂神社に寄進し、長刀鉾の刀身に用いられるようになったのである。北嶺の大衆が参戦した戦争であるから、山門与党のいずれかの寺の僧兵が持っていたのかもしれない。

法華一揆の壊滅を見計らっていたかのように、細川晴元は同年九月、摂津芥川城から公式に入京を果たし、名実共に京都の支配者となった。日蓮宗僧侶の洛中居住はおろか、布教・信仰・寺家再興など一切が厳禁された。同年閏十月、洛中の辻々に掲示された日蓮宗禁制の高札は、細川晴元の奉行人

飯尾元運の名で公布されている（『本能寺文書』）。晴元が、ある時点から法華一揆に敵意を懐いていたことはこれによっても明らかである。堺に下った日蓮宗の諸寺では、このような晴元政権の激しい弾圧方針を見て、一時は還京を断念し堺の住坊をそれぞれ本寺と定めた。しかし、何といっても堺と京都では中心都市としての機能が比較にならない。花洛に対する憧憬は日ごとにまさり、諸寺は京都還住を祈願する千巻陀羅尼の行法をしきりに繰り返した。

天文八年（一五三九）六月から八月にかけて、京都は鴨川が氾濫する大洪水に見舞われ、秋の収穫は水損によって大きな災害となった。都雀の中には、このような災難は日蓮宗諸寺を滅亡させた仏罰によると公言するものが現れた。公卿の大炊御門経名、皇族の伏見宮貞敦《ふしみのみやさだあつ》らはいずれも日蓮宗高僧の縁戚に当たることから、堺の諸寺ではその縁辺を頼ってここぞと法華一宗の還京運動を起こし、公武の有力者に請願した。かくて天文八年九月十五日、この問題は幕府内談衆の評定にまでかけられたが、時期尚早として見送られた（『大館常興日記』）。

しかし、災害は全国規模で続き、翌天文九年には春から夏にかけて飢饉・疫病が流行し、餓死・病死が大量に出現、理性院の厳助は「七百年巳来、かくの如き例これなし」と記し、大納言四辻公音《よつつじきんおと》、五辻諸仲《いつつじもろなか》など公卿衆でも病死者が相次ぐ有様であった。加えて天文十年八月には、台風で内裏宜陽殿《ぎようでん》・陣座《じんのざ》・内侍所《ないしどころ》・軒廊《こんろう》・月華門《げっかもん》などが顚倒し、仏罰による天災地変という印象は人々の目にいやが上にも焼きついたのである。

天文十年（一五四一）十月、山城・河内守護代木沢長政が晴元に叛き挙兵した。法華一揆を見殺しにした長政は、入京した細川晴元の政権下で隠然たる勢力を握ったが、擡頭してきた摂津半国守護代・三好長慶らと対立し、焦慮を重ねてついに暴走するに至った。翌天文十一年三月、河内太平寺《たいへいじ》（大阪府柏原市太平寺）の合戦で長政は長慶らと戦って敗れ、一向一揆と法華一揆という民衆運動を陰で演出した希代の武将もその生涯を閉じたのである。長政の謀叛で新築の今出川御所に入邸を見合わせていた将軍義晴は、この年四月八日、新第に移徙《いし》を行ない、ここに幕府の正常化はほぼ達成された。日蓮宗還京の条件が整ったのである。同年十一月、後奈良天皇は次のような綸旨を発給し、法華二十一箇寺の帰京が勅許の運びとなった（『両山歴譜』）。

僧徒四方散在の事、近日帰洛を遂《と》げ、本地せしめ管領を全うし、早く再興あるべきの由、天気候ところなり。仍て執達件の如し。

天文十一年十一月十四日　右中弁晴秀奉

法華宗廿一箇寺御坊

以後、数年におよぶ日蓮宗寺院の京都での復興の経過は、辻善之助氏の『日本仏教史』に詳しく、筆者もまた別に論じたことがあるので詳細は省きたい。一つだけ特筆すべきことは、還京を果たした日蓮宗はかつてのそれとは異なり、牙を抜かれた虎になっていたということである。法華一宗の帰洛を喜ばぬ山門は、朝廷の許可に対し面従腹背、日蓮宗に対して、自今は諸法華宗は叡山の末寺たるべし。諸事を指《さ》すに従うべし。

という難題を吹きかけた。困惑した日蓮宗側は、近江守護・六角定頼に二〇〇貫の賄賂を差し出して調停を依頼し、山門に対しては屈辱的な誓約を行なった末、ようやく天文十六年（一五四七）二月、洛中における布教を許されたのである。その条件の中で重要な項目は、法華の僧侶による諸宗誹謗・諍論を厳禁されたこと、祭礼要脚の名目で毎年山門に千貫文の銭を上納すること、の二点で、ほかに日蓮宗僧侶に対し厳しい装束の規制が行なわれ、一揆徒党などは論外の沙汰とされた。

帰洛を果たしはしたものの、以後の日蓮宗は山門の鼻息に汲々《きゅうきゅう》たる状況となり、かつての戦闘的教団の面目は一転して去勢されることとなったのである。なお、今日上杉家に伝来する有名な〝洛中洛外図屏風〟は、この天文十六年法華寺院復興直後の京都の景観を、余すことなく描写した一大傑作に他ならない。

日蓮宗の教団が堺に逃避していた期間、一般市民（町衆）の自治的組織はどうなったのであろうか。法華一揆壊滅の結果、町役である月行事、その統括機関である町年寄らのポストはかつての日蓮宗檀方でなく、メンバーを一新してスタートをせざるをえなかった。法華色を排除する形で町共同体が再建されたのである。『年頭御拝礼参賀之控』など、近世初期に編まれた下京の町に伝来する由緒書によれば、法華の乱の翌天文六年（一五三七）年始の賀に各町から代表が幕府に参礼したことが見えている。自治の栄光を捨て去り、権力に拝跪《はいき》する近世的な町共同体の姿がそこには見られる。天文八年

本国寺の境内　上杉本洛中洛外図屏風に描かれたもので、法華の乱後、洛中還住が許され、天文16年（1547）に再建が完了した直後の景観を描いたものと推定されている。境内僧俗の華やかな気分は、おそらく同年8月におこなわれた遷座式を意識して描かれたものであろうか。洛中廿一箇法華寺院の最大の雄としての本国寺の雰囲気を伝えている　米沢市上杉博物館蔵　一部加筆

（一五三九）、〝小川一町〟を初見として町の連合体である〝町組《まちぐみ》〟（ちょうぐみとの読み方もある）が登場するが、かつて打廻りを行なったような武力をもつ自治体の姿はなく、権力＝晴元政権によって行政末端組織に位置付けられた隣保的存在にすぎなくなっているのである。

　なるほど、その後も信長の入京まで京都の支配権は安定せず、幾度か権力の空白状況が発生して、その間に町衆による仲裁行為（紛争の調停）などもみられるが、それは戦国期の畿内近国に一般的な〝仲人〟慣行の発動にとどまっており、法華一揆のように戦国大名の戦争に出動することはもはやなかったのである。

　法華一揆よりも早く鉾を収めて細川政権に恭順を誓った一向一揆は、四〇年近い沈黙ののち、元亀二年（一五七一）、織田信長に牙をむく。しかし、法華一揆はついに再起することはなかったのである。

戦国期京都の一時期を画する都市民武装化の歴史は、やはり天文五年に幕を下ろしたということになる。

＊　＊　＊

天文法華一揆は評価の難しい運動である。学界ではこれに〝一揆〟という名称を冠してはいるが、それ以前の土一揆、徳政一揆、一向一揆など農民主体の抵抗運動とはまったく系譜と基盤を異にしており、前後に孤絶した特殊な事件としてこれを片付けようとする傾きさえあるといえる。早く宗門の側では、天台本拠の山門による新興教団への弾圧、という見方が定着し、昇塚清研氏の先駆的な研究「天文法乱に就て」(『大崎学報』六九号)も基本的にこの見方に立つ。昇塚論文の三年後、この事件を「天文の法華乱」と命名した岩橋小弥太氏の論文「天文法華乱」が出た。戦前に出た右の二つの研究に共通するのは、この争乱をもっぱら宗教上の事件ととらえようとする方向で、その傾向は戦後ほどなく公刊された辻善之助氏『日本仏教史』にも現われている。

以上の諸研究はそれぞれ貴重なもので、特に辻氏のは関連史料をほとんど漏れなく網羅した決定版というべきものだが、ただ必然的に事件の考察は松本問答とその後の山門による弾圧に局限され、天文元～四年(一五三二～三五)の重要な諸事件と町の自治、市民の武装化という局面が閑却されてしまっている。

戦後の新しい研究は、何よりも当事件を一宗門の教団史に限定せず、ヨーロッパの自由都市の研究にも触発されて、市民の自治権獲得の観点から見直そうとするものであって、その代表的なものは林屋辰三郎氏の「町衆の成立」(『思想』三一二号)であった。戦後、一向一揆を農民闘争として高く評価する研究が相次ぐと、それに対決した法華一揆は必然的に反動・反革命として悪しき存在と見做されざるをえない。林屋氏はそのような単純な見方に対し、法華一揆の地子不払闘争を反封建闘争として高く評価し、町衆の発展史の中で自治権獲得闘争であったと位置付けられたのである。

ただ一方で、法華一揆活動期間のとくに初期、天文元〜二年の状況を見れば明らかなように、町一揆が晴元政権の走狗となり、ピエロ的役割を演じてきたことは否定しがたい。それは、洛外村落や唱聞師村焼き打ちのような被差別民衆への苛酷な仕打ちを見ると一層思いを深くするところである。このような観方は現在一般的なようであって、秦恒平氏による次のような随筆の章句にもよく表われている。

天文の昔の法華(商人)と一向(農民)の争いなど、国一揆の巨大な民衆エネルギーを分散させ消滅させてしまった手痛い「下々」同士のつまづきだった。このつまづきを「上」が逆手に利したとき、近世支配の方策はもう樹っていたとすらいえるだろう。(同氏「土一一文字日本史(22)」『学鐙』85—5)

このように、わが国史上に未曾有の市民による自発的武装化という注目すべき運動も、その初期には老獪な戦国大名権力に利用され、結果的には捨てられた形になったのも止むをえない。しかし、天文二年六月の大坂との講和以降、法華一揆が地子不払運動と洛中洛外の地下請を要求、展開したとき、この運動は権力の走狗たることをやめ、革命運動に転化したという見方もできる。革命運動に偏狭さと排他性はある意味でつきものであろう。一向一揆と鋭く対決したこと自体は、必ずしも革命運動に対するマイナス評価にはつながらないだろう。山門と六角氏の武力に苛烈な弾圧をくらった法華一揆の最期の姿こそ、この運動が早熟な革命運動であったことを何よりも如実に示すものではなかろうか。

もし、右の仮定が成り立つならば、十六世紀前葉の極東の一角に、どうしてあのような形態の革命運動（市民運動）が起こったのか、その歴史的意味を考えてみなくてはならない。法華一揆のような一国の中心都市における市民の武装革命運動というと、アジア大陸にはその例がなく、時恰かもヨーロッパで十六世紀中頃に起こったカルヴィン派の神裁運動が対比される。無論両者の間には多くの差異があるが、共通しているのは旧教派に対する新教派の運動であり、セント＝バーソロミューの大虐殺に見られるように、絶対主義へ指向する王権に弾圧される点も軌を一にする。要するに、封建制発達史上のある段階、中世末近世初期に生起した宗教的市民運動として、今後、法華一揆はもっと比較史の対象とされるべきであろう。本書で筆者が町衆を再三「市民」と呼びかえて記述してきたのも、戦国期のわが都市民が、西欧社会の市民に比して段階的に大きな立ち遅れ、落差は考えられないのではないか、という見方を持ち続けてきたからにほかならない。

右のような視角は、今日わが国の歴史学界の通説的見解とは大きく隔たるものであり、到底受け入れ難いとする研究者が多いであろう。しかし歴史上、先進地域における趨勢を重視する私は、室町時代の経済発展段階について、通説よりも遥かに高い位置に評価しているので、研究者諸氏の見方から浮き上がって見られるのも致し方ないであろう。何よりも、〝打廻り〟などという近代市民社会の示威行進にも通ずる如き新しい運動形態をどこからの影響も受けることなく創出した十六世紀の京都の市民の先進性は、その背後に高度の成熟した商品貨幣経済の発達を想起しなければ、説明がつかないのではあるまいか。

付章　松本問答――天文法華の乱の引き金

一、同時代の証言

松本問答の一部始終を叙述する前に、事件を伝える諸史料について、一あたり検討しておきたい。松本問答に関する最も確実な信憑性の高い史料は、『続南行雑録《ぞくなんこうざつろく》』に収められている二つの記録である。『続南行雑録』については第二章でも触れたが、水戸藩の儒者、佐々助之進宗淳（黄門伝説のいわゆる助さん）が藩主徳川光圀の命を受けて奈良で採訪した古記録の抜萃である。現在、宗淳が閲覧した史料の原本は失なわれているので、抄録とはいえ貴重な記録である（『続々群書類従』に収む）。そのうちの一つ、『祐園記抄』は春日社司・中臣祐園《なかとみすけその》の日記の抜き書きで、その天文五年条に次のように記されている。

天文五年七月廿三日、山門と京の法華衆と取《と》り合《あ》い出来《しゅったい》なり（中略）。子細は、去る春の末の事欤《か》。山門の阿闍梨《あじゃり》、京都に於て法華の談義を致さる。その砌《みぎり》、法花衆と号し、かの談義に種々の答を入る。問答の処、件《くだん》の談義者少し落ち目に成る処、散々に面目を失ない畢《おわ》んぬ。それより談義破れ了《おわ》んぬ。然れば山門、面目を失なうの間、京の法花衆を成敗すべしと云々。去る五月初《はじ》め比《ごろ》の事歟《か》。

いま一つは、本書第二章第二節で紹介した『二条寺主家記抜萃』で、興福寺門跡一乗院坊官二条家の日記である。その天文五年条に、

二月の比《ころ》、京都に於て叡山花王院、阿弥陀経の談義これあり。日蓮宗の仁杉(松)本と云《い》う者、談義の座より望みて不審を立つ。一句非道を以て詰(嗽)儀を致す間、問訊せらるといえども、頗る恥辱を与うるの間、山内に聞こゆ。大衆怒って、花王院山上を追出すと云々。これに依って、江州少弼殿(六角定頼)、その外四ヶ寺寺触《てらぶれ》催おし、六(七)月廿三日、京都に押し寄す。

この二点の記録は、本来の日記から数ヶ月分をまとめて叙述したもので、『本福寺明宗跡書』や『座中天文記』に近い回想録の形になっている。この形が、祐園、二条寺主の段階でこうなっていたのか、採録者の佐々宗淳が手を加えてこうなったのか、即断できないが、どちらも京都の情報の伝聞であるので、祐園・寺主の筆録がすでにこの形式であったと推定される。要点は、双方とも二月または春の末頃、京都において叡山の高僧の談義に「法花衆」または日蓮宗の仁松本なる俗人が議論を仕掛け、件の高僧を言い負かした事件であるというに尽きる。

ところで、もう一人、松本問答の事件を日記につけていた人物がいた。摂津石山本願寺の法主、証如光教である。証如の日記『石山本願寺日記』(または『証如上人日記』)は天文五年から始まっているが、その冒頭に近い二月二十二日の条に、

日蓮宗、雑説《ぞうせつ》の儀に就《つい》て

とあって、山門と日蓮宗が紛議によって交渉を行なっていることが見えている。これによって、「二月の比《ころ》」と記す二条寺主の日記の正しさを裏付けている。松本問答に関する根本史料は以上の通りだが、別に『史籍雑纂』に収める『天文法乱松本問答記』と題する史料がある。奥書に、

明治十三年（一八八〇）七月、徳川昭武蔵本を以て謄写《とうしゃ》校合す。

とあるのみで、いつ誰の手に成るか不明で、ともかく問答の顛末を詳細に記した内容である。その冒頭の部分を次に引いてみよう。

抑《そもそ》も天文法乱という事は、蓮祖（日蓮）御入滅弘安五年よりこのかた二百五十年に当りて、人皇百六代後奈良院の御宇、将軍は足利十二代義晴公御治世、天文五年丙申三月（二）三日より、叡岳の西塔北尾花王房と云《い》う僧、京都一条烏丸観音堂に於て説法あり。弁説博覧の沙汰あり。諸家共に参詣して、今の世の釈尊なりと風聞群集す。この時上総国藻原《もばら》妙光寺の檀度松本新左衛門久吉という者、京都に登り見物のため洛中に旅宿す。然る処、花王房の説法流布《るふ》、群集するに付て、新左衛門三月（二）十一日、同俗二人を伴うて観音へ集り聴聞するに、日蓮一派の宗旨を誹謗して、専ら真言即身《そくしん》成仏《じょうぶつ》というを、新左衛門この事を聞きて、已《や》む事を得ず高座の際へ寄りて問うて云《いわ》く、（下略）

これによると、問答の時日が三月十一日と、さきの『二条寺主家記抜萃』『石山本願寺日記』と食い違っているが、談義の主を二条寺主は花王院、問答記は花王房とし、問者を寺主は杉本、問答記は松本と

する等、似通っている点も多い。三月なる記述は二月を、杉本は松本を誤記した可能性がある（とくに松字と杉字は紛らわしい）。わたくしが注目しているのは歴代天皇の代数の数え方である。後奈良天皇を百六代とする（現『皇統譜』では後奈良は百五代）のは、おそらく近世に民間で行なわれた数え方であろうか（書陵部蔵『御系譜』は近世に禁裏で編纂の系図だが、これには後奈良を百六代とする。吉岡真之氏の教示による）。後奈良の諡号《しごう》は弘治三年（一五五七）で、いずれにせよ後世の編纂物であることはまちがいない。

このように『天文法乱松本問答記』は後世、おそらく近世の編纂物であることは疑われないが、花王房といい松本といい、問答の人名をほぼ正確に記している点、および宗門の研究者の多くが指摘されるように問答記の内容が「阿弥陀経の談義」とする二条寺主の記録に該当することなどから、何らかの記録を典拠に潤色されたもの、という推定はおそらく正鵠を得ているものと思われる。そこで本書では、主としてこの問答記に依拠しつつ、華王房と松本久吉《ひさよし》（官名・新左衛門尉）との間の問答を復元してみたい。

談義の行なわれた一条観音堂というのは、正式の寺号を金山天王寺《きんざんてんのうじ》といい、鎌倉初期の承元元年（一二〇七）創建と伝える天台宗寺院である。本尊如意輪観音は聖徳太子作と称され、本堂の観音堂はまた「太子堂」とも呼ばれている（『薩戒記』）。上杉本洛中洛外図には「二夏観音」の名で描かれており、洛陽三十三所観音の三十二番目の札所であった。天正年間、おそらく秀吉の都市改造で今出川七本松に移転したらしい（『山州名跡巡行志』）。ここでの談義は洛中に有名で、中納言中山定親《さだちか》は永享二年（一四三〇）二月、太子堂で「法華談議」を聴聞している（『薩戒記』）し、甘露寺親長も延徳三年（一四九一）五月、「観音堂談議」に参詣している（『親長卿記』）。場所は現在の上京区烏丸今出川下ル観三橋《かんさんたちばな》町で京都御苑乾門の西南方、和菓子の老舗で著名なとらや京都一条店とその北側の民家が寺址と考えられる。ここは当時、上京でも公家の住宅が密集していた地域で、観音堂の南側には

一条観音堂　上：上杉本洛中洛外図に描かれているもの。市民には「二夏の観音」の名で親しまれた。左方に見える祭礼行列は御霊祭の神幸で、その端に見える邸は伝奏・広橋兼秀の屋敷。山科言継の屋敷はこの図の左手前の位置になる　米沢市上杉博物館蔵
下：一条観音堂があった場所の現在の様子。手前の道路は烏丸通

甘露寺・広橋・山科の諸卿の屋敷が並んでいる。
さて、天文五年の問答は、都見物の途次、たまたま談義を立ち聞きした松本久吉が、華王房の日蓮宗批判に聞き捨てならずと高座へ詰め寄る所から始まる。

二、問答

＊以下は著者による意訳である。

〔久吉〕
先程から御説を拝聴していると、貴僧の所属する叡山はもっぱら伝教大師(最澄)の開基であるのに、行《ぎょう》はもっぱら真言の教えを宣揚されており、即身成仏(1)を説かれております。そもそも即身成仏というのは元来法華経に書かれているもので、他の御経にはないのであります。法華経は全文これ真実の法《のり》であって、成仏の方法を他に求める手段はあり得ないと思われますが如何《いかが》。

〔華王房〕
そこもとの言われるのは法華経提婆達多品《だいばだったぼん》の故事のことであろう。そこで説かれている「童女成仏(2)」の故事は釈尊が在世中のことでござる。末法の世の衆生の為ではござらぬ。我が宗派は忝《かたじけ》なくも弘法大師(空海)現身《うつしみ》に成仏の像を見せ給《たも》うたもの(3)である。これをどうして疑われるのか。宜《よろ》しく我が法《のり》に帰依すべきだ。

〔久吉〕

弘法大師が即身成仏されたというのは、真実かどうかいぶかしく思われます。成仏された年月が伝わっているものでしょうか。もともと釈尊が（成道されてから）五十年の御生涯に説かれた経説の内に、真言の御説法のときに成仏するということは説かれておりません。まして像法[4]の時代の弘法大師が成仏するということはありえないことです。貴僧が説かれている弘法大師の成仏云々は、大師の弟子真済[5]が著した『孔雀音義』[6]という書物に出ております。真済は外道《げどう》となった人物で、柿本の僧正、紀《きの》僧正らと呼ばれているのがそれです。染殿の皇后[7]に道ならぬ恋慕をしかけ奉り、ついに死んで鬼となり、また大天狗になった[8]といわれております。そのような真済が編《あ》んだ書物に説く弘法大師成仏の証拠というのは、ほとんど一笑に付すべきものです。凡《およ》そ仏法にいう証《あかし》とは、釈迦の金言以外には考えられません。釈尊が説《と》かれていもしないところの成仏であるというならば、それこそ涅槃経にいうところの魔説でありましょう。虚説をふりまいて衆生を迷わす貴僧は一体何者ですか。

〔華王房〕

仏というのは釈尊ばかりではござらぬ。釈迦の説法の外に、毘盧遮那《びるしゃな》如来[9]が説かれている大日《だいにち》経《きょう》というものがござる。これは窮極の仏悟とでも言うべき御経である。そこ元は御存知あるまい。

〔久吉〕
その毘盧遮那とはどのような仏ですか。法《のり》をお説《と》きになるのは釈尊以外にはおられぬはずです。それを、説教される仏が二通りあるとおっしゃるのですか。それなれば、その二仏の一方は、これまた涅槃経にいう魔王でありましょう。

〔華王房〕
毘盧遮那は法身の如来(10)でござる。これは秘密の経であって、仏の悟り給う経でござる。釈迦の説法である大集経(11)・顕経などの四十二年の経々(12)にてはござらぬ。毘盧遮那は法身の仏でござれば、俗人の知る事はありませぬ。閉口なされよ。

〔久吉〕
いや、その程度のことでは閉口はなりませぬ。そもそも密経に二つありまして、隠密・微密というのがある。隠密とは悪《あ》しき事を隠《かく》し、あるいは瑕《きず》を隠すことを申します。微密というは、能《よ》き事、善き事を隠すことを称します。例えば宝物等を匿《かく》すことです。大日経では女人・悪人・声聞(13)・縁覚(14)等が仏に成った事があるとでも言っているのでしょうか。仏はすべて悉皆成仏であり慈悲平等であるのです。したがって法華経に説き給う秘密(15)というのは、寿量品では如来秘密の奥蔵(16)とあり、法師品《ほっしほん》にもろもろの仏の奥蔵とあり、神力品《じんりきほん》に、「この妙法は如来一切の秘密の蔵」とあり、これらはいずれも微密の法のことを指しているのです。貴僧の金科玉条である真言の秘密といえども、女人・悪人・声聞・縁覚等が成仏することはないのであります。さらに言えば、もろこしの一行阿闍梨《いちぎょう》(17)という人物が、天台止観《てんだいしかん》の中に一念三千世界という所を盗んで、真言の中へ四十二年の顕経にはない外の仏の説き給うたものであると称してかくし入れたことがあります。これ実に外に仏を捏造《ねつぞう》する悪しき瑕《きず》であり、それを隠密教と申し立てたもので、これこそ仏法の怨敵《おんてき》であります。また毘盧遮那と言うも、法身の如来というも、いずれも釈迦その人のことであります。そもそも法身とは智恵情のことを申すのであって、目に見える像《ぞう》などあるわけがございませぬ。本来名づけようがないものであります。それを名づけようとするから無理が生じ、妙《みょう》なことになるのではありませんか。いずれも仏の御心のことであります。それを名付けて法身の如来とは言うのです。法身は像《かたち》がないものであり、形の無い物がどうして説教など垂れましょうや。また、わが日蓮宗の法華経は、諸経中の王、最も第一の経であるのを第三であるとか、あるいは戯論《けろん》なりと言われるのはどういうことですか。貴僧の説かれる所を参酌すれば、畢竟大日経は釈尊の説き給うた経ではないということになるが、どういうことでしょうか。このような虚説を言い立て、外に仏を捏造して、四十二年の四時の御教を外道《げどう》にくっつけるようなことをなさるから(18)、すなわち真言亡国というのです。その上、紀伊の根来寺の一派は、釈迦は大日の草履《ぞうり》取りである等と悪口し、「唯我一人《ゆいがいちにん》」とある仏を蔑《ないがしろ》にする。これ五逆の罪であります。それを説く貴僧も同罪だ。如何《いかが》ですか。

〔華王房〕
……（しばらく返答なし）……
〔久吉〕
貴僧の所属される延暦寺、比叡山は、三ツの峯(19)から自然に成り、伝教大師が唐土《もろこし》の天台山を移して戒壇を立てられ、一念三千世界を現《あら》わして三千坊を置き給うた所であります。然るに貴僧が真言の法《のり》を弘めらるゝは、はたして祖師伝教の御本意に叶《かの》うことでしょうかの。仏教の御本意に背いても一派の法《のり》はありうるものでしょうか。華王房どの、如何ですかな。
〔華王房〕
（赤面して）
我が叡山は慈覚大師 忝《かたじけ》なくも真言秘密(20)を修し給い、諸天・善神の加護によって弘め給うたものでござる。仏意契当《ぶついけいとう》と申し、仏の御心に叶《かな》い、そのゆえに真言の山となされたものでござる。智恵の矢、日天(21)に中《あた》るという奇蹟がござった。詰《つま》ることを疑うものかな。そこ許《もと》こそ大俗でござろう。閉口されませい。
〔久吉〕
仏意契当といわれるが、智恵の矢が日天に命中したならば、わが国は闇夜《やみよ》となるではありますまいか。それこそいわゆる亡国ですぞ。

〔華王房〕
そこ元《もと》は先ほどから亡国々々と言わるゝが、亡国にどういう証拠がござるかの。

〔久吉〕
それでは亡国の現証を申しましょう。安徳《あんとく》天皇・後鳥羽《ごとば》院、この二帝の時がそれであります。安徳天皇は、平氏に擁立せられ、関東の右大将《（兵衛佐）》頼朝《よりとも》を亡ぼさんとして調伏の祈禱を修(23)し給う。この時、貴僧の山の天台座主明雲《みょううん》僧正、(24)もっぱら真言の修法で調伏し給うたのでありますが、かえって安徳天皇は平氏一門と共に都落ち、挙げ句西海の壇《だん》の浦《うら》に沈《しず》み給うたのであります。頼朝は臣下にすぎず、天子は代々の　皇《すめらぎ》の御末でありますからして、諸天善神も守護し給うべきはずなのですが、真言によって法華経を誹謗し、同経は第三位、戯論なりとおとしめ蔑如《べつじょ》するものだから、仏の御心に叶わず、諸天善神も見放ち給うたのである。これすなわち亡国です。また安徳帝の次の後鳥羽天皇、上皇となられて院政を聞《きこ》し召すとき、関東の北条《ほうじょう》陸奥守義時《よしとき》を亡ぼさんと思《おぼ》し召し、延暦寺の慈円《じえん》僧正ならびに仁和寺・園城寺等、調伏の秘法(25)を行なわれました。この法は人を調法して殺し、その死にたる人を浄土へ送って仏にするといわれています。これ十五段の秘法に弘法、慈覚両大師唐土より帰朝なされて後、大事《だいじ》の法でありますからして、末法の世(26)に弘まらざる秘密と申されています。さてこの調伏によって、承久三年（一二二一）六月八日より十四日(27)迄紫宸殿において祈(28)ったところ、調伏は成就するどころか、祈誓七日目に当たる日、後鳥羽院をはじめ御所方、北条よりの軍兵に捕らわれさせ給い、(29)隠岐国その外別々に流されさせ給うた(30)のでございます。このとき、祈禱に加わりし僧侶四一人、衆僧三〇四人生け捕られ、(31)その他討ち死にに至っては幾千百人になりましたことか。終《つい》に調伏を始めてより三十日にも足らずして、この法を行ないしゆえに国を亡ぼし給うたのであります。これ現証であります。どうでしょうか。

〔華王房〕

……（黙然としてしばらく言葉なし）……

〔久吉〕

そもそも真言には成仏ということはないのです。閉口されませい。あるいは貴僧は、末世の衆生が仏になるということを御存知ですかな。

〔華王房〕

そこ許は我儘《わがまま》なことを言う人ですなあ。末世の衆生は、いかに願ったとても、自力(32)では成仏《じょうぶつ》することは困難なのだ。宜《よろ》しく他力(33)を頼み、仏の加護を頼むべきでござる。

〔久吉〕

それはまた合点《がてん》が参りませぬ。他力の仏を頼むよりも、一句・一偈《いちげ》なりとも自力の妙法蓮華経(34)を持つ功徳《くどく》のほうが優《すぐ》れておりますぞ。(35)

〔華王房〕

その仏説とはどのようなものかな。

〔久吉〕

されば、法華経薬王品(36)十喩の始めに、他力の仏を供養するよりも、自力の法華経を持つ功徳のほうが最も大きく、一句・一偈なりとも妙法を受持することが勝《まさ》っている(37)とあります。したがって他力の弥陀の救いより、自分で一偈の修行をするほうがすぐれています。これが仏の教えでありあります。また法華経譬喩品《ひゆぼん》(38)にいわく、法華経を誹謗する科《とが》によって地獄に入ると、展転無数、劫《ごう》のうちより出られなくなり、その苦しみ癒《いえ》ても畜生に生まるゝのみならず、汚穢悪臭の不具と生まれ、人に憎まれて瓦石《がせき》を打たるゝとあります(39)。これ仏の種《しゅ》を断《た》つような行状を致すゆえ、かくの如き罪を蒙《こうむ》るのであります。さあ、どうお答えになりますかな。また貴僧は、他力の仏を願うとおっしゃいます。しかしながら、他力本願とは念仏を唱える浄土宗門であります。はたして貴僧は浄土教を修行されているのでしょうか。

〔華王房〕

そうではござらぬ。凡《およ》そ諸仏はみな同じものでござる。釈迦・大日・弥陀・利益《りやく》はみな同じである。ゆえに仏の力を頼むというのでござる。そこ許の信ずる日蓮は、弥陀を誹謗して無間《むげん》(40)と言わるゝ。これまことに仏を軽《かろ》んずる罪人でござる。さればこそ種々の難《なん》に逢《あ》うのであって、これ仏陀の冥罰《みょうばつ》である。どうかな新左衛門とやら。

〔久吉〕貴僧がそこまで仰せあるなら、こちらも言い分があります。一体、法華経は諸経中の王、最も勝れ第一なりと釈尊が極め給《き》うたのに、貴僧の宗門の祖、空海は第一を第三と押し下し、あるいは法華経を戯論なりとそしり、法然は捨閉閣抛《しゃへいかくほう》(41)と言い、難行《なんぎょう》(42)なりと誹謗するが、その咎《とが》がどういう罪になるか、経文に明らかであります。「唯我一人」の仏を蔑《ないがしろ》にする罪、貴僧は心にこれが罪人に当たるとは思われませぬか。だから真言の法《のり》にて国を亡ぼすというのです。法然は法《のり》の為にあらずして流罪に処せられ(43)、俗人に戻されて藤井元彦と俗名をつけられ、薩生《さっしょう》・正覚の二人は(44)六条河原で首を刎ねられております。これ仏の冥罰の現証に外なりませぬ。また日蓮の難と申すのは、御自身の難ではありませぬ。法華経に由来する所の難であります。何故かとならば、日蓮の御難の様子は、法華経中の釈尊の未来記(46)にたがうところがありませぬ。然らば法《のり》のための御難でなくて何でありましょうや。末代の世に法華経を布教する者には危難が及ぶであろうと、釈尊の金言に見えております。法華経法師品に、如来が在世中にしてなお恨《うらみ》、嫉《そねみ》が多くあると説かれております。まして仏滅後においてはなおさら珍しくないと(47)。これは例えて申さば、餌を含む鳥をねたんで諸鳥が奪い取ろうとするようなもので、法華経の為にする殉難ならば、難にして難とはいえないのであります。如何《いかが》ですか。

〔華王房〕
そこ許は俗人のくせに口さきの上手な人だ。日蓮には確かに仏を誹《そし》った証拠がござるぞ。すなわち鎌倉長谷の大仏を焼けと申した(48)ことがそれである。大仏は忝《かたじけ》なくも華厳経《けごんきょう》の主、釈迦牟尼《むに》であらせらる。この罪は如何《いかが》かな。
〔久吉〕
それは浅墓《あさはか》と申すものですぞ。元来、大仏を焼けというのがこの方の宗門の流義なのです。
〔華王房〕
さようなことをほざく宗門に、一体どのような道理・義理があるのでござるか。
〔久吉〕
されば、すなわち貴僧の属する比叡山の開祖、伝教大師の御教《おんおし》えであります。それは「有為《うい》報仏・夢中権果」(49)と申します。大仏はそもそも華厳経主の仏であって、爾前経(50)の中の仏なのです。名はあるといっても像《かたち》はない。夢中のようなものです。無作三身は覚知実物と申して、悟《さとり》の実仏は、法華経寿量品に出てまいる久遠実成釈迦仏(51)なのです。法華経の悟《さと》りの夢さめて見れば、爾前経の中には今までの仏は像《かたち》がありません。水中に映る月の影のようなものです。みな影仏《かげぼとけ》でありまします。法華経に顕《あら》わし給う仏は天中の月のようであります。すなわち釈尊がそれなのです。妙法を説き給う釈尊の五十年の御説法の中《うち》、四十二年は爾前経であって、釈尊は成仏の真《まこと》を顕し給わず。最後の法華経八年の御説法[52]で初めて仏の悟、御旨《みむね》の真を証《あか》し給うたのであります。爾前経は真に非ず、法華経にて諸仏も成仏し給うと説き給うたのである。だから法華経の教えはみなこれ真実なりと[53]宣《のたま》われ、その証拠として多宝塔と多宝如来を出現させ給うのであります。このことは法華経の文中に明らかなところ[54]。以上を踏まえて「四十余年、未だ真実を顕わさず[55]」と説き給うたのです。四十二年は夢中であるがゆえに、「有為報仏夢中権果」と伝教大師は『守護国界章[56]』の中で説き著《あらわ》されております。また『法華経寿量品』に、「或いは己身を説き或いは他身を説き」して、大日・弥陀・釈迦・観音をはじめ、爾前四十二年に出た仏もみな釈尊であるという趣旨[57]を説かれているのです。例えば天上にある一つの月は水に影を写せばいくつも月影が映るが如しであります。実《まこと》の月は一つなれど月影は数知れず。四十二年は皆々影仏なのです。また日蓮上人の御心には、「仏の影であっても、正《まさ》しく釈迦なる仏を、法然流義の専修念仏で拝することは仏の御心に叶《かな》わず。日本の災難[58]起こるはこれである。罪の上に罪を重ねる衆生のために、せめてこの釈迦の尊像なくばよかるべし。謗法の咎も少なからしめん。」と、大慈大悲の、心から焼けと宣《のたも》うたのであります。これをば一切衆生助《たすけ》の法問と申すのです。実《まこと》の仏を焼くと貴僧が把《とら》えるのは僻言《ひがごと》、文盲の類《たぐい》である。また、日蓮上人は上行菩薩[59]の再誕（うまれかわり）であります。上行出《いで》て法を弘むと釈迦仏説き拾う。たとい上人御自身で「我は上行にてはなし」と宣《のたも》うても、釈迦の未来記に符節を合したように法を弘め給うたのでありますから、上行菩薩の再臨であること、疑問の余地はございませぬ。善導(60)は弥陀の再誕だの、法然は勢至の生まれ変わりだの念仏衆が申しおりますが、釈迦未来記に合うものではありません。阿弥陀の再誕が、どうして柳の木から落ちて苦しみ死すということがありましょうや。法然は念仏弘通のてだてとして、弥陀三尊の外を信ずるを礼拝雑行とし、三部経の外を読誦するを読誦雑行と言い、あるいは千中無一などと言うたため、山門より咎にあいましたが、その折「まったく妙法は誹謗仕らず。流言ならん。」と弁解致しておりますが、法華経を誹《そし》った事実は衆口にあって遁れ難いものであります。ことここに至って止むなく、恐しき神々を驚かし奉ってあやまり証文(61)を書き、己れが罪を隠《かく》し遁れようと致しましたが、大罪遁れ難《がた》く、その後俗人に戻されて流罪にあい、大赦のとき(62)ようやく許されました。その後再び坊主になって法然と改名したのであります(63)。二度出家とは前代未聞である。さて死後、墳墓は掘りかえされ、死体は加茂川に流されております(64)。念仏衆その流れし死骨を集めて埋《うづ》めし所をいま新黒谷と申します。かように後代まで恥を残している者を、勢至菩薩などとは勿躰なく、これ口から出任《でまか》せの雑言というものであります。以上要するに、夢中の像《かたち》なきものを焼くのに、何の科《とが》がありましょうや。

〔華王房〕

では仏像の僉儀《せんぎ》はまず閣《さしお》き、また日蓮法師は建長《けんちょう》・寿福《じゅふく》・極楽寺《ごくらくじ》ら禅律僧の首を切り(65)、由比《ゆい》の浜辺に曝《さら》すべしと申したとか。何たる事ぞ、仏弟子の身として人を殺す事をそゝのかすとは。これこそ大罪人ではござらぬか。いかに新左衛門とやら、これには答えられまいて。

〔久吉〕

謗法の人を苛嘖《かしゃく》することは仏の定め給うた定規《じょうぎ》であります。このことを承知せず、何で罪人などと罵《ののし》られるのでありますか。

〔華王房〕

罪人ではないという謂《いわ》れがござるか。さような仏説があればうかがいたい。

〔久吉〕

いかにも証拠があります。涅槃経聖行品にいわく、「われ往昔を憶うに閻浮提《えんぶだい》(66)において沙婆《しゃば》に生まれ仙予《せんよ》と名づく大王となり大乗経典を受誦す。ときに一人の波羅門《ばらもん》あり、法道を誹《そし》る事を聞き畢《おわ》りて、則時にその命根を断たんとす。」と、また同経に「若《も》し仏の正法を誹謗する者あらば、その舌を断《た》つべし。」と説いております。こんなことを御存知ないのですか。これによって上人は謗法の禅律僧の首を刎《は》ねよと書き給うたのであります。いかがでしょう。

〔華王房〕

そこ許は口賢《かしこ》き男だ。その方が信じておる法華経の中に、西方の阿弥陀の利益《りやく》を説いているものがござる。是はどうなるのだ。一仏でござるのか。あるいは西方の阿弥陀に二仏がござるのか。もし一仏ならば、法華経の弥陀も無間地獄の業因となるでござろうが。どうじゃ。

〔久吉〕

浄土宗の阿弥陀仏と法華経の弥陀とは異なっております。正覚(67)の弥陀はもっぱら名号を唱うべし。この功徳によって救いとるべしとあります。いわゆる四十八願(68)がこれであります。法華経の弥陀はそうではありませぬ。「如来滅後五百歳中(69)、若し女人ありこの経典を聞きて説の如く修行せば」と法華経薬王品に説き給う。如来と申すは釈尊のこと。然れば「釈尊の金言の如く妙法を修行し、その功徳によって安楽の国蓮花の中、宝座の上に生まれよう(70)」とございます。これが法華経の阿弥陀仏なのです。これを御存知ないとは文盲な、華王房どの、返答どうですかな。

〔華王房〕

阿弥陀如来は衆生を救い、諸仏に優《すぐ》れ給えばこそ、諸経諸讃とて所々にてほめ奉《たてまつ》っているのでござる。この利益《りやく》をそこ許《もと》は御存知か。

〔久吉〕

諸経諸讃のこと、これは当分の讃談と申したとえば日々夜々に当たりその日その夜を第一とする意であります。爾前経に説き給うはこれでございます。その所の衆生、弥陀を信ずると知り給えば、その衆生の根生《こんじょう》に即して弥陀の利益を説き給うのです。しかし、仏の悟《さとり》は説き給うことはない。仏の御旨《みむね》は明《あか》し給わないのです。この辺の趣旨をよく知るべきであります。だから「性と欲とは同じからず。種々の説法も方便力を以てす(71)」とあるのであって、「四十余年、未だ真実を顕わさず」

いるのです。

と無量義経に説き給うのです。決定《けつじょう》成仏の悟と極《き》め給う所こそ妙法蓮華経であると説教されて

〔華王房〕

そこ許のいわる丶「当分」とは、証拠がござるか。

〔久吉〕

釈尊涅槃経のうち『随願往生経』(72)にあります。衆生の根生は貪欲多くして画一でないと説かれている。釈尊御入滅のいまはのきわに、不軽《ふきょう》菩薩《ぼさつ》が問い奉りていわくに「十方世界の諸仏のあいだに正閏の差別がございますか。」と。釈尊宣《のたま》わく「十方の仏、またその国、差別なし。真に同じである。」と。菩薩また問い奉りていわく「では釈尊は、別して阿弥陀の国を讃《ほ》め給わっていますが、これはどういうことでしょうか。」と。釈尊告げて云《いわ》く「釈迦の心を悟らねばならぬ。沙婆世界の人は貪欲多く邪を学ぶ者は多いが、妙法を信ずる者は少なく、またその志もない。一つになるということがない。その心を一所に集めるために、その所の衆生の心に応じて、まず西方を説く。だから弥陀のことを講談する形になっているのだ。」と。また「成仏は難し。それより往生」と。以上を見ましても、いかにも方便により讃めただけであるというのが知られます。釈尊の未来記を拝見しましても、往生に成仏は難しと御遺言で決めておられます。だからこそ「四十二年、未だ真実を顕わさず」とも説かれているのです。要するに衆生の根生によってそれ

ぞれ当分当分に讃められるのです。これが〝当分〟の意であります。合点《がてん》まいられましたかの。

〔華王房〕

法然上人は弥陀を信仰されているのに、日蓮は却《かえ》ってそれを無間地獄だと申す。これはどういうことでござるか。

〔久吉〕

されば、念仏無間のことは拙者が申すまでもなく、念仏衆が信ずる所の三部経四十八願の中にも「唯だ五逆、正法を誹謗するを除く」と説かれております。また法華経には、「その人命終らば、阿鼻獄に入らん(73)」と書かれておる。この阿鼻とは無間地獄のことです。その上、法華経の一部八巻二十八品、みなこれ念仏無間の証拠であります。貴僧は法然の宗を是《よし》と思っておらるゝのでありますか。それでは序《つい》でに言いきかせて差し上げましょう。法然立つる所の宗旨念仏とは、経説によって見ればその罪五逆よりも重うございます。その罪に相応する責《せめ》はまた重いのであります。念仏無間と申す日蓮上人の格言はその一端にすぎませぬ。この格言に心して経論を再読していただきたい。これこそ一生の大事であります。無欲になって吟味穿鑿《せんさく》すべきことであります。後生《ごしょう》の願《ねがい》は誤《あやま》りを改めよ、無間の業団を免《まぬが》れよと、日蓮上人が薩埵《さった》(74)の大慈悲心を起こして演《えん》じ給う念仏無間の妙言に心づかぬとは愚かなことですぞ。この妙言と釈尊の金言とを比べて見てください。符合しておるでしょうが。したがって、念仏一宗の人々は胸に手を当ててみるべきです。先祖より願い来った念仏だからこそ、未来が見えなければ腹も立ちましょう。そのはずです。謗法に頼っておるのですから。一体、末代の世が良いか悪いかは何によって判断すべきでありましょうか。それは経説のほかはございますまい。誤りては改むるに憚《はばか》ること勿《なか》れと申します。早く善に付くべきであります。贔屓《ひいき》の宗旨に迷ってこの妙言も耳に入らぬならば、生死の大海を渡ることは難《むつか》しい。無学なる坊主が世すぎ身すぎに妄語を利《き》かす事、浅ましというもおろかです。無智な人々は妄語でも本気にするではありませんか。これこそ衆生を迷わす大逆の悪人というものですぞ。

〔華王房〕

（……赤面しつつ）何と申されようと弥陀の名は有難いのじゃ。法然の教えは貴《たっと》い。

〔久吉〕

（怒面にて）何ということを。貴僧は山門の怨敵ですぞ。法然は天台仏心・真言・三論らみな群賊であると申し、選択集《せんじゃくしゅう》にも書いております。伝教大師一念三千の戒壇を誹謗したので、三世の諸仏の敵であると山門の大衆一山挙《こぞ》って、「三世の諸仏への報謝である」と称して大講堂の場で選択集を焼き捨てたのであります。(75)また、法然の死体を加茂川に流せしは世にかくれもないこと。貴僧はその比叡山に住みながら法然を貴《たっと》ぶとはいかなるわけでござるか。問答に負かされまいとして抜け句を言うと見えましたぞ。さあ返答されませい。それとも閉口されますか。

〔華王房〕
……（無言）……
〔久吉〕
では約束のように致しますぞ。（華王房の袈裟を剝ぎ取る）

＊　＊　＊

〔著者註〕

（1）発心して以後、修行を経歴することなく、現身のまま成仏することをいう。法華経提婆品に見える。

（2）法華経第四に「竜女は智積菩薩・尊者舎利弗《しゃりほつ》に謂いて言わく、我宝珠を献ずるに世尊納受し給う。この事疾《と》きや否や。答えて言わく甚だ疾し。女言わく、汝の神力を以て我が成仏を観る。復《また》これよりも速《すみやか》なりと。時に当たりて衆会みな竜女の忽然の間に変じて男子と成り、菩薩行を具して即ち南方無垢世界に往き」云々とある。

（3）『孔雀経音義』の釈の中に、空海が宮中にて宗論のとき、大日如来の相を現わし、即身成仏の義を立証したことが書かれている。

（4）釈迦入滅後五〇〇年までを正法、五〇〇年から一〇〇〇年までを像法というが、五〇〇年を一〇〇〇年に数える説もある。現在研究されている釈迦死没年と当時の考え方とは合わない。

（5）八〇〇～八六〇、弾正大弼紀御園の子。空海に師事して密教を承け、伝法阿闍梨となり高雄に住す。入唐を企てるも果たさず。東寺一長者《いちのちょうじゃ》、僧正に任ぜらる。詩文に長じ多くの著作あるも、伝記には孔雀音義は見えていない。あるいは彼の撰述した『孔雀経諸本抄集』が誤まられたものか。

（6）『孔雀経音義』、不空訳仏母大孔雀明王経の註釈書。先述のようにその釈中に空海の成仏の故事が言及されているが、釈文中に天暦十年（九五六）作と明記されており、真済作では時代が合わない。仁和寺蔵古写本に「観静撰」とあり、作者は東寺長者寛静（九〇一～九七九）に擬せられている。

（7）清和天皇の皇后。

（8）染殿皇后に懸想して鬼となった聖の話は、『今昔物語』巻二十第七「染殿の后《きさき》天狗のために嬈乱《にょうらん》せらる、語」に見える。ただし『今昔物語』ではその聖は「大和葛木の山の頂に金剛山と言う所あり。その山に一人の貴《たっと》き聖人住けり」とのみで、どこの誰とも具体的な人名は書いていない。それが『拾遺往生伝』には、近江葛川《かつらがわ》の相応和尚が、染殿皇后にとりついた天狗を降伏させる話が収められており、その天狗は真済の後身であると記している。空海の高弟で著作も伝記も数多い真済が何故外道に堕ちた説話に脚色されたのか興味を引くが、『今昔』の伝承から『往生伝』へと説話が潤色されていく過程を示している。なお、染殿后の説話は戦国期には仏家の間で著名であったらしく、再三引用した堅田本福寺の『明宗跡書』にも言及されている。したがって、『拾遺往生伝』の説話の通りであったにしても松本久吉の表現は正確ではなく、「真済は死後外道に堕ちた」と言うべきであった。

(9) 梵語 Vairocana の音訳。仏の実身を顕《あら》わす称呼とされる。光明遍照などと意訳されている。仏のいかなる相を指すかについては諸宗派で区々である。

(10) 天台宗では毗盧遮那、盧遮那、釈迦牟尼の三つを法身・報身・応身に擬し、この三体は融即無礙にして不一不異であるとしている。真言宗では毗盧遮那は大日法身のことであるとし、『大日経疏』では日の別名で除闇遍明の義であるとしているが、また天台と同じく法身・報身・応身の三身に配する説もある（例えば『千臂千鉢大教王経』など）。

(11) 『大方等大集経』の略。大集部所属の諸経を集成したもの。

(12) 釈尊成道後五十年の期間の内、天台では五時八教と称して次の五期に分ける。一、華厳時（成道直後二十一日間）、二、鹿苑時（華厳時の後十二年間）、三、方等時（鹿苑時後八年間）、四、般若時（方等時後二十二年間）、五、法華涅槃時（般若時後八年間）。四十二年とはこの内一～四時の期間をいう。

(13) 梵語 Siravaka 舎羅婆迦の訳語。声を聞く者、すなわち弟子の意。仏の声教を聞いて証悟する出家の弟子をいう。
(14) 梵語 Pratyeka buddha 辟支仏の訳語。独覚・因縁覚ともいう。現身に教えを受けず、無師独悟し、自らは調するが他人を調せざるある種の聖者のこと。声聞が仏の声教を聞いて大聖得果するのに対し、縁覚は無仏の世に出て無師独悟するのである。
(15) 梵語 Guhya の訳。秘奥隠密、露顕にあらざるもの。如来が顕露に開示せず、ある種の意味を含んで演説された教えを秘密・密意という。
(16) 『法華経第五如来寿量品』に、「如来秘密神通の力」と記している。
(17) 中国唐代、河北鉅鹿《きょろく》(現河北省鉅鹿県)の人。俗名張遂《ちょうすい》。荊州(湖北省)で出家し嵩山の普寂禅師について禅宗と律をきわめた。玄宗の勅によって唐朝に出仕、大衍暦を撰したことで有名。善無畏《ぜんむい》・金剛智《こんごうち》らの帰朝僧に師事し、『大日経疏』二十巻を著した。その他著作訳経多し。密教諸経の漢訳に重大な役割を果たした人物。
(18) 一行の漢訳編纂を指す。
(19) 四門岳・大岳・釈迦岳の三峰か。前二峰は現在大比叡と呼ばれる。釈迦岳は北方に位置。
(20) 現在知られている所では、円仁が真言宗寺院と関係した形跡はないようである。
(21) 梵語 Surya 蘇利耶の訳語。日天子、あるいは日神ともいう。太陽を擬人化した神。太陽は諸民族で神格化、崇拝されているが、密教では金剛・胎蔵両界曼荼羅中に日天を列し、また十二天の眷属《けんぞく》の一とする。
(22) 円仁が蘇悉地羯羅経疏七巻を著したとき、仏前に供えて祈念し、わが著わす所の書が諸天善神・仏の御心に叶う（仏意契当）ならば奇特を現わし給え、さなくば罪を与えよと誓願し、七日満願の夜、円仁の胸中から白羽の矢が発せられ、日天の真中を射たという夢を見た故事をいう。

(23) 安徳天皇の即位した治承四年（一一八〇）五月、以仁王が挙兵し諸国の源氏残党が呼応する形勢となり、朝廷は諸社寺をして十三日五壇法を、十月二日如意論法を、十一月三十日臨時仁王会を、寿永二年（一一八三）六月十一日には薬師御読経、薬師法を、同月十八日には八座仁王講を各修法させて兵革靖安を祈らしめている（『吉記』『玉葉』『山槐記』）。うち関東調伏の祈禱は、十月二日に護持僧明雲をして厳修せしめた如意輪法（『護持僧次第』）を指すかと思われる。同法は承久の乱の際も調伏法として所見がある。

(24) 大納言源顕通の子。弁覚について顕密二教を習う。仁安二年（一一六七）天台座主に昇る。治承元年（一一七七）西光の讒により伊豆流罪となるも赦されたことは『平家物語』などに見えて有名。同四年七月新帝安徳天皇の護持僧となり、養和二年（一一八二）大僧正。翌寿永二年十一月、木曽義仲の入京に際し流れ矢に当たり死去。

(25) 調伏は梵語阿毗遮嚕迦 Abhicaruka の訳。降伏とも翻ず。五種修法の一。他の悪心を調伏して善ならしめんがために修する法をいう。その修法次第については『七倶胝仏母所説准提陀羅尼経』、『金剛頂瑜伽千手千眼観自在菩薩修行儀軌経』『秘蔵記』『大日経第七持誦法則品』などに種々の奇怪な手法が詳説されている。而して共通する呪文は、馬頭明王・蓮華部使者一髻尊・降三世明王等悪神の真言を誦せよとされている点である。壇に塗る灰は驢駝の糞または死屍を焼いて成せる灰を用い、閼伽（水）は牛尿、灯油は芥子油を用うという。

(26) 後冷泉天皇の永承七年（一〇五二）より仏滅後二〇〇〇年の末法に入ると喧伝された。とくに源信・法然らはみな末法思想を鼓吹し、とくに日蓮は、最澄等天台の法華迹門説の教を像法時の法であるとして、末法時には法華本門の肝心である妙法蓮華経の五字によって解脱を得なければならないと力説した。

(27) ここで久吉が言う六月八日は、承久京方の軍が東海道濃尾方面で敗北し、その報が京着して後鳥羽・土御門・順徳の三上皇が山門に逃亡した日であり、禁廷にて調伏法が修された形跡は見当たらない。強いて承久の関東調伏の祈禱に該当するものを求めると、六月二日より小栗栖法琳寺で行なわれた権少僧都蔵有の太元帥法があげられる。『承久三年四年日次記』六月二日条に、「この日小栗栖寺に於て権少僧都蔵有を以て太元帥法を修せられる（中略）。日来《ひごろ》仙洞（後鳥羽上皇）の沙汰たり。」とあり、『法琳寺別当補任』四十四代蔵有条に「承久三年五（六）月、関東調伏のため、本寺に於て三七日大元法を修す。然れども結願に及ばず、六月十四日大阿闍梨蔵有逃げ失せ了んぬ」とあるのがそれである。この蔵有の逃亡について、『太元秘記』別当次第四十五蔵有条に「但し壇上に於て怪異あるの間、これを修せざる由申すと云々」と記している。六月十四日といえば、京方が宇治に大敗した日である。おそらく鎌倉方を畏怖して祈禱を中止したものであろう。また、この前後高陽院《かやのいん》にて五壇法が、法勝寺において百座仁王講が、山科教成の冷泉亭において転法輪法がそれぞれ修せられている（『五壇法記』『門葉記』『百練抄』『光台院御室伝』）が、慈円が関係したという明徴はない。慈円が承久討幕に終始反対の立場であったことはよく知られている。

(28) 前註でみた如く、大乱平定（実は関東調伏）の祈禱はすべて禁裏以外の寺社第宅で行なわれ、紫宸殿での修法の事実はない。なお最後の祈禱は六月七日、十一社に奉幣して行なわれた関東追討の祈請である。

(29) 六月八日山門に逃亡した上皇は、衆徒が瀬田橋出兵を拒否したので十日高陽院に戻り、十五日入京した北条泰時・時房らの鎌倉軍に高陽院在邸のまま軟禁の身となった。次いで泰時は、六月十九日後鳥羽を四辻殿に、順徳を大炊御門殿にそれぞれ移して幽閉した。

(30) 七月十三日、鎌倉幕府は後鳥羽上皇を隠岐に流罪とし、七月二十一日、順徳上皇を佐渡に遷した(『公卿補任』『百練抄』)。なお、土御門上皇は討幕計画に関知していなかったため、幕府は処罰を見送ったが、同上皇は自ら望んで京都から遷されんことを主張し、止むなく幕府は初め土佐(次いで阿波)に流したのである。なお、後鳥羽の皇子雅成親王は但馬に、頼仁親王は備前児島に流されている。

(31) 当時の史料(文書記録)に徴して、調伏祈禱の僧侶が捕縛された事実はないようである。僧侶で処罰されたのは京都の法印尊長・僧正長厳・熊野法印快実らであるが、この三名は討幕計画に軍事的にかかわったもので、結局、祈禱参加者は不問に付されたらしい。

(32) 自己の功力を用いること。『大毗婆沙論第四』に「現観辺の世俗智は怨敵ありて勢力なし(中略)。世第一法は怨敵なくして勢力あり。怨敵なき故に唯自地を修し、勢力あるが故に自力に依りて修す」とあり、『菩薩地持経第一発菩提心品』に「菩薩自力にて菩提心を発す。これを自力と名づく」とある。

(33) 他の力を藉《か》りること。勢力なきもの、鈍根なるものは他の力を借りて行修するの意。転じて一切衆生が阿弥陀仏の本願力によって救済されることを他力本願という。善導の『観経疏散善義』に「決定して深く信ず。かの阿弥陀仏は四十八願を以て衆生を摂受す。疑無く慮無ければかの願力に乗じて定めて往生を得ん」とあり、法然はこの善導の意を承《う》けて大いに他力本願の義を強調した。

(34) 梵名薩達哩麻奔怛唎乞蘇怛羅 Saddharma pundarika。七巻から成る。単に法華経ともいう。流布本は中国魏晋南北朝時代、後秦の学僧鳩摩羅什《くまらじゅう》の訳。第一序品から始まってすべて二十八品ある。羅什訳出の法華経は提婆達多品を欠き、同品は南朝斉の武帝のとき僧法献が法意と共訳し、羅什本へ加えたとされている。

(35)　日蓮は初め天台教学を修したが、のち京畿に遊学して諸宗の概要を比較分析した結果、「法に依り人に依らず。了義経に依り不了義経に依らず」という経説に基づいて法華経こそ諸経中の王・明鏡とし、日蓮宗を創始唱道した。

(36)　妙法蓮華経第二十三薬王菩薩本事品のこと。同品は、宿主華菩薩の問に対して薬王菩薩の本事を説き、この菩薩は往昔、日月浄明徳如来の所で一切衆生喜見菩薩となり、法華経を聞き、現一切色身三昧を得て焼身供養したと言い、またこの本事品を受持する者は女身を受けず、命終わるの後、安楽世界に往生できると説く。

(37)　久吉は薬王品を引用しているが、この趣旨は法華経第十法師品のほうによくあらわれている。同品には、薬王菩薩に対し、経の一偈一句を聞き、一念随喜する者はみな成仏の記を得ることができ、この経は諸経中の最も勝《すぐ》れたものであって、これを聞きこれを読誦する者は菩薩の道を行なう者であるとし、また滅後の説法者は如来の室に入り、如来の衣を着し、如来の座に居ることができることを明らかにしている。

(38)　妙法蓮華経第三譬喩品、この後段に、法華経毀謗《きぼう》の過《か》、および能受の人について説明している。〝火宅〟の語はこの品に出ている有名な比喩である。

(39)　同様の趣旨は法華経普賢勧発品にある。「若し人ありてこれを軽毀せば（中略）その罪報は当《まさ》に世々限無かるべし（中略）。若し復《また》この経を受持する者を見てその過悪を出さば（中略）この人は現世に白癩の病を得ん。若しこれを軽笑せば、当に世々に牙歯は疎欠《すきか》け、醜き唇、平める鼻ありて、手脚は繚《もつ》れ戻り、眼目は角睞《すが》み、身体は臭く穢く、悪しき瘡の膿血あり。水腹・短気、諸《もろもろ》の悪重病あるべし。」日蓮宗の排他的教義弘通の上で、このような法華経不信に伴う不利益の強調（一種の脅迫）が、障害者への差別的認識を助長・定着させていったであろうことは、横井清氏が鋭く指摘されている（同氏『中世民衆史における『癩者』と

『不具』の問題」『花園大学研究紀要』五号、のち同氏著『中世民衆の生活文化』東京大学出版会、昭和五〇年刊に再録）。また、このような極端な排他主義思潮は、すでに見てきた法華一揆の洛外農村焼き打ち、唱聞師村放火等の行動と一直線につながっているのである。

（40）日蓮の四箇格言「念仏無間」。念仏を唱道する者は無間地獄に陥るの意で、浄土宗一派への攻撃・非難である。

（41）法然の著『選択本願念仏集』にある四字を指す。捨字は同書第一章に「道綽禅師聖道浄土の二門を立て、而《しか》も聖道を捨てヽ正しく浄土に帰す」二章に「善導和尚正雑二行を立て而も難行を捨てヽ正行に帰す」とあり、閉字は同書第十二章に「当《まさ》に知るべし。随他の前には暫く定散の門を開くと雖も、随自の後には還て定散の門を閉づ。一度開きて以後永く閉じざるは、唯是《ただこれ》念仏の一門なり。」とあるを指し、閣字は十六章に「それ速に生死を離れんと欲せば、二種の勝法の中且《しば》らく聖道門を閣《さしお》きて選んで浄土門に入るべし。」とあり、抛字は同書連文に「浄土門に入らんと欲せば正雑二行の中、且らく諸の雑行を抛《なげう》ちて選んで正行に帰すべし」とあるを指している。日蓮はこれらを指摘して、法然は易安《いあん》に就くあまり聖道諸行を廃捨するものであると、『立正安国論』の中で口を極めて非難している。

（42）『立正安国論』に「後鳥羽院の御宇に法然と言うものあり（中略）。曇鸞・道綽・善導の謬釈を引いて聖道浄土難行易行の旨を建て」と批判する。修行を難易に分け易安に就くを勧めたと攻撃しているのである。

（43）鎌倉初期、京畿の間に念仏が普及したのに危機感を抱いた南都北嶺は元久元年（一二〇四）以来くり返し蜂起して朝廷に専修念仏停止を強請したが、法然自らの弁疏、九条兼実らの弁護により事なきを得ていた。然るに建永元年（一二〇六）末、後鳥羽上皇熊野参詣の留守中、女官等が法然門弟の住蓮・遵西の修する六時礼讃を聴聞して出家するという事件が起こり、上皇帰洛後事顕われて翌建永二年二月、法然は土佐に配流、門弟二名は処刑されるに至った。これを浄土宗門では〝建永の法難〟と呼んでいる。弾圧の表向きの理由は、念仏宗女犯肉食を咎めず、風俗を乱すというにあった（『明月記』『愚管抄』）。

（44）『愚管抄』には処刑された二人の門弟は安楽房遵西・住蓮とあって、この薩生・正覚の名は史書古記録には所見がない。また、刑場を六条河原とするのは同時代の史料には出ておらず、『拾遺古徳伝絵詞』『歎異抄』は両名とも近江馬淵で斬られたとし、『浄土伝灯総系譜』は遵西のみ六条で、住蓮は近江で処刑されたとしている。なお、六条河原処刑の図を描く『法然上人絵伝』は鎌倉末期の制作にかかる。

（45）日蓮は布教開始以来種々の迫害に遭遇しているが、主な遭難だけでも前後四回に及んでいる。まず『立正安国論』を北条時頼に上書した翌月の文応元年（一二六〇）八月、鎌倉松葉谷《まつばがやつ》の草庵を念仏者に焼き打ちされ（『下山御消息』）、弘長元年（一二六一）五月には下総から鎌倉に舞い戻ったところを逮捕、伊豆伊東に流罪となり（『日蓮上人註画讃』）、文永元年（一二六四）十一月には安房東条において武士平景信に襲撃され弟子鏡忍と工藤吉隆は討ち死に、日蓮自身頭部を創傷、左手骨折という重傷を負った（小松原の法難『日蓮上人註画讃』）。最後は蒙古襲来に伴う相次ぐ諫暁によって文永八年（一二七一）九月、北条家の内管領平頼綱に捕らわれ鎌倉竜ノ口に斬られんとしたが赦され（竜口の法難）、翌月佐渡に流された。

（46）久吉のこれ以下に続く語中にも見えるが、法華経法師品、見宝塔品を指すかと思われる。法華経の持経者にふりかかるであろう迫害と六難（説教難・書持難・暫読難・説法難・聴受難・奉持難）が記され、とくに見宝塔品には「此経難持」の偈頌が説かれる。

（47）『法華経第十法師品』に「而もこの経は、如来の現在にすら猶怨嫉《おんしつ》多し。況んや滅度の後をや」とある。

（48）日蓮はいわゆる竜口の法難のとき、平頼綱の訊問に応えて、（『撰時鈔』『法蓮鈔』）「建長・寿福・極楽・大仏・

長楽の諸寺や一切の念仏者・禅僧等の寺塔を焼き払って、彼らの頸を由比浜で切らねば、日本国は必ず滅亡するであろう」と述べている。

(49) 梵語 Samskrta の訳。無為に対する語で、為作《いさく》あるの義、つまり因縁が成す所の現象の諸法を意味する。

(50) 前註(12)で述べた五時八教の一～四時、四十二年間の経の意。

(51) 『法華経第十六如来寿量品』に「然我実成仏已来、久遠若斯」(然るに我は実に成仏して已来、久遠なることかくの如し)とある。日蓮の著した『法華宗内証仏法血脈』にも「夫《そ》れ妙法蓮華宗とは、久遠実成三身即一の釈迦大牟尼尊(中略)唯一教主の立つ所なり。」とあって、日蓮宗では重要な概念である。

(52) 五時八教の最後、法華涅槃時の八年間を指す。

(53) 『法華経第十一見宝塔品』に、「仏に護念されたる所の妙法華経を以て、大衆のために説き給う。かくの如し、かくの如し。釈迦牟尼世尊よ、説く所の如きは皆これ真実なり。」とある。

(54) 『法華経』見宝塔品を指す。

(55) 『無量義経』第二説法品に、「仏の教化には次第あり。四十余年未だ曾て実を顕さず。今日初めて甚深無上の無量義教を説く」という趣旨を述べる。

(56) 最澄の撰。陸奥会津に住せる法相宗の学僧徳一の天台批判に反論した問答形式の仏書。『顕戒論』と並び最澄の著作中最重要の書と称される。

(57) 『法華経如来寿量品』に「如来所演経典皆為度脱衆生、或説己身或説他身(中略)諸所言説皆実不虚、所以者何、如来如実知見」とある。

(58) 正嘉元年(一二五七)八月の地震、同二年八月の大風、同三年の飢饉疫癘・正元二年(一二六〇)の大疫

など、十三世紀中葉に頻発した天災地変を指す。

(59)『法華経』従地涌出品に「この菩薩衆の中に四導師あり。一を上行と名け」とあり、同経如来神力品に「爾《しかる》の時、仏は上行等の菩薩大衆に告ぐ」とある。日蓮自身は上行菩薩を火の仏とし、また久遠本仏の脇侍と位置付けている。

(60)隋末唐初の僧、山東臨淄に生まる。導綽に師事して浄土教を弘通した。その帰依者中に柳樹によりて投身往生する者続出し、善導自身、柳樹より投身自殺すとの伝承が生じたという。

(61)南都北嶺の圧迫によって元久元年（一二〇四）十一月、法然が書いた門弟の軽挙盲動を戒める七箇条の起請文と天台座主に呈出した山門の護法善神に誓約する起請文を指す。

(62)建永二年十一月、後鳥羽上皇発願の最勝四天王院御堂供養による大赦。

(63)この部分は久吉の誤りである。すでに久安六年（一一五〇）法然房源空の法名を称している。

(64)これも史実と若干違う。嘉禄三年（一二二七）六月、山門は祇園犬神人を使簇して法然の大谷墓堂を破却したが、六波羅探題が途中で制止し、遺骸は門弟により嵯峨ついで西山粟生に移されている（嘉禄の法難）。

(65)鎌倉五山。大仏を焼き蘭渓道隆・忍性等の頸を刎《は》ねよ云々の文句は竜口法難直前の忍性らの幕府への訴状、日蓮の幕府での陳弁に見えている（『種々御振舞御書』）。

(66)梵名 Jambudvipa 南瞻部州ともいう。閻浮樹の茂盛する国土の意。インドを指すともいう。

(67)梵語三藐三菩提の訳。真正なる仏陀の覚悟。釈尊が菩提樹下金剛座上において正しく縁起の法を覚し、解脱を証得したるを正覚と名づく。

(68)『無量寿経』の所説で、阿弥陀仏が因位において発起した四十八種の誓願を指す。その十七の諸仏称揚願に「十方世界の無量の諸仏は悉く咨嗟して我が名を称せずんば正覚を取らじ」とある。

(69) 釈迦入滅後五百年の意だが、日蓮はこれを「第五の五百歳」すなわち仏滅後二〇〇〇年を経た末法の初めと解釈し、法華経の末法流布の証明となした。

(70) 薬王品の原文は「此に於て命終り即ち安楽世界の阿弥陀仏・大菩薩衆の囲繞せらる、住所に往きて、蓮華中宝座の上に生まれん」とある。

(71) 『法華経方便品』に「若干の諸の欲・性と、先世の善悪の業とを、仏は悉く知り已《おわ》りて、諸縁・譬喩《ひゆ》・言辞・方便力を以て、一切を歓喜せしむ」とある。なお性は過去に習得せる所、欲は現在欣願する所をいう。

(72) 『随願往生十方浄土経』の略。『灌頂経』巻十一の独立したものである。釈迦が沙羅双樹林にて涅槃に入るとき、菩薩の問に対して浄土に往生しようとする者の修すべき行業を示す。経中に阿弥陀仏のみを讃嘆するのは専心ならしむるためである旨の記述がある。

(73) 『法華経譬喩品』に「若し仏の世に若しくは滅度の後に、それかくの如き経典を誹謗し(中略)軽賤憎嫉して結恨を懐かば、この人の罪報を汝今また聴け」とあり、続けてこの句が見える。

(74) 梵語 Sattva の訳語。三徳の一にして勇猛なる心のこと。

(75) 嘉禄三年(一二二七)七月、山門大衆は法然の『選択本願念仏集』に謗法書の烙印を押し、京都の各寺から『選択集』およびその印板を没収して大講堂の前庭に積み上げ、三世の仏恩に報ずとの名目で火を放った。このとき焚書されたのは建暦二年(一二一二)開版の『選択集』の初版である。

文献解題・目録

〔史料〕

法華一揆の活動期間である天文元〜五年（一五三二〜三六）の記録として次のような日記類がある。

『言継《ときつぐ》卿記』（続群書類従完成会刊）

内蔵頭（のち権大納言）山科言継の日記。この事件に限らず戦国期における最重要史料の一つだが、残念なことには欠失部分が多く、天文五年七月の京都焼亡の記事は伝わっていない。この日記については拙著『言継卿記――公家社会と町衆文化の接点――』（そしえて刊、一九八〇年）を参照。

『兼右《かねみぎ》卿記』（天理図書館報『ビブリア』一五〇〜一五五）

神祇大副吉田兼右の日記。原本は天理図書館所蔵。天文二・三年分が伝存し、薬師寺国長敗死前後の京都の争乱に詳しい。兼右は吉田神社の神官で、祖父兼倶の教説を継承して神道長上と称し、吉田神道の顕彰と普及に努め、戦国期の思想史上重要な人物。

『経厚法印日記』（改訂史籍集覧）

青蓮院庁務鳥居大路経厚の日記。天文元年後半部のみ残存するが、たまたまその時期が法華一揆の登場と重なり、とくにその山科攻めの記事は詳細かつ生彩に富む。青蓮院膝下の粟田口郷は東山十郷の中核的存在で、惣村の動向をいきいきと把えている。

『厳助往年記』（改訂史籍集覧）

醍醐寺塔頭理性院厳助《ごんじょ》大僧正の日記の抄録。厳助の原日記は尨大なものだったらしいが、現在は『永正十七年記』（史籍集覧）として一年分が残存するにすぎない。しかし、この『往年記』は彼が晩年自身の日記を編集し直し、要約をして残したもので、明応三年（一四九四）より永禄六年（一五六三）に及び、戦国期の京都・畿内政治史を研究する上で最重要史料の一つである。

『御湯殿上日記』（続群書類従）

内裏御湯殿に仕える女官の日記。いわゆる女房語を使い、平仮名で記されている。内容は内裏へ到来の贈答品や儀礼記事が多いが、政治的事件も収められており、戦国期の朝廷を知る重要史料。なかに天皇の宸筆も含まれ、天文五年七月末の京都焼亡の記事は、『後奈良天皇宸記』と共通・類似することから天皇の自筆と推定される。

『二条寺主家記抜萃』（続々群書類従史伝部）

南都興福寺一乗院会所目代《えしょもくだい》二条寺主の日記の抄録。水戸藩主徳川光圀に仕えた佐々宗淳（黄門伝説のいわゆる助さん）が光圀の命で『大日本史』の編纂に資するため奈良で採訪した記録である『続南行雑録』に収められる。原本を渉猟した宗淳が政治的事件を中心に取捨選択して編集したとみられるが、原本が失なわれた現在、貴重な記録といえよう。天文五年二月の松本問答なる事件が存在したことは、この記録により裏付けられる。

『実隆公記』（続群書類従完成会刊）

内大臣三条西実隆の日記。本書で採用したのはその最末部分、すなわち実隆の最晩年の記録で記事は簡略を極めるが、それでも法華一揆の動向、とくに洛外農村の焼き打ちなど、見落とせない重要記事が収められている。本日記の解説書としては、往年の原勝郎の名著『東山時代に於ける一縉紳の生活』（講談社学術文庫）があまりにも有名。

『祐園記抄』（続々群書類従史伝部）

南都春日社司中臣祐園の日記の抄録。『二条寺主家記抜萃』と同様、佐々宗淳編の『続南行雑録』に収む。松本問答が架空でなく実際にあった事件であると示唆する記事があり、天文法難の研究上逃すことのできない重要な史料。原史料は散佚している。

『公卿補任』（新訂増補国史大系）

中近世全般にわたる各年ごとの三位以上の公卿官位の記録で、戦国期の部分は山科言継の編纂にかかる。各年の官位記録の前に、その年の主要事件を割註の形で記しており、その部分が記録として貴重である。

『後法成寺尚通公記』（思文閣出版刊陽明叢書、ただし影印本で、活字本としては未刊）

前関白近衛尚通の日記。原本は陽明文庫蔵。記事は『実隆公記』と同じく簡略だが、天文元・二・五各年分が揃っており、法華一揆の動向を全期間通じて知りうる重要史料。

『二水記』（大日本古記録）

権大納言鷲尾隆康の日記。原本は内閣文庫蔵。隆康は実隆と同様、生涯の最晩年が法華一揆の昂揚期に重なり、記事は生彩に富む。天文元年八月の山科焼き打ちの記録は、本願寺の山科寺内町の状況を活写しており貴重。記名の由来は、隆康の主たる活動年代たる永正の年号の永字を分解したもの。

『堅田本福寺旧記』（岩波日本思想大系『蓮如・一向一揆』）

本願寺末近江本福寺住持明宗の回想記とでもいうべき著述。天文七〜八年頃、明宗が天文元・二年の山科攻め、大坂攻めを回想して書き留めたもので、本来記録とはいえないが、戦争に参加した者の証言として記事は詳細で信憑性があり、記録に準ずる地位を付与することができる。『本福寺跡書』と『本福寺明宗跡書』に分かれる。

『祇園執行日記』（続群書類従・八坂神社記録）

京都祇園社の執行《しぎょう》玉寿丸（天文元年当時十六歳）の日記。法華一揆の初見とみられる天文元年七月末から記事が始まり、翌年に及ぶ。打廻りの状況など、初期の法華一揆の動向を探るうえでの最重要史料に位置付けられている。

『于恒宿禰《ゆきつねすくね》記』（未刊）

太政官弁官局左大史壬生《みぶ》于恒《ゆきつね》の日記。原本は宮内庁書陵部蔵。記事は天文二年に限られるが、法華一揆の洛中自検断と大坂攻めに至る軍勢催促の記録があり、一揆の下部構造を知るうえで欠かせない史料。

『厳助信州下向日記』（未刊）

醍醐理性院厳助が天文二年春から秋にかけて信濃飯田の文永寺へ旅行したときの紀行文だが、その中に厳助が信濃の客舎にて得た京都の情報、細川晴国の侵寇や薬師寺国長の敗死の記事がある。原本は醍醐寺蔵、東京大学史料編纂所に写本がある。なお、この日記は戦国期伊奈（南信）地方の動静を知る最重要史料。

『証如上人日記』（清文堂刊『石山本願寺日記』所収）

本願寺門主証如光教の日記。『天文日記』ともいう。天文五年から始まっており、松本問答の存在を示唆する記事および同年七月の京都焼亡の記事を含む。大坂寺内町を研究するうえで必須の史料。

『私心記』（清文堂刊『石山本願寺日記』所収）

証如の連枝（一族）順興寺実従の日記で、天文元年八月の山科陥落前後の事情、一族の大坂逃亡などを記す。

『後奈良天皇宸記』（続史料大成）

後奈良天皇自筆の日記。天文四・五年を存する。青蓮院門跡尊鎮法親王が弟であった関係で一揆弾圧を目論む山門の動静に詳しく、京都焼亡の状況にも触れているので、法華一揆終末期を知るうえで欠かせぬ文献である。

『鹿苑日録』（続群書類従完成会刊）

相国寺鹿苑院主で僧録司の梅叔法霖の日記。僧録司は幕府から五山の人事を委任された重要な役職で、幕府関係の記事に富む。天文五年分が残存しており、山門の侵寇に備える法華一揆の防備体制など、一揆最末期の動静にも詳しい。

『快元僧都記』（続群書類従）

鎌倉鶴岡八幡宮の社僧快元の日記で、戦国期関東の政情を知るうえで不可欠の史料だが、山徒の檄に応じて下野日光山・越前平泉寺の衆徒が京都に援軍を送った旨の記事がある。

『座中天文記』（三一書房刊『日本庶民文化史料集成2』に『座中天文物語』として所収）

久我家を本所とする当道座（琵琶法師の仲間）の本座・新座による争論の経過を略述した記録。日記とはいえないが、『堅田本福寺旧記』と同様、天文九年頃成立した同時代人の証言であり、引用文書・記事はともに正確で信憑性があり、記録に準ずる史料的価値がある。ことに天文四年の条に見られる法華一揆の洛外関所支配、天文五年京都焼亡時の盲人殺害の記事などは貴重。この史料は、従来天文法乱の研究に利用されることがなく、『史料綜覧』『日本仏教史』など官学アカデミズムの史書にも採用されていないが、杉山博氏による翻刻と加藤康昭氏の研究以降、法華一揆に関する基本史料の一つとして脚光を浴びるに至った。

次に、古記録と並んで重要な史料である古文書には、次の各種がある。

『本満寺文書』（未刊）

法華宗洛中廿一箇寺の一つである本満寺の伝来文書。法華一揆の活動期に武家との往来文書がほぼ完全な形で残存しているのはこの本満寺のみといってよく、幕府からの軍勢催促状や感状によって初期法華一揆の権力との密着ぶりがうかがわれる。本満寺は近衛家邸の南隣にあり、天文十一年帰洛勅許後、最も早く京都での活動を再開した日蓮宗寺院として知られる。

『本能寺文書』(『日蓮宗宗学全書』、藤井学他三氏編『本能寺史料 中世篇』思文閣出版刊)

やはり甘一箇本山の一である本能寺に伝蔵されてきた古文書。室町時代を通じて当寺に到来した文書を収めるが、どういうわけか法華一揆活動中の史料が皆無で、弾圧直後から還住一段落までの史料が多い。還京に当たって山門との折衝の逐一は当寺の文書により詳細に復元されている。

『御内書引付』(新訂増補国史大系『後鑑』所収)

将軍義晴が細川晴元はじめ諸大名に発給した軍勢催促状や感状(御内書の様式で出された)の手控で、天文二・五年時期の戦争の状況を確定する基本史料の一つ。

『土御門文書』(未刊)

代々陰陽頭《おんみようのかみ》を家職とする土御門家の家伝文書。宮内庁書陵部蔵。当家が知行する洛中洛外諸口雑務料の徴収につき、法華一揆と争論したことが当文書に収める幕府奉書に見え、法華一揆の諸口関所支配を示す好史料。

『阿刀文書』(未刊)

東寺執行阿刀氏の家伝文書。天文法乱における山門の宣戦布告ともいうべき「天文五年山徒集会議」を収める。なお、この集会議は『金剛三昧院文書』にも収められており、辻善之助博士著『日本仏教史中世篇之四』に翻刻されている。

『雨森善四郎氏所蔵文書』(未刊)『八坂神社文書』(八坂神社社務所刊)

いずれも天文五年山徒の檄文を収める。

『集古文書』（未刊）

天文十六年帰洛に当たり山門と法華との和儀を物語る六角氏の調停案などを収める。

最後に、やや信憑性は落ちるが、後世に編纂された戦記類そのほかの史料を掲げる。

『天文法乱松本問答記』（史籍雑纂）

近世になって書かれたもの。天文五年二月に行なわれた金山天王寺観音堂における華王房と松本久吉との問答の顛末を記す。小説的な潤色が施されていることはたしかだが、あながち荒唐無稽とも言い切れない。宗門側では比較的本記に信を置いているようである。辻博士は「俗書に近い」とされながらも、大筋は採用しうるとされている。

『細川両家記』（群書類従合戦部）

奥書によれば三好氏に近い阿波の生嶋宗竹なる人物が著したとされる戦国期畿内政治史を叙述した軍記。同時代の古記録とよく内容が一致し、明白な虚構と見られる箇所は見当らず、何らかの実録に基づいて構成された信憑性の高い戦記物と認められる。拙稿「戦国期軍記文学の虚構と事実」（文学五三巻十号）参照。

『足利季世記』（改訂史籍集覧）

『細川両家記』とほぼ同時代を扱うが、河内・紀伊の記事が詳細で、畠山氏に近い立場の人物の筆になると思われる。『両家記』に比べて潤色が著しく、成立時期も下り、信憑性（史料的価値）は格段に低い。

『長享年後畿内兵乱記』（続群書類従合戦部）

六角氏の動向を中心に据えた軍記。記事はきわめて簡潔。

『両山歴譜』（『本能寺史料 古記録篇』）

本能寺の歴代貫主の事跡を近世になって編集・著述したもの。天文十一年の帰洛勅許の綸旨はこれに収められている。

『本圀寺年譜』（未刊）

廿一箇本山の雄で京都焼亡のさい最後まで抵抗した本国寺の、中近世にかけての沿革を簡記した編纂物。帰洛の経緯が略述されていて貴重である。

〔論文・著書〕

時代全般にわたる概説書は数多いが、ここでは次の数点を掲げるにとどめる。

『戦国大名』（脇田晴子氏著、小学館）

『戦国の動乱』（永原慶二氏著、小学館）

『京都の歴史 巻3 近世の胎動』（京都市編、学芸書林刊）同書のうち藤井学氏執筆「法華宗諸本山の成立」「法華一揆と『町組』」の部分が本書の内容と最も関連深いが、この部分は近畿教化研究会議連絡センターの手で「法華諸本山の成立と法華一揆」と題し、抜刷が刊行されている。

『言継卿記――公家社会と町衆文化の接点』（今谷明著、そしえて刊）

以下、本書の内容に沿って参考文献を列挙解説する。

まず、天文法華一揆全般に関するものとして、

「天文法乱に就て」（昇塚清研氏、『大崎学報』六九号）

一九二六年に発表された。この事件に関する最初のまとまった研究で、山門の天台本宗と新興日蓮宗との対立という観点でとらえられている。

「天文法華乱」（岩橋小弥太氏、『歴史と地理』21―六）

昇塚論文のわずか三年後に公表された論文だが、前者を参照された形跡はない。昇塚論文が宗門の立場からする研究であるのに対し、岩橋論文は歴史学からの最初の考察と認められる。岩橋氏は同稿においてこの事件を「天文の法華乱」と命名され、これが今日教科書などで「天文法華の乱」と称される濫觴をなしている。岩橋氏も山門による日蓮宗の異端視という観点は昇塚氏と同じだが、その背景を応仁の乱後に遡って考察し、山門集会議の契機についても興味深い観察を試みておられる。

『日本仏教史 中世篇之四』（辻善之助氏著、岩波書店）

戦後まもなくの一九五〇年に刊行された。日蓮宗の京都布教、応仁の乱後の隆盛から松本問答、京都焼亡、洛中還住に至る諸事件を根本史料を明示しながら網羅的に叙述。天文法華一揆に関する基本史料はほとんど収められていて、研究者の必読文献。

「町衆の成立」（林屋辰三郎氏、『思想』三一二号）

戦後の中世都市論の先駆となった有名な論文。地子未進運動を初めて指摘し、反封建闘争と評価。

「西国を中心とした室町期法華教団の発展――その社会的基盤と法華一揆を中心として」（藤井学氏、『仏教史学』六―一）

一九六〇年に発表。法華一揆の背景として堺・備前・種子島など瀬戸内西国経済圏と日蓮教団の関係に注目し、商人富豪層への法華浸透を考察したもの。

「『町衆』論再検討の試み――天文法華一揆をめぐって」（西尾和美氏、『日本史研究』二二九）

比較的最近の研究成果（一九八一年発表）である。町衆の闘争を軍事動員と〃生活の場での戦い〃とに切り離し、天文二年八月以降は政治闘争から経済闘争に切り換わったと強調されるが、やや論旨不明快。法華の檀那を岩倉山本氏、田中渡辺氏等洛外農村土豪（傍点：今谷）に求められるが、明らかに事実誤認である。

『日蓮教団全史 上』（立正大学日蓮教学研究所編、平楽寺書店刊）

一九八四年刊。同書第五章「法華一揆の形成と天文法難」は宗門側の事件に関する公式的研究の決定版というべきもの。先行諸史料や諸研究をよく吟味、取捨選択し、事実関係についてはおおむね妥当と認められる。一揆の前史として教団の自衛の必然性、武装の合理化という観点で把握されるのが特徴。したがって町衆＝市民の武装化から考察した本書の視角とは微妙に異なる。ただ『天文法乱松本問答記』の信憑性を高く評価されるのがやや気になる。

「中世都市と諸闘争」（馬田綾子氏、東京大学出版会刊『講座一揆3』）

平安京の変貌から戦国末に至る京都住民の抵抗運動を通観した力作。法華一揆に関係するのは本稿の末尾数頁の部分にすぎないが、地子未進闘争の系譜を明らかにし、町組の成立に果たした一揆の意義を評価する。

「初期法華一揆の戦闘分析」（藤井学氏、北西弘先生還暦記念会編『中世社会と一向一揆』吉川弘文館刊所収）

天文元・二年の法華一揆参加者を考察したもの。

以上が法華一揆に直接言及した主要な論文であるが、これに関連して中世都市論・都市自治論をテーマとするものに、次の業績がある。

『日本中世都市論』（脇田晴子氏著、東京大学出版会）
「京都・堺・博多」（高尾一彦氏、旧版『岩波講座日本歴史』近世1）
「十六世紀日本の自由都市」（高尾一彦氏、神戸大文学会『研究』40）
『日本の封建都市』（豊田武氏著、岩波書店）
「封建都市成立についての一考察」（松山宏氏、『歴史学研究』一八〇）
「封建都市成立期の商人層」（松山宏氏、日本史研究会史料研究部会編『中世社会の基本構造』お茶の水書房刊）
「近世都市成立史序説」（瀬田勝哉氏、宝月圭吾先生還暦記念会編『日本社会経済史研究 中世編』吉川弘文館刊）
『日本封建都市研究』（原田伴彦氏著、東京大学出版会）
「日本中世都市の自由・自治研究をめぐって」（佐々木銀弥氏、『社会経済史学』38―4）
『京都中世都市史研究』（高橋康夫氏著、思文閣出版）
「中世南都における郷民祭礼の基盤」（和田義昭氏、『芸能史研究』38）
「中世都市論」（網野善彦氏、『岩波講座日本歴史』中世4）
『京都・一五四七年――描かれた中世都市』（今谷明著、平凡社）

山科寺内町に関して
「山科寺内町の遺跡調査とその復原」（岡田保良・浜崎一志氏、『国立歴史民俗博物館研究報告』8）

大坂寺内町に関して

『本願寺から天下一へ〔大坂〕』（佐久間貴士氏編、平凡社）

法華一揆前史に関して
『日親』（中尾堯氏著、評論社）
『日本都市生活の源流』（村山修一氏著、関書院）

一揆の最終局面で弾圧に加わった京郊の地侍・土豪に関して
「戦国期地侍の動向」（川嶋将生氏、『京都市史編纂通信』一一九号）

一向一揆に関する研究は数多いが、ここでは次の二点を挙げるに留める。
『日本中世都市研究』（西川幸治氏著、日本放送出版協会）
『真宗に於ける異端の系譜』（笠原一男氏著、東京大学出版会）

晴元政権と戦国期畿内政治史に関しては
『室町幕府解体過程の研究』（今谷明著、岩波書店）
『三好長慶』（長江正一氏著、吉川弘文館）

あとがき（平凡社版）

十六世紀の中葉、ユーラシア大陸の両端で奇妙に類似した二つの宗教弾圧事件が起った。一つは一五三六年日本の京都で起こった天文法華の乱、もう一つは一五七二年フランスのパリを血で彩ったセント＝バーソロミューの大虐殺である。共通しているのは、どちらも新教に対する旧教の、しかも権力者側からの弾圧であること、京都・パリという一国の中心都市で起った事件であるという点である。パリの事件について、怪奇小説家のメリメは犠牲者六万人という数字を挙げているが、京都の事件の方も、記録から推定して数千人の市民が殺害されたと推定される。宗教的対立・憎悪の結果が集団的狂気を生み出すという現象は、封建社会が中世から近世へ移行する過渡期に当って、共通して発生するもののようである。パリの事件の方は、高校の世界史教科書にも引用されている位、わが国民にとっても著名なものであり、すでにフランス史家による多くの研究書、一般書が出されていて、その幾つかは邦訳も刊行されている。

ところが、京都の事件の方は、歴史家の極めて興味をそそられる政治的現象であるにもかかわらず、従来研究は少なく、単行本の形でこれを扱ったものは見当らないのである。以前筆者は天文期（一五三二〜四九）の京都を中心とする畿内政治史の研究を志し、室町幕府や戦国大名細川氏について調べていたとき、天文法華の乱について否定的な見解を呈示したことがあった。町衆の運動が権力＝細川氏に密着しすぎた結果、権力にとって運動が不要となった時点で捨て去られるという悲劇を招いたが、その浮沈・興亡を〝ピエロ的役割〟と表現したのである。そのような筆者の規定について、最近ある知友から、「厳しすぎる」という意味の批判を浴びた。ピエロ的なる表現については、今でも誤っていたとは思わないが、その時の筆者の単純な割り切り方にはやはり問題があったようである。そのような次第で、法華の乱に関してはいずれ学界としてもきちっとした再検討・再評価が要請されるであろうと考えていた訳だが、筆者自身は当面天文法乱を研究対象に取上げる予定はなかったのである。

それが、本書を書き下ろすような結果に立ち至った次第は、次のような事情による。昨年、平凡社から洛中洛外図屏風（上杉本）を扱った叢書の一冊を上梓させて頂いたが、そのゲラに目を通した平凡社の龍澤武氏から、是非天文法華の乱について書けという慫慂を受けた。（上杉屏風は私の考証によると、天文法乱による京都焼亡後、復興した直後の町の姿を描いたものである。従ってある意味では屏風は天文法乱の記念碑的作品であるということになる）。有難いお話ではあるが、この事件は記録が限られていて、新史料の発掘も見込薄であり、到底一冊の本にはならないと再三固辞したものの、結局筆者自身の、一度は事件史を書いてみたいという誘惑に根負けして引受けるハメに陥ったのである。西欧には専門の歴史家による永い事件史叙述の伝統がある。しかしわが国の史家はこれを小説家に押付けて極力事件史は敬遠するという傾向がある。一方で最近は〝社会史〟の盛行により、歴史家固有の領域が曖昧になってしまったという事情がある。この中で、事件史叙述こそは政治史研究者の残された固有の領域の一つであるように思われた。幸か不幸か天文法乱に関しては如何なる作家もこれを正面から小説の題材に取上げたことはないようであった。

本書が、右のような著者の意図を成功させているかどうか、甚だ心許ない。その判定は読者に委ねるよりないが、ただお断わりしておきたいのは、右のような次第で、本書はあくまで一般向けに書かれた「読み物」であって研究書ではないということである。研究者の方々には悪いが、専門家は最初から相手にしていないことをはっきり申し上げておく。天文法難の歴史的評価は今後の研究に俟つとして、本書はとりあえず事件の経過を克明にたどり、中世史になじみの薄い方々へも判りやすくお伝えすることを主眼に置いた。一種のノンフィクション、ドキュメントとして見て頂いて一向に差支えないと思っている。その割には省みて生硬な表現が多かったかも知れない。著者の筆ぐせとして御寛恕願いたい。

執筆に当って行き悩んだ理由の一つは、事件の記録者が多数で、しかも断片的なことであった。以前に一四四一年の嘉吉の乱を書いたときは、万里小路時房という円熟した記録者が詳細な日記を残していて、叙述に恩恵を受けたのだが、天文法乱については日記の多いわりに一貫性に欠け、拠るべき記録者を次々変えるという苦しまぎれを余儀なくされた。すなわち著名な記主、三条西実隆・鷲尾隆康は晩年で記事が簡略、山科言継・吉田兼右の日記は事件部分が欠損となっているということで、四年間の事件の推移を語らせるため、多くの断片的記録者を動員せざるを得なかったのである。

終りに、筆者が宗教史の門外漢であるため多くの方々の著作、教示の援助を受けた。ことに付章「松本問答」については山折哲雄氏に素稿の御校閲を仰いだほか、註については望月信亨氏『仏教大辞典』ほか多くの仏教書を参照させて頂いた。もとより叙述に誤まりがあるとすれば、ひとえに著者の責任である。また図版掲載について御許可頂いた各位、とくに上杉隆憲氏、早大図書館、京都本法寺の御厚意に対し厚く御礼申上げたい。また平凡社の加藤昇氏の編集の労に対しても深甚の謝意を表する。

（一九八九年）

新書版へのあとがき

永らく品切れとなっている旧著を評価して再版・復刊を申し出て下さる出版社というのは、著者にとってはまことに嬉しいもので、感激してしまう。本書も二〇年以上前の刊行といい、その後の研究の進展といい、私自身の問題意識も変らざるを得ない点があるに鑑み、逡巡したのであるが、結局有難く申し出に応じ、原形を主とした再版に応じる事とした。

以前にも書いたことであるが、西欧には歴史家による〝事件史叙述〟の伝統があり、私自身、そうした本を読むのが好きである。例えばランシマンの一四五三年『コンスタンティノープルの陥落』とか一二八二年『シチリアの晩祷』等々。日本では事件史叙述は専ら小説家に任せて専門家はこれに着手せぬ現況に疑問を覚え、不遜を顧みず『土民嗷々――一四四一年の社会史』や本書、はては『中国の火薬庫』や『籤引き将軍足利義教』などの諸書を執筆してきた。

従って本書は、著者によれば手すさびの事件史叙述の一環、と自惚《うぬぼ》れていると受取っていただければ幸いである。ところで数年前、著者が関西で奉職していた当時、京都の法華寺院有志の僧職の方々が研究会を組織し、著者は招かれて三回程、本書の内容の連続講座を講演したことがあった。本法寺の客坊であったと記憶しているが、中堅若手の方々だけでなく名利の長老クラスの高僧の方が熱心に聴講されていたのは恐縮した。当時すでに本書は品切れとなって久しかったが、著者としては心底有難く、光栄に思ったことを記憶している。また著者の出身中学の学区の一部に当る松ヶ崎の一般市民の方々からも招かれて法華一揆について講演した。従って京都ではまだまだ一般の法華一揆への関心が根強いものであることを認識させられたことである。

ともあれ本書は、復刊業務に当られた洋泉社編集部と相談の上、章立てと見出しを一部変更した等の他は、書き直し・修正には手を付けず、原書の体裁を尊重して復刊することにした。

終りに、原書出版に際し編集に尽瘁された平凡社（当時）の加藤昇氏、新書版への解説執筆の労を煩わした河内将芳氏、復刊に当り御世話になった洋泉社の藤原清貴・黒澤政子・長井治の諸氏には深甚の謝意を表したい。

二〇〇九年七月二〇日

今谷　明

解説　事件史叙述へのこだわり

河内将芳

解説者が、本書の著者、今谷明氏のすがたを垣間みることのできた機会はこれまで二度しかない。一度は、今谷氏とも親交の深いある先生と数人でたまたま京都の喫茶店でお茶を飲んでいた折、突然ともなく登場され、その先生と歓談をはじめられたとき、そして今一度は、その先生の恩師であり、また、今谷氏自身も「恩師中の恩師」（今谷明『日本中世の謎に挑む』ＮＴＴ出版、二〇〇一年）と語る林屋辰三郎《はやしやたつさぶろう》氏のご葬儀のときである。もちろんこの二度とも、今谷氏自身が記憶されていることなどありえないわけだが、そのような記憶の片隅にも残っていない人間が本書の解説を書かせていただいてよいものかどうか、はなはだこころもとないかぎりではある。

しかしながら、直接的な面識はともかく、今回（二〇〇九年）、洋泉社新書ＭＣにおさめられた本書（原題『天文法華の乱―武装する町衆』）からうけた学恩は、おそらく誰よりも大きいのではないかと考えられるので、この機会に少しでもご恩返しができればと思う。また、わずか二度とはいえ、まったく縁もゆかりもない人間ではないということで、本書の解説という大役に戸惑う後進を遠くからきびしく見守っていただければ幸いに思う。

ところで、あらためるまでもないことだが、本書の著者、今谷明氏といえば、日本中世史学界では、関係者のみならず、幅広い読者をとらえてやまない研究者のひとりとしてよく知られている。新聞や雑誌などさまざまなメディアに一文を載せれば、かならずといって注目をあびるし、またそれらが著書としてまとめられれば、たちまち多くの書評欄にとりあげられていることからもそれはあきらかといえよう。本書は、その今谷氏が今（二〇〇九年）からちょうど二〇年前の一九八九年一月に平凡社から刊行したものである。同じ平凡社からは、この前年一九八八年三月にイメージ・リーディング叢書の一冊として『京都・一五四七年―描かれた中世都市』（のち二〇〇三年に『京都・一五四七年―上杉本洛中洛外図の謎を解く』平凡社ライブラリーとして再刊）が刊行されており、刊行時期からいっても、また内容の面からいっても、この二冊の書物が密接な関係をもっていることはあきらかといえる。実際、このあたりの事情については、今谷氏自身が本書のあとがきでつぎのように語っている。

本書を書き下ろすような結果に立ち至った次第は、次のような事情による。昨年、平凡社から洛中洛外図屏風（上杉本）を扱った叢書の一冊を上梓させて頂いたが、そのゲラに目を通した平凡社の龍澤武氏から、是非天文法華の乱について書けという慫慂を受けた。（上杉屏風は私の考証によると、天文法乱による京都焼亡後、復興した直後の町の姿を描いたものである。従ってある意味では屏風は天文法乱の記念碑的作品であるということになる）。有り難いお話ではあるが、この事件は記録が限られていて、新史料の発掘も見込薄であり、到底一冊の本にはならないと再三固辞したものの、結局筆者自身の、一度は事件史を書いてみたいという誘惑に根負けして引受けるハメに陥ったのである。西欧には専門の歴史家による永い事件史叙述の伝統がある。しかしわが国の史家はこれを小説家に押付けて極力事件史は敬遠するという傾向がある。一方で最近は〝社会史〟の盛行により、歴史家固有の領域が曖昧になってしまったという事情がある。この中で、事件史叙述こそは政治史研究者の残された固有の領域の一つであるように思われた。幸か不幸か天文法乱に関しては如何なる作家もこれを正面から小説の題材に取上げたことはないようであった。

引用としては長文となり恐縮だが、本書が書かれるにいたった事情を説明するものとして、これ以上のものはないだろう。『京都・一五四七年―描かれた中世都市』といえば、これより先、上杉本洛《うえすぎぼんらく》中洛外図屏風《ちゅうらくがいずびょうぶ》を歴史学の立場から検証することによって美術史学界を震撼《しんかん》させた氏の論考「上杉本洛中洛外図の作者と景観年代」(『文学』第五二巻三号、一九八四年)が拡充され、一冊の書物になったものとして知られている。その存在が、本書登場の前提としてあったという事実は本書の位置づけを考えるうえでも留意しておく必要がある。それとともに、本書が氏の研究スタイルとして重要な意味をもつ事件史叙述の成果であるという点にも注目しなければならないであろう。

事件史叙述へのこだわりがどのようにして形づくられてきたかについては、右に引用したあとがきからも読みとれるが、前掲『日本中世の謎に挑む』にはさらにくわしくその事情がのべられている。それらをすべてここで紹介するわけにはいかないが、そこでものべられる「歴史家は優れた歴史叙述家であるべきだ」という氏の信念が本書を生み出す原動力となったことだけはまちがいない。しかも、『日本中世の謎に挑む』によれば、本書以上に事件史叙述にこだわったとされる『土民嗷々《どみんごう》―一四四一年の社会史』（新人物往来社、のち一九九四年に『足利将軍暗殺―嘉吉土一揆の背景』と書名をかえ同社より再刊。さらに二〇〇一年にも『土民嗷々―一四四一年の社会史』の書名で東京創元社から再刊）がこれより先、一九八八年六月に刊行され、また本書をはさんで一九九〇年七月には、これまた中世史学界に旋風を巻きおこした『室町の王権―足利義満の王権簒奪計画―』（中公新書）が刊行されており、今谷氏自身のことばをかりれば、「私（今谷氏、解説者注）の戦国期畿内の研究がどうやら私なりの〈大団円〉を迎えたように思われた」時期の記念碑的な成果として本書は位置づけることができよう。

ところで、本書が主題とした天文法華の乱については、高等学校の日本史の教科書でも重要語句としてとりあげられているから、そのことば自体を記憶している人は少なくないだろう。しかしながら、その中味となると、ほかの多くの重要語句と同じように、くわしく知っているという人は案外少ないのではないだろうか。あらためて、その中味を説明すると、天文法華の乱とは、戦国時代の天文五年（一五三六）七月に京都市中を舞台に、京都の法華宗（日蓮宗）諸本山寺院とそれに所属する檀徒を中心とした集団、いわゆる法華一揆と近江六角《おうみろっかく》氏の軍勢および延暦寺大衆《えんりゃくじだいしゅ》の連合軍とのあいだでくりひろげられた合戦を指す。すでに同時代の史料においても、「法華衆乱」「天文五年七月二十五日京《きょう》中錯乱《ちゅうさくらん》」などとよばれ、また江戸時代の史料でも、「法華乱」「洛陽《らくよう》法華乱」「洛中の法華乱」などとよばれていたことが確認できるから、天文という年号まではつかないものの、当時からすでによく知られたことばだったことがわかる。

いっぽう、法華一揆とは、京都の法華宗（日蓮宗）諸本山寺院とそれに所属する檀徒を中心とした集団が武装化したものを指す。しかしながら、こちらのほうは、同時代の史料では、法華一揆とよばれた形跡がみられず、「法華宗（衆）」「日蓮宗（衆）」「法華町人」「日蓮宗町人」「日蓮党」「日蓮党類」「京衆《きょうしゅう》」など多様なことばでよばれていたことがわかる。管見のかぎりでは、わずかに「京の上下《かみしも》の一揆」という記載がみられるものの、むしろ同時代の史料で「一揆」と書かれているものは、土一《どいっ》揆《き》や一向一揆《いっこういっき》を指すことが一般的である。したがって、法華一揆ということばは、どちらかといえば学術的な用語といえよう。このことばがいつごろからつかわれだしたのかについてはさだかでないが、すでに戦前の研究においてもつかわれていることが確認できる。しかしながら、それが広く知られるようになるのは戦後のことであろう。おそらくそのきっかけは、今谷氏が「恩師中の恩師」と語る林屋辰三郎氏によって提唱された「町衆《まちしゅう》」論（林屋辰三郎『中世文化の基調』東京大学出版会、一九五三年）が登場して以降のことではないかと考えられる。実際、戦後の早い時期から法華宗（日蓮宗）の研究をすすめていたことで知られる藤井《ふじい》学《まなぶ》氏の論題に「西国を中心とした室町期法華教団の発展—その社会的基盤と法華一揆を中心として」（『仏教史学』第六巻一号、一九五七年）や「近世初頭における京都町衆の法華信仰」（『史林』第四一巻六号、一九五八年）とみえることからもあきらかといえよう。また、これらの論題からは、法華一揆と「町衆」とが一体のものであるという理解がすでに研究者のあいだでも共有されていたことが知られる。そして、このような理解は、このち一九六八年に林屋氏を中心として編集された『京都の歴史3　近世の胎動』（京都市編、学芸書林）が刊行されることによって定着し、通説としての地位を占めることになった。

この通説化した理解について再検討がはじめられるようになるのは、一九八〇年代に入ってからである。西尾和美《にしおかずみ》氏の「「町衆」論再検討の試み―天文法華一揆をめぐって」（『日本史研究』二二九号、一九八一年）や馬田綾子《うまたあやこ》氏の「中世都市と諸闘争」（『一揆3　一揆の構造』東京大学出版会、一九八一年）といった論考が登場し、これらにより、法華一揆と「町衆」を一体のものとして理解することが史料に照らしてむずかしく、また、法華一揆の登場も畿内の政治情勢、とりわけ細川晴元《ほそかわはるもと》政権との結びつきのなかでおこったものであることなどがあきらかとなったからである。じつは、このような再検討をうながすにあたって大きな影響力をあたえたのが、これより先、一九七〇年代から積み重ねられていた今谷氏による一連の政治史的な研究成果である。具体的には、論考「細川・三好体制研究序説―室町幕府の解体過程」（『史林』第五六巻五号、一九七三年、のち今谷明『室町幕府解体過程の研究』岩波書店、一九八五年）や著書『戦国期の室町幕府』（角川書店、一九七五年、のち二〇〇六年に講談社学術文庫として再刊）・『言継卿記《ときつぐきょうき》―公家社会と町衆文化の接点』（そしえて、一九八〇年、のち二〇〇二年に『戦国時代の貴族―『言継卿記』が描く京都』と書名をかえ講談社学術文庫として再刊）などである。おそらく、これら一連の研究成果が存在しなければ、法華一揆と「町衆」を一体とみる理解に再検討もほどこされなかったにちがいない。また、その延長線上のこととして、法華一揆と一向一揆との対立が農村対都市といった二項対立的なものでなかったことや、「町衆」の祭とみられてきた戦国時代の祇園祭も室町幕府や延暦寺との関係のなかで成り立っていたことなども注目されなかったのではないだろうか（河内将芳『祇園祭と戦国京都』角川叢書、二〇〇七年、のち二〇二一年に法蔵館文庫として再刊）。

このように、研究の流れをごく簡単にひもといてみても、一九八九年という年に、今谷氏によって、それまでの研究が一筋の流れとしてまとめあげられたうえ、事件史叙述として刊行されるにいたったのは必然的なことだったことがわかる。やはり本書は、氏にとって戦国期畿内の研究の〈大団円〉を迎えたことを記念するものとして書かれるべくして書かれた書物だったといえよう。その書物が刊行されてちょうど二〇年たった今年（二〇〇九年）、洋泉社新書MCとして装いもあらたに、ふたたび多くの人びとの手に渡るようになったことは、本書から学恩をうけたひとりとしてたいへんうれしい。しかしながら、一九八九年から二〇〇九年にわたる二〇年間、本書が扱った内容にかかわる研究に進展がみられたこともまた事実であるから、本書のもつ深みをより実感してもらうためにもこの点について若干ふれておくことにしよう。

まず、この二〇年間でもっとも進展がみられた研究としては、法華一揆と一体のものとして理解されてきた「町衆」が依拠する町共同体《ちょうきょうどうたい》に関するものがあげられる。具体的には、一九八〇年代に近世、江戸時代の村《むら》共同体や町共同体の研究が急速に進展したことにともない、それとの連続性を検討するなかで一九九〇年代から二〇〇〇年代にかけて中世京都の町共同体の実態解明がすすんだ。仁木《にき》宏《ひろし》氏の研究（『空間・公・共同体―中世都市から近世都市へ』青木書店、一九九七年、同『京都の都市共同体と権力』思文閣出版、二〇一〇年）がその代表であり、また仁木氏の驥尾《きび》について解説者も若干の検討を加えたことがある（河内将芳『中世京都の民衆と社会』思文閣出版、二〇〇〇年、同『中世京都の都市と宗教』思文閣出版、二〇〇六年）。

そもそも「町衆」論は、一九五〇年代という、日本が占領から独立へとむかう時代の要請に沿って登場してきたこともあって、具体的な史料にそくして検討を深めれば深めるほど逆に実態とのあいだに乖離《かいり》がみられるという問題をはらんでいた。それは、「町衆」論を提唱した林屋氏自身が、「町衆」の歴史を「《市民》形成史」ととらえていたことからもうかがえるが（林屋辰三郎『町衆―京都における《市民》形成史』中公新書、一九五九年）、しかしながら、「町衆」の依拠する町共同体の実態解明がすすむことによって、法華一揆と「町衆」を一体のものとする理解が実証的にも成り立ちがたいことが確認された点は大きな成果といえよう。

また、これとならんで、法華一揆を壊滅に追い込んだ相手側である延暦寺の実態が下坂守《しもさかまもる》氏によって解明されたことも重要な進展といえる（下坂守『中世寺院社会の研究』思文閣出版、二〇〇一年、同『京を支配する山法師たち―中世延暦寺の富と力』吉川弘文館、二〇一一年、同『中世寺院社会と民衆―衆徒と馬借・神人・河原者』思文閣出版、二〇一四年）。中世社会を代表する寺院であるとともに、法華宗（日蓮宗）など鎌倉新仏教のありかたに決定的な影響力をもっていた延暦寺の実態が解明されたことによって、延暦寺の側から天文法華の乱を検討することが可能となったからである。その成果とはけっしていえないものの、解説者も延暦寺の側から天文法華の乱について若干の検討を試みたことがある（前掲『中世京都の都市と宗教』）。また、湯浅治久《ゆあさはるひさ》氏によって、『戦国仏教―中世社会と日蓮宗』（中公新書、二〇〇九年、のち二〇二〇年に吉川弘文館から再刊）と題する書物も刊行されており、今後はこのような視角からの検討も活発になっていくだろう。

今回（二〇〇九年）、ご縁を得て本書の解説という大役をつとめるにあたって、あらためて本書をはじめとした今谷氏の著書の数々を机の上にならべてみた。すると、そのすがたはそびえたつ山々のような壮観であることに気がついた。それはつまり、解説者にとって、今谷氏の研究が仰ぎみる存在以外のなにものでもないことも意味するわけだが、この山々をいかにして乗り越えていけばよいのか、解説者を含む後進に突きつけられた課題は重いといわざるをえない。しかしながら、けわしくとも、立ちむかっていかなければならない山々であることだけはまちがいないといえよう。

（かわうち・まさよし　奈良大学教授）

第三版にあたっての〝あとがき〟

本書は約三五年前に平凡社から単行本として出版された同名の著書の三版目の重版本である。今日風に言えばバブルの真最中《まっさいちゅう》に出版された本だ。拙著の幾つかは再版されているけれども、三版目というのは初めてのことである。二版目（再版）は洋泉社から『天文法華一揆』と改題のうえ、新書版で出されたのだが、今回の三版目は題を元に戻し、新書でなく単行本として出版した。改題したのは、この事件（戦争）が宗門ではつねに〝法難〟〝法乱〟と称されてきたこと、また教科書でも一揆でなく「法華の乱」と呼ばれていることなどで、これは戎光祥出版株式会社編集部の松尾隆宏氏の進言にも従ったものである。

四〇年ちかく以前では、〝往事茫々《ぼうぼう》〟という想いで、著者とは云い条、事件への関心も永らく離れていて、回顧すれば〝懐《なつ》〟かしいという以上の観であるが、ともかく本書出版の経緯をふり返ってみたい。その頃、著者は中世史家の瀬田勝哉氏に誘われて、美術史専門の学者夫妻も加わって平凡社内で夕刻からの研究会に参加していた。テーマは主として上杉本の「洛中洛外図」を中心としたもので、その折の議論の一部が拙著『京都・一五四七年』（平凡社、イメージリーディング叢書）である。この拙著のゲラ刷りを読んだ平凡社の瀧沢武氏（さきの研究会の出席者）が、私に天文法乱に関する本を一冊書けと慫慂《しょうよう》されたのである。

さて戎光祥出版は、戦国期の良書を多く出版しておられ、私も永らく注意はしていたが、何しろ老い先短い身で著書はおろか論文を書く体力・気力も失せ、傍観する外なかった。今回、松尾氏から電話があったとき、書評の依頼ではと速断したのも、そういう事情である。ところが、喫茶店で改めて松尾氏から復刊のお話を聴いて驚くと共に、大変ありがたく、また光栄に感じたことである。

ところで、本書が以前に著者が執心していた〝事件史〟の一冊であることは、平凡社版・新書版でも特筆しているが、偶然にも戎光祥出版からお話のある直前、中国武漢の出版社から拙著『土民嗷々』（新人物往来社、再版は東京創元社）の中国語訳の本を出させて欲しいという依頼があった。こちらももちろん承諾したが、考えてみれば奇妙な暗合で、ありがたいお話なのだが、『天文法華の乱』のほうは日本語として三版目で、著者初経験という事実は変わりない。

実は今回編集を担当した松尾氏は、大学院でも勉強されたこの方面の若手研究者の一人であり、拙著（平凡社）の刊行以後、いくつか研究論文が出ている旨の教示を頂いた。そこで以下、第三版刊行を機に今世紀に入って以後の〝法華の乱〟に関する諸論文を掲示し、（　）内に若干の解説（今谷による）を記しておきたい。

①冠賢一「天文法難の一考察」（『日本仏教学会年報』67号、二〇〇二年五月）

（法乱が洛中と近江との戦争にとどまらず山門・法華とも諸国の諸末寺に動員をかけ、事実北陸や

関東からも参戦した衆徒のあったこと、争乱の全国規模となるを主張）
②河内将芳「山門延暦寺からみた天文法華の乱」（同『中世の京都の都市と宗教』吉川弘文館、二〇〇六年。初出二〇〇二年）
（この法乱を山門側の立場で大観し、近江守護六角氏の立場にも留意し、乱後山門の主意が日蓮党の末寺化であったことを説く）
③古川元也「中世都市研究としての天文法華の乱――描かれた洛中法華教団寺院をめぐって」（『国立歴史民俗博物館研究報告』一八〇集、二〇一四年）
（南北朝～戦国期に於る京都の法華寺院の寺地の変遷を表示し、併せて洛中洛外図屏風に描かれる法華寺院の特色について論述）
④古川元也「天文法華の乱の再検討」（『興風』二七号、二〇一五年）
（法華宗の関東と西国での教風の相異や法華の乱の新史料を京都の諸寺から発掘し紹介。ただ【資料3】に掲げる禁制案は前の③でも幕府発給と言及されているが、幕府の奉書ではなく細川晴元の奉書である。念のため）
⑤河内将芳「天文法華の乱後、法華宗京都還住に関する考察――近江六角氏との関係を中心に」（同『戦国仏教と京都――法華宗・日蓮宗を中心に』法藏館、二〇一九年。初出二〇一七年）
（法乱後、法華寺院の京都復帰・還住にさいし近江守護六角氏の果した仲介的役割を明らかにし、

併せて山門の要求である法華寺院の山門末寺化を、法華側が日吉祭礼用脚支払の形で回避したことも論及）

⑥長崎健吾「天文初期における法華一揆の軍事行動再考」〔『興風』33号、二〇二一年〕（天文元～二年の一向一揆・法華一揆・将軍・細川氏らの戦争に関する史料を再検討したもの。拙著への部分的批判も多く含む）

以上のように、著者の誤りも多く、多くのご批正や新見解が寄せられている。これも〝囲碁〟でいう「捨て石」の役目も多少果たしたのかな、と恐縮の想いを感じている次第である。

二〇二四年八月

国際日本文化研究センター兼横浜市立大学名誉教授

今谷　明

解説　付けたりにかえて

河内将芳

二〇〇九年に洋泉社新書MCに再刊のかたちでおさめられた本書が、一五年の年月をへて、戎光祥出版から装いもあらたに、しかも書名も原題にもどされて刊行されるとのうわさを聞き、いてもたってもおられず、無理をおして解説の追加を書かせていただく機会を得ることになった。洋泉社新書MC版が刊行されてからでもかなりの年月がたち、そのあいだに関連する研究成果が公表されていたことを不十分ながらも把握していたつもりだったからである。

ところが、本書に掲載された今谷氏の「第三版にあたっての〝あとがき〟」を拝見し、周到にも「今世紀」（二一世紀）に入って以降の諸論文にまで関説されていることをまのあたりにして、当初の勢いはそがれ、茫然自失に陥っているというのがいつわらざる心情である。

あらためて、今谷氏の著作刊行にあたっての緻密さを目撃するとともに、それとは対照的なみずからの不明と粗忽さにはあきれはててしまうほかないわけだが、ただ、なげいているだけはしかたがないので、二〇二四年段階でもなお残されている課題について二点だけふれることで解説の付けたりにかえたいと思う。

まず一点目は、乱後に堺へ避難した本山寺院が京都へ帰洛して以降の時期を含めた中世における寺地の所在についてである。今谷氏も指摘しているように、上杉本洛中洛外図屛風に印象的に描かれる法華宗寺院のすがたは乱後のそれと考えられるが、今谷氏をはじめ、これまでの研究では、その寺地の移動や所在については編纂物により叙述されることが一般的であった。

史料の残存状況から考えればやむをえないこととはいえ、やはり困難を承知のうえでもできるだけ同時代史料によって確定していくことがもとめられる。このような課題にこたえているとはけっしていえないものの、本能寺（河内『戦国仏教と京都―法華宗・日蓮宗を中心に』法藏館、二〇一九年）・妙顕寺（同上）・妙蓮寺（『興風』三三号、二〇二一年）・頂妙寺（同上三四号、二〇二二年）・妙泉寺（同上三五号、二〇二三年）をめぐっておこなってきた解説者の作業のようなものがさらに積み重ねられていくことが必要となろう。

ついで二点目は、林屋辰三郎氏の「町衆」論以来、いわゆる法華一揆によっておこなわれたと評価されてきた「地子未進闘争」についてである。本書においても当然ふれられているが、今谷氏によれば、それを可能にしたのは「幕府の実質的な軍事力を構成する細川晴元が、地子不払いを黙認した結果であろう」との説明がなされている。

林屋氏以来、この問題にかかわる重要な史料として注目されてきたのが、『鹿王院文書』におさめられた（年月日未詳）鹿王院雑掌一答状案である。ところが、『鹿王院文書』には、これ以外にも関連する史料が残されており、それらが鹿王院文書研究会『鹿王院文書の研究』（思文閣出版、二〇〇〇年）

として刊行されている以上、あらためて全体から検討していく必要があろう。

また、そもそも「地子未進闘争」なる事象の実態と全貌もさだかになっているとはいいがたい。さらには、それと法華一揆との関係もかならずしも明確になっているとはいえないのが現状ではないだろうか。したがって、この課題についても、寺地の場合と同じように、ねばりづよく同時代史料を蒐集するとともに、それらによる基礎的な作業の積み重ねがもとめられるところとなろう。

このように、本書が最初に刊行されてからすでに三五年という年月をへてもなお残されている課題は重要なものばかりといえる。斯界に関心をいだく解説者を含む後進は、ひきつづきたゆまぬ努力がもとめられるわけだが、仮にその努力が遅々としたものになったとしても、それをつとめつづけることが今谷氏の学恩に少しでもむくいる唯一の方法ではないかと考えられる。道はこれまでと同じく、けわしいものといわざるをえないものの、一歩でも前にすすめるよう、ともに精進をつづけていければと思う。

最後に、本年二〇二四年は、今谷氏が「恩師中の恩師」と語る林屋辰三郎氏生誕一一〇年にあたる年である。そのような記念すべき年に本書がふたたび多くの人びとの手に渡るようになったことを心からよろこびたいと思う。

（かわうち・まさよし　奈良大学教授）

天文法華の乱関係年表

年	月	おもな出来事
永正元年（一五〇四）	九月	山城守護代・香西元長、下京町衆に地子免除を約して軍勢催促を行なう。
永正八年（一五一一）	七月	京都町衆、打廻りと称して市中を示威行進する。
大永六年（一五二六）	十一〜十二月	このころ、洛中洛外の半済を土民が配分したとの噂が流れる。下京町衆に地子未進の動きがある。
大永七年（一五二七）	十二月	京都町衆、三好元長の牢人探索に抵抗し、二条妙覚寺で蜂起（法華一揆の萌芽形態か?）。
天文元年（一五三二）	七月	畿内近国の一向一揆大蜂起。京郊の一向一揆、本国寺攻撃を企図するとの噂が流れる。京都の日蓮宗僧俗、武装化（法華一揆の初見）。
	八月	二日、細川晴元、日蓮宗をはじめ顕密諸宗徒に機を発し、一向一揆に備えさせる。五日、北摂の一向一揆、池田城を包囲。木沢長政、堺の東方で一向一揆と衝突、浅香道場を焼き打ち。七日、山村正次、法華一揆を指揮して京郊を打廻り、真宗道場を焼く。八日、一向一揆、晴元の居る堺の町を包囲。この日大和でも一向一揆蜂起。十一日、近江守護六角定頼、山科本願寺攻撃のため坂本に着陣。十七日、山城湿谷口、今日吉口の戦い（法華一向両一揆の衝突）。十九日、北摂の一向一揆、富田より長駆して山城西岡に進む。法華一揆これを迎撃して破る。二十四日、細川・六角・法華一揆の連合軍、山科本願寺を包囲攻撃して陥落させる。門主証如光教、摂津石山（大坂）に逃亡。
	九月	七日、法華一揆、初めて山城を越え、摂津芥川城下を打廻る。十二日、細川晴国、証如と結び上京、鞍馬口に進出。
	十月	十六日、幕府、旧山科本願寺の寺地を没収す。十七日、北摂の一向一揆、山城大山崎に出陣。
	十一月	十三日、東郊の農民、戦禍を名目に半済免除を要求。町衆・法華一揆も下京の地子免除を要求か?
	十二月	十日、西京（京都西郊）にて徳政一揆蜂起。土倉ら、洛西の諸村落を焼き払う。二十三日、晴元・法華一揆連合軍、摂津教行寺の一向一揆を攻撃。

天文法華の乱関係年表

天文二年（一五三三）	正月	二日、北摂の一向一揆、摂津大物城を包囲。十八日、摂津守護代・薬師寺国長、法華一揆を指揮して摂津山田市場を焼き打つ。二十三日、法華一揆と薬師寺国長、摂津富田にて一向一揆に大敗。
	二月	九～十五日、一向一揆、堺を包囲攻撃し、晴元は敗れて淡路に逃亡する。十四日、伏見西方の僧、真宗に内通の疑いで法華一揆に処刑される。十八日、真宗に内通の牢人三名、放火の罪で法華一揆に処刑される。
	三月	二日、壬生の僧東禅、真宗に内通の疑いで法華一揆に処刑される。二十九日、法華一揆、長駆して一向一揆が包囲中の伊丹城を救う。
	四月	七日、法華一揆、唱聞師村を焼く。晴元、淡路を脱出して摂津池田に入城。二十六日、晴元の軍兵、堺より一向一揆を追い払い、石山城下に迫る。
	五月	十日、法華一揆、京都市中を打廻る。六角定頼の兵、勝軍地蔵山に進駐してこの打廻りを声援する。二十六日、細川晴国、高雄に進出して洛中をうかがう。
	六月	七日、幕府、祇園会の延期を通告、下京の月行事、山鉾渡御を要求。十八日、摂津守護代・薬師寺国長、晴国に敗れ山城谷口で敗死。二十日、法華一揆、石山本願寺を猛攻すること二ヶ月、この日晴元、証如と和睦し、法華一揆は京都に帰還。二十三日、晴国、下京に入り妙顕寺を攻撃。
	十二月	五日、幕府、法華一揆に対し、七口関所において雑務料徴収にかかる警固を命ずる。十日、幕府、法華一揆に晴国率いる丹波勢の洛中侵入に対し防御を命ずる。
天文三年（一五三四）	三月	十八日、法華一揆、山科郷の代官請負を禁裏に要請する。この日、朝廷これを拒否。
	十月	二十九日、幕府、下京六角町に地子納入を命ずる。同町は近年地子有名無実という。町衆の地子未進運動がさかんになる。
	十一月	二十五日、法華一揆、七口の関所における雑務料徴収を妨害する。この日幕府、土御門家に雑務料を安堵する。
	十二月	五日、法華一揆の関所妨害やまず。この日幕府、法華一揆に対し関所妨害の停止を求める。
天文四年（一五三五）	九月	二十七日、幕府、法華一揆に梅津長福寺領安堵の保障を求める。
	十月以前	このころ当道座、法華一揆を頼んで本新両座の争論を起こし、七口の関所で盲人の入洛を阻む。
	十一月	十五日、細川晴元、上下京町衆に当道新座の積塔を停止させる。

天文五年（一五三六）	二月	十一日、叡山東塔の僧華王房、一条観音堂で上総の俗人松本久吉に説破される（松本問答）。二十二日、本願寺の証如、「日蓮宗雑説」の噂を日記に書く。
	三～四月	山門、幕府に京都法華宗を日蓮宗に改めるよう訴えて敗訴する（宗号相論）。
	五月	二十三日、相国寺に法華一揆が陣取ったとの流言が行なわれる。二十八～二十九日、上下京町衆と一揆、連日早鐘をつき防衛体制を固める。二十九日、六角氏の被官・九里某、調停のため入京。
	六月	一日、山門三院の大衆集会して法華一揆弾圧を決議、顕密諸宗に救援の檄を発する。また搬米の入京を阻止して兵粮攻めを画策する。二十日、木沢長政、法華一揆に自重を促す旨の書状を送る。二十六日、木沢長政、大和信貴山に築城しこの日入城。
	七月	二日、将軍義晴、若狭・越前両守護に京都警固を命ずる。十七日、本願寺、山門の軍勢催促に従わず、礼銭三〇〇貫を送るにとどめる。二十日、親王方仁（のちの正親町天皇）、内裏に避難する。二十二日、法華一揆、上京を打廻り、松ヶ崎城を攻め陥す。この日六角軍、山城に入り洛東各所に居陣する。二十三～二十六日、鴨川近辺で山門・六角連合軍と法華一揆が連日交戦する。二十七日、三条絹屋町、四条口、今道口などで法華一揆が敗れ、山門六角軍が雪崩を打って下京に入る。法華一揆が大敗し下京が炎上（天文法華の乱）。町衆の死者三〇〇〇人、三位吉田兼永・右中将小倉公右も乱軍に死し、盲人の死者一七人という。一揆、辛うじて本国寺に籠城する。二十八日、本国寺陥落。上京の三分一炎上。革堂、誓願寺、百万遍が焼失する。
	九月	二十四日、細川晴元、摂津芥川城より入京し、以後京都に常駐。
	閏十月	七日、晴元、法華宗僧俗の京都徘徊を厳禁し、日蓮一党を洛中より追放する。
天文十一年（一五四二）	十一月	十四日、後奈良天皇、日蓮宗帰洛勅許の綸旨を発する。
天文十六年（一五四七）	六月	十七日、山門と日蓮宗の和議成立し、日蓮宗寺院京都に還住す。この頃上杉本洛中洛外図描かれる。

【著者紹介】

今谷 明（いまたに・あきら）

1942年生まれ。

京都大学大学院文学研究科博士課程単位取得。

京都大学助手、国立歴史民俗博物館助教授、都留文科大学学長などを歴任。

現在、国際日本文化研究センター兼横浜市立大学名誉教授。

おもな業績に、『室町幕府解体過程の研究』（岩波書店）、『室町時代政治史論』（塙書房）、『京都・一五四七年』（平凡社）、『戦国三好一族』（洋泉社）など多数。

装丁：山添創平

改訂新版《かいていしんぱん》 天文法華《てんぶんほっけ》の乱《らん》
戦国京都《せんごくきょうと》を焼《や》き尽《つ》くした中世最大《ちゅうせいさいだい》の宗教戦争《しゅうきょうせんそう》

二〇二四年一一月一日　初版初刷発行

著　者　今谷 明
発行者　伊藤光祥
発行所　戎光祥出版株式会社
東京都千代田区麹町一－七
相互半蔵門ビル八階
電　話　〇三－五二七五－三三六一（代）
ＦＡＸ　〇三－五二七五－三三六五
編集協力　株式会社イズシエ・コーポレーション
印刷・製本　モリモト印刷株式会社

https://www.ebisukosyo.co.jp
info@ebisukosyo.co.jp

ISBN978-4-86403-549-1